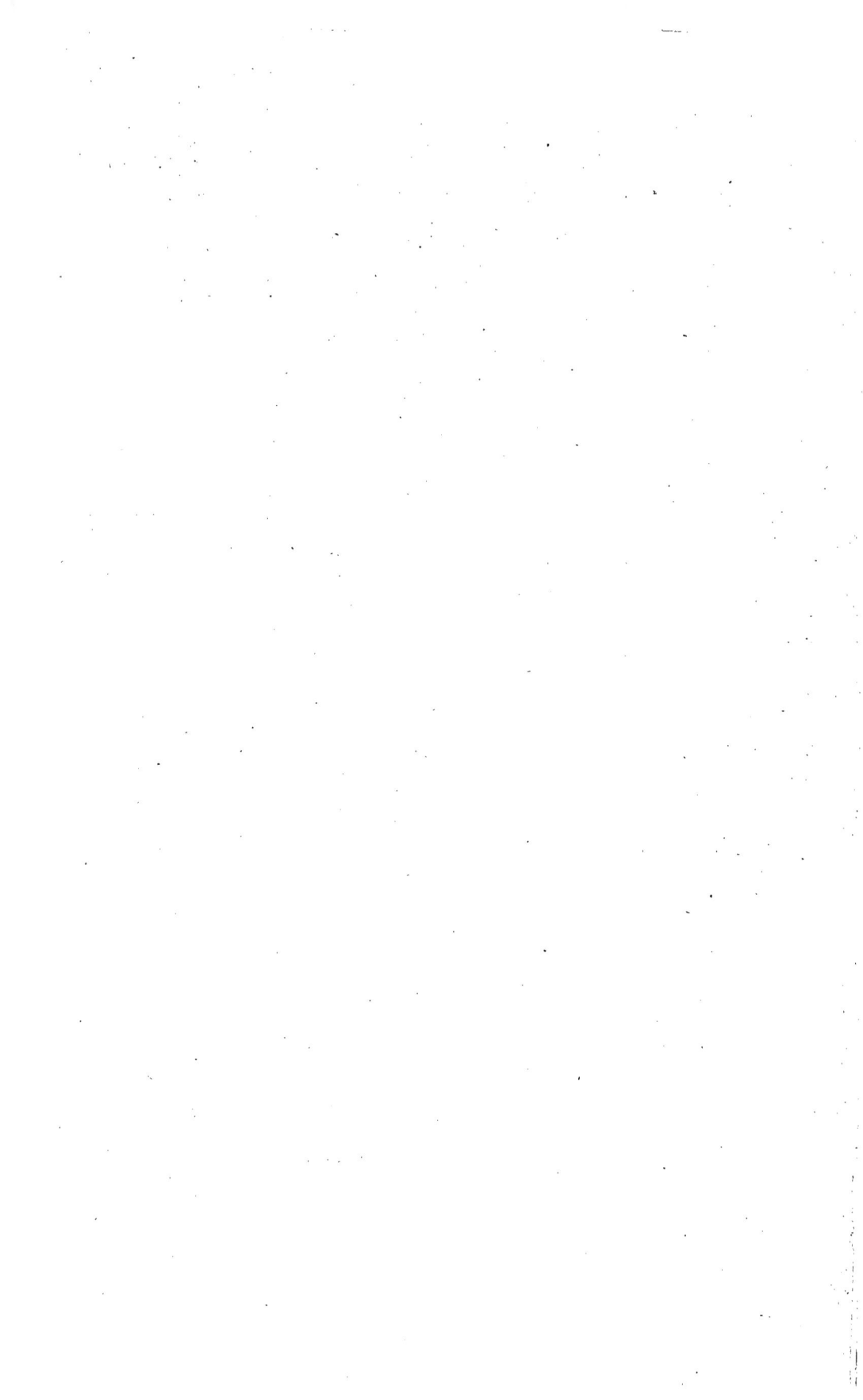

APERÇU

DE LA

LOI ANGLAISE

AU POINT DE VUE

PRATIQUE ET COMMERCIAL

PAR

ADOLPHUS SELIM

SOLICITOR PRÈS LA COUR SUPRÊME D'ANGLETERRE.

SECONDE ÉDITION.

PARIS

MARCHAL, BILLARD et Cie, Éditeurs

Place Dauphine, 27

BRUXELLES

Ferdinand **LARCIER**, Éditeur

Rue des Minimes 10

1887.

Extraits des Comptes Rendus de la 1re Édition.

Ce livre est de ceux qui ne sauraient passer inaperçus; le but pratique que se proposait l'auteur a été pleinement et heureusement atteint par lui; quand on a lu cet ouvrage avec l'attention qu'il comporte, on est initié d'une manière très suffisante aux principes fondamentaux et essentiels de la législation anglaise.

En résumé, cette œuvre, utile entre toutes, fait le plus grand honneur à celui qui l'a entreprise et nous espérons bien que d'autres jurisconsultes de pays différents suivront M. Selim dans la voie pratique où il s'est si heureusement engagé.   **La France Judiciaire** (1er Janvier 1881).

L'autore volle rendere accessibile agli stranieri la legislazione inglese, dettando il libro che annunziamo, e bisogna riconoscere che raggiunse pienamente il suo intento. Poichè l'ordine e la precisione, colla quale sono esposte le varie istituzione, e le leggi, mentre fanno palese la profonda dottrina dello scrittore, pongono lo straniero in condizione di conoscere sufficientemente la difficile ed intricata legislazione inglese.

                                            La Giurisprudenza (Turin 1er Janvier 1881).

. . . .

La loi Anglaise est à la fois très orginale et très vague dans son expression. Cependant les relations entre la France et la Grande-Bretagne sont incessantes. On a déjà composé dans cette vue des résumés; mais on peut mieux faire, et d'ailleurs il faut suivre les progrès de la jurisprudence et analyser les lois nouvelles. C'est ce qu'a entrepris M. *Adolphus Selim*, son titre de *Solicitor* offre une garantie d'exactitude. L'auteur s'est principalement occupé des affaires commerciales et industrielles. Ses explications sur les brevets d'invention, sur la propriété littéraire, sur les marques de fabrique sont étendues et présentent un vif intérêt pour les Français qui se livrent au commerce d'exportation.   **Recueil Sirey—Journal du Palais** (1881).

. . . L'ouvrage de M. Selim est un traité réellement utile que nous ne saurions trop recommander; il est écrit dans des termes clairs et simples.

                                            Pasicrisie Belge (1881).

. . . .

L'auteur du livre que nous venons de signaler à l'attention des intéressés, M. Selim, est avoué à Londres. Nous ne saurions songer à nous appesantir davantage sur ce vademecum de tout négociant sérieux: les contrats et les fraudes qui pourraient les vicier, les entreprises de tranports, les sociétés commerciales et les règles auxquelles elles sont soumises, les sociétés formées à l'étranger, c'est-a-dire, hors d'Angleterre, et les conventions diplomatiques passées à cet égard entre les diverses puissances et la Grande-Bretagne, les assurances maritimes, les faillites, les brevets et les marques de fabrique, la propriété artistique et littéraire, tels sont les principaux sujets examinés par M. Semlin et qui permettent de dire que son livre a, dès à présent, sa place marquée dans la bibliothèque de tous ceux qui sont en relations d'affaires avec nos voisins d'outre Manche.

                               Phare de la Loire (Nantes 13 Avril 1881).

M. Adolphus Selim, Solicitor à Londres, vient de faire paraître à Bruxelles, chez Larcier, un ouvrage fort utile à tous ceux qui s'occupent d'affaires anglaises.

Continuation à la 3me page de la couverture.

APERÇU

DE LA

LOI ANGLAISE

AU POINT DE VUE

PRATIQUE ET COMMERCIAL

PAR

ADOLPHUS SELIM

SOLICITOR PRÈS LA COUR SUPRÊME D'ANGLETERRE.

SECONDE ÉDITION.

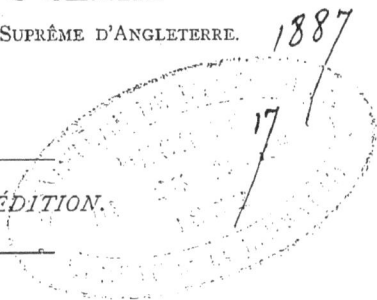

PARIS

MARCHAL, BILLARD et Cie, Éditeurs

Place Dauphine, 27

BRUXELLES

Ferdinand **LARCIER**, Éditeur

Rue des Minimes 10

TOUS DROITS RÉSERVÉS

1887.

PRÉFACE
À LA SECONDE ÉDITION.

———

Depuis que nous avons fait paraître ce livre en 1880, plusieurs modifications ont été apportées à la loi anglaise. Les principales, d'un intérêt plus direct pour les commerçants, sont la loi sur les faillites de 1883, celles sur les brevets d'invention, dessins et marques de fabrique de la même année, et la loi de 1882 sur les biens des femmes mariées qui a complètement changé la législation antérieure à cet égard.

D'une égale importance pour les commerçants est la loi de 1882 sur les lettres de change et effets de commerce qui a codifié les diverses lois y relatives et les a rendues exécutoires dans tout le Royaume-Uni. C'est, soit dit en passant, la première fois qu'une partie de nos lois aura été ainsi codifiée.

Des changements importants ont été également faits dans la loi sur le droit à la propriété littéraire pour la mettre d'accord avec la convention internationale sur cette matière du 9 Septembre 1886 à laquelle la Grande-Bretagne a accédé.

Ces différents changements dans nos lois ont nécessité de notre part, on le comprend, cette seconde édition de notre ouvrage.

Il a été apporté le plus grand soin à l'examen des changements survenus dans nos lois; ces changements ont été mis dans le texte lorsqu'ils ont paru nécessaires avec toutes additions jugées bonnes.

Beaucoup de chapitres ont été augmentés et par suite de ces modifications comprenant notamment la traduction des lois sur les effets de commerce, avec notes explicatives et comparaison avec les lois des autres pays sur cette matière, notre ouvrage est augmenté de plus d'un tiers.

21, Mincing Lane, E. C.
Londres, Octobre 1887.

AVERTISSEMENT AU LECTEUR.

Ce livre est spécialement destiné aux négociants et jurisconsultes de l'Étranger.

De tous ceux qui voudront bien le lire, il en est peu, croyons-nous, qui connaissent notre loi; et nous n'en saurions être surpris, notre pays ne possédant pas, comme la plupart des autres contrées, un recueil ou Code de Lois que l'on puisse aisément consulter.

Nous allons donc essayer de donner un aperçu de notre législation, au point de vue commercial et pratique surtout.

Nous avons pensé qu'il serait intéressant de faire connaître à nos lecteurs notre organisation judiciaire et son origine; elles sont comprises dans la première partie de notre livre.

Sans aucun doute, bien des dispositions de la loi anglaise paraîtront étranges ou subtiles, mais nous les donnons telles qu'elles existent, et aussi clairement que possible.

Certaines expressions qui n'ont pas d'équivalent dans la langue française, n'ont pu être traduites; elles ont été laissées en anglais.

L'auteur est étranger, il demande à ses lecteurs toute leur indulgence pour ses incorrections de langage.

Son but est d'être utile, et il s'estimera heureux s'il y parvient.

ADOLPHUS SELIM.

21, *Mincing Lane, E. C.*
Londres, Août 1880.

PREMIÈRE PARTIE.

CHAPITRE I.

LOIS DE L'ANGLETERRE.

Comme celles de tout pays qui a une histoire, nos lois reposent sur les coutumes et les obligations en dérivant. Fruit de l'expérience, elles ont été confirmées par des décisions judiciaires et coordonnées ou amendées par le législateur.

»De même que notre langage,« dit Burk, »le système actuel »de nos lois est composé d'éléments divers et hétérogènes. »Quelquefois il nous est propre, le plus souvent il nous vient »de nos relations avec les étrangers, et il a été composé et mo- »difié selon les nécessités diverses imposées à différentes époques »par les mœurs, la religion et les rapports avec les peuples.«

La loi de ce pays, c'est-à-dire la loi générale et uniforme, se divise en loi *non écrite* ou *Common Law* (loi ordinaire ou de coutume) et *loi écrite* ou *loi statutaire*.

§ I. — DE LA COMMON LAW.

Quoique cette expression Common Law ait différentes significations, on ne l'emploie guère aujourd'hui que dans deux sens.

Dans l'un, on s'en sert, afin de la distinguer de l'*Équité*, pour exprimer cet ensemble de jurisprudence civile ou criminelle, spéciale ou générale, qui, jusqu'à ces douze dernières années, était du ressort des trois cours de Westminster, appelées cours supérieures de *Common Law*.

Dans l'autre sens, et c'est celui que nous entendons dans cet ouvrage, il signifie la loi *usuelle* ou de *coutume*. C'est la loi *non écrite*, notre loi primitive.

Elle n'émane pas, il est vrai, du législateur, mais elle a été sanctionnée par l'usage immémorial, c'est-à-dire par un laps de temps remontant à 1159 environ. Acceptée par tous, elle se trouve en outre consignée dans les annales de nos cours et dans les recueils d'arrêts judiciaires qui la consacrent. De là sa force et son autorité. Elle ne comprend pas seulement les coutumes générales, mais aussi celles particulières à quelques parties du royaume et ces règlements spéciaux que l'usage a introduits dans certaines cours ou devant certaines juridictions auxquelles ils sont essentiellement limités, et dont la légalité est consacrée par des règles bien définies.

Nos cours appliquent souvent la Common Law. C'est d'après elle, par exemple, que le fils aîné succède aux immeubles de son père qui meurt *ab intestat*, et que la propriété peut s'acquérir ou se transférer par contrat écrit.

Notre Common Law, comme les lois de la France, de l'Autriche, de l'Allemagne et de l'Italie, a son origine dans le droit romain.

Ainsi que l'observe le jurisconsulte Tellkampf, non seulement les principes de la Common Law ont été empruntés à la loi romaine, mais toutes les parties en sont en quelque sorte la traduction.

Aussi peut-on dire que la loi anglaise actuelle a de plus grands mérites intrinsèques que la plupart des lois des autres pays de l'Europe. Sur ce point, il ne peut y avoir de doute, et quiconque étudie la législation anglaise est frappé de l'analogie existant entre le droit romain et la Common Law de l'Angleterre. On pourrait même dire qu'il en constitue une partie, car il est souvent appliqué dans nos cours.

Si le droit romain est en partie la base de notre Common Law, il faut cependant se rappeler que les Pictes, les Danois et autres envahisseurs, en introduisant peu à peu leurs coutumes chez les Bretons indigènes, la modifièrent sensiblement par leurs mœurs brutales.

Elle résista avec peine à la conquête romaine, et plus tard, lors des invasions fréquentes des Normands, elle trouva peu de faveur auprès du clergé étranger qui seul, à cette époque, avait de l'instruction et connaissait la loi. On sait qu'il accourut en foule au commencement des règnes de Guillaume I le Conquérant (1066), de Guillaume II (1087) et de Henri I (1100), et par suite de l'impulsion nouvelle qu'il donna, dès le XIIᵉ siècle, à l'étude des lois civiles, en établissant en Angleterre des écoles de droit, notre Common Law faillit ne plus exister.

Disons en terminant que la Common Law ne s'applique qu'à l'Angleterre et non à l'Écosse, l'Irlande ou toute autre partie de l'Empire britannique, sauf dans le cas où un acte du Parlement l'a déclarée applicable à ces derniers pays. Le pays de Galles lui-même n'est régi par elle que depuis un statut du règne de Henri VIII.

Nos colonies ont adopté notre Common Law et nous devons constater, en passant, que les États-Unis ont conservé comme Common Law les coutumes qui étaient alors en usage lors de la déclaration d'indépendance.

§ II. — DE LA LOI STATUTAIRE.

Les lois écrites consistent en *statuts*, *actes* ou *édits* faits ou rendus par le souverain avec l'avis et le consentement du Parlement (Chambre des Lords et Chambre des communes).

Le statut le plus ancien que nous ayons est la *Grande charte* (1199) confirmée par Henri III en 1225. Sans aucun doute, il y en a d'antérieurs, mais ils n'ont pu être retrouvés.

Les lois, depuis la grande charte jusqu'à la fin du règne d'Édouard II (1327), et quelques autres, appelées *incerti temporis*, parce qu'on n'est pas sûr si elles sont du temps d'Henri III, d'Édouard I ou d'Édouard II, constituent les anciens statuts (*vetera statuta*). A partir de 1327, elles forment les nouveaux statuts (*nova statuta*).

Un acte du Parlement ne peut être changé, amendé ou abrogé, et son exécution n'en peut être suspendue que par une autre loi.

Antérieurement à un acte passé en 1850 (13 et 14 Vic. c. 21), quand une loi abrogeait une loi précédente et qu'elle même était abrogée, la première était remise en vigueur. Aujourd'hui, il faut pour cela une mention expresse.

Les statuts sont *publics* ou *généraux*, c'est-à-dire concernant tout le royaume, ou *particuliers* ou *spéciaux*, c'est-à-dire s'appliquant à certaines personnes ou à certains objets déterminés.

Cette distinction date du règne de Richard III (1482), et elle a cette importance: que les cours ne sont pas obligées à tenir compte des lois *spéciales* si elles ne sont expressément visées dans les conclusions du demandeur ou du défendeur, à moins qu'elles ne contiennent cette mention ordinairement insérée:

» Que ces lois spéciales seront considérées comme lois géné-
» rales et devront être appliquées alors même que les conclu-
» sions ne les viseraient pas. «

Quelques anciens statuts portent le nom de l'endroit où siégeait alors le Parlement, tels: les statuts de Merton, de Marleberge ou de Winchester; d'autres, celui de leur objet. Depuis Édouard II, ils sont désignés, en général, par le millésime de l'année du règne sous lequel ils ont été passés, et chaque acte en forme un chapitre particulier. Ainsi, 35 et 36 Vic. c. 20 signifie une loi passée sous les 35ᵉ et 36ᵉ années du règne de S. M. Victoria (soit en 1872 et 1873) et comprise sous le chapitre XX.

Les actes de la même session du Parlement ne forment, à proprement parler, qu'une seule loi; mais, s'il y a deux sessions dans la même année, on les désigne par statut I pour ceux de la première session, et par statut II pour ceux de la seconde.

Une loi est exécutoire, soit du jour où elle a reçu la sanction du souverain, soit à partir de l'époque fixée par le Parlement, ordinairement le commencement de l'année suivante, et encore, dans ce dernier cas, faut-il que le souverain l'ait approuvée.

Depuis 1707 pour l'Écosse et 1801 pour l'Irlande, les actes du Parlement sont applicables à ces deux pays, sans stipulation expresse, mais ils ne le sont aux îles de la Manche et à l'île de Man qu'en vertu d'une mention spéciale.

Quant aux colonies, il faut distinguer:

Si elles ont été *découvertes*, les actes y ont force de loi *dès le moment de l'occupation*.

Si elles ont été acquises par *traité* ou par *conquête*, ils n'y sont pas obligatoires s'ils ne contiennent une déclaration absolue à cet effet.

Nos magistrats n'interprètent pas la loi strictement à la lettre, mais d'après son esprit et son objet. C'est une tâche qui n'est pas toujours facile, à cause de l'obscurité de nos lois, et comme l'observait le feu »Lord Chief Justice«, sir Alexander James Cockburn, vu leur phraséologie barbare. Ajoutons que les termes dont on se sert sont souvent en désaccord avec l'intention du législateur et que les titres donnés à la loi ne sont eux-mêmes d'aucune utilité pour son interprétation.

Lorsque la Common Law et le statut diffèrent, ce dernier doit être appliqué, et la décision rendue sur un point constitue un précédent généralement suivi, à moins qu'il ne soit bien prouvé qu'elle est erronée.

§ III. — ÉQUITÉ.

Supérieure à la Common Law, car elle en adoucit la rigueur, elle a été définie: une forme de justice naturelle non comprise dans nos actes législatifs ou dans les règles de la Common Law, modifiée avec grand soin, dont on se sert dans les cas où les cours de Common Law ne pourraient pas apporter quelque remède efficace, sans, du moins, de grands frais de procédure, ou dans ceux où l'on ne pourrait appliquer le droit en stricte justice. En d'autres termes, c'est une partie de notre système de jurisprudence qui, quoique non comprise dans aucun code ou recueil de lois, est fondée sur la raison pure et appliquée en vertu de certains principes définis. Elle légitime tout ce qui vient en aide aux imperfections et à l'insuffisance de la Common Law, sans cependant contrevenir à sa base fondamentale.

Les principes sur lesquels repose l'équité sont également empruntés au droit romain, et leur application dans nos cours de *Chancery* nous vient encore du clergé dont les membres formaient, en fait, nos principaux légistes et saisissaient toujours l'occasion, lorsqu'elle se présentait, d'introduire chez nous les maximes de la loi romaine.

Les cours de *Chancery* ou d'Équité, émanation de la prérogative royale, durant la période anglo-saxonne (le roi étant la source de la justice et celui devant qui tout appel devait être porté), avaient été fondées pour être la cour de grâce du souverain, afin de protéger le pauvre et le faible et de remédier à l'inefficacité de la Common Law.

Dans l'origine, le roi rendait en personne ses arrêts, sur l'avis de son conseil. Plus tard il délégua son chancelier comme *gardien de sa conscience*. C'était ordinairement, avant la Réforme, un évêque qui jugeait toujours *ex informatâ conscientiâ*. Sous Richard II ou Édouard III, on lui adjoignit une cour dont le rôle fut de rendre la justice, aux lieu et place du roi, en équité et en conscience.

Les cas soumis à cette cour étaient les voies de fait, injures, spoliations et différents autres délits punis par la Common Law, mais dont la réparation ne pouvait être obtenue par le plaignant par suite de la protection qu'accordait à son adversaire quelque puissant baron, ou le shériff, ou le magistrat devant qui la plainte avait été portée.

D'abord, les juges ordinaires, habitués à considérer les principes de la Common Law comme l'expression la plus haute de la raison, ne virent dans ceux appliqués par cette cour, qu'un empiètement sur la Common Law, et, pendant plusieurs siècles, il en résulta une lutte très vive entre les deux systèmes. Un édit de Jacques I y mit fin en 1616 en décidant, après un long débat entre lord Coke et lord Ellesmere, que la cour d'Équité avait le droit d'annuler un jugement obtenu, par fraude, en vertu de la Common Law.

Peu à peu le système d'équité fut réglementé et, d'après le juriste américain Story, le mérite en revient à lord Bacon, dont les célèbres ordonnances pour les règlements de la cour de Chancery imprimèrent un caractère uniforme aux travaux de cette cour. Sir H. Finch, plus tard comte de Nottingham, surnommé le Père de l'Équité, durant les neuf années de sa présidence, établit, sur des bases larges et nationales, un système de jurisprudence et de compétence qui a guidé, par la suite, ses successeurs et a donné une nouvelle autorité à cette cour. Enfin, lord Hardewicke compléta ce qu'avait si bien commencé lord Nottingham.

Observons que la cour de Chancery tire son nom de son chef, le chancelier (*cancellarius*) dont les fonctions existaient bien avant la conquête. Beaucoup de rois saxons avaient leur chancelier, et lord Coke, ajoute Story, pense que le titre vient du pouvoir donné à ce personnage d'annuler (*cancellare*) les lettres patentes ou brevets accordés par le souverain contrairement à la loi.

CHAPITRE II.

ORIGINE DE NOS COURS DE JUSTICE.

L'origine de nos cours remonte aux époques anglo-saxonne et anglo-normande.

Sous la période anglo-saxonne, les cours se composaient de :

1° La *Witena-Gemot* ou *Wittena-Gemote* (du saxon *witta*, homme sage, et *gemot*, concile) ou assemblée générale des grands et des personnes renommées par leur sagesse et leur science, qui était le conseil de souverain et l'assistait dans les devoirs de la royauté. Elle correspondait à notre Parlement et formait la cour d'appel ;

2° Le conseil de la *Wittena-Gemote*, origine du Conseil privé actuel. Il n'avait pas de juridiction criminelle ;

3° Le *Shire Gemot* ou cour de Comté ou des Shériffs, tribunal de première instance pour les affaires civiles et criminelles en général ;

4° La cour des *Cent* et celle des *Dîmes (Tything court)* pour les causes de peu d'importance et d'intérêt local seulement.

Sous la période anglo-normande, la cour de Comté, celle des Cent (aujourd'hui abolie) et celle des Dîmes furent maintenues.

Guillaume le Conquérant en établit, dans son propre palais, une nouvelle que l'on appela la Cour du Roi *(Aula* ou *Curia Regis)*. Composée des grands officiers de l'État, elle suivait le roi dans tous ses voyages ; elle remplaça la Wittena Gemot, et c'est d'elle que nous sont venues :

1º La Chambre des Lords, l'un des éléments constitutifs du Parlement anglais. Elle renferme des lords spirituels (évêques) et des lords temporels (ducs, etc.). C'est elle aujourd'hui qui juge en dernier ressort les appels interjetés des arrêts rendus par les cours de Common Law, de Chancery, la cour de vérification des testaments *(Probate Court)* et celle des divorces et séparations de corps et de biens entre époux;

2º Le Comité Judiciaire du Conseil Privé, créé en 1831 et 1832, pour les appels des arrêts rendus par les tribunaux des Indes et des Colonies et les cours ecclésiastiques;

3º La cour de l'Échiquier, fondée d'après l'opinion générale, sous Richard I, uniquement pour administrer les revenus du roi. Depuis les douze dernières années elle a perdu son titre, comme les deux suivantes, et ne forme plus qu'une division de notre haute cour.

4º La cour des Plaids Communs *(Common Pleas)*, fondée dès avant la grande charte et transférée à Westminster en 1215, qui connaissait des procès entre particuliers dans lesquels le souverain n'avait aucun intérêt, et ceux relatifs aux immeubles, compétence qu'elle avait presque exclusivement conservé jusqu'à nos jours;

5º La cour du Banc du Roi ou de la Reine *(King's ou Queen's Bench)*, ainsi nommée parce que, autrefois, le roi y siégeait, instituée, croit-on, sous le règne d'Édouard I pour les affaires criminelles et qui, plus tard, connut des affaires civiles;

6º La cour de Chancery dont nous avons déjà parlé (voir page 6 ci-dessus);

7º La cour de la Chambre de l'Échiquier, établie sous Édouard III comme cour d'équité et tirant son nom de ce que le lord chef baron de l'Échiquier, lorsqu'il jugeait en équité, siégeait à part dans une pièce appelée la chambre de l'Échiquier. Abolie en 1844 comme cour d'équité, elle subsista néanmoins jusqu'à ces derniers temps comme cour d'appel des trois cours de Common Law (cours du Banc de la Reine, des Plaids Communs et de l'Échiquier). Elle était, par suite, la juridiction intermédiaire entre ces diverses cours et la Chambre des Lords;

8º La chambre des Estoylles *(Star chamber)*, abolie par

Charles I (1641), s'occupait spécialement de certaines affaires criminelles qui n'étaient pas de la compétence des autres cours;

9° La cour de l'Amirauté pour les affaires maritimes;

10° Les cours martiales, pour les crimes et délits des militaires et des marins;

11° Les juges d'assises institués en 1176. Ils parcouraient le pays à certaines époques pour juger les crimes et délits (voir page 23 ci-dessous);

12° Et les cours Ecclésiastiques, c'est-à-dire les officialités de chaque évêque dans son diocèse et la cour des Arches.

CHAPITRE III.

»DU JUDICATURE ACT« DE 1873.

Jusqu'en 1873, la distinction anormale que faisaient les cours de Chancery et de Common Law entre la loi et l'Équité a existé. Mais un acte du Parlement, passé en 1873, modifié en 1875, époque de sa mise en vigueur, a opéré un changement radical, non seulement dans la constitution et la composition des diverses cours alors existantes, mais aussi dans leur procédure.

Jusque-là, chacune de ces cours, quoique ayant les mêmes principes de droits, appliquait la loi d'une façon différente.

Les cours de Common Law ne connaissaient pas de beaucoup d'actions qui étaient de la compétence de la cour de Chancery, et c'était à celle-ci que l'on devait, en outre, s'adresser si l'on voulait obtenir, contre la violation de certains droits, une protection plus efficace que celle que pouvaient donner les cours de Common Law.

Ces dernières, grâce à leur système de procédure, en étaient réduites, dans la plupart des cas (sauf s'il s'agissait de revendication en matière *réelle*), à ne prononcer que de jugements de condamnation au paiement d'une dette ou à des dommages-intérêts. Leur pouvoir d'action était donc devenu absolument insuffisant aujourd'hui pour le règlement des procès si compliqués de la société moderne.

Le jugement par un jury, telle était la base de leur procédure. On supposait alors qu'un jury pouvait décider toute question *de fait.*«

L'expérience a démontré à quel point on se trompait; car un grand nombre de cas se présentaient, dans la pratique, sur lesquels un jury se trouvait dans l'impossibilité de donner une décision, et les parties étaient obligées de s'adresser à la cour de Chancery ou de se soumettre à un arbitrage.

Les vices de ces systèmes si diamétralement opposés la confusion et le conflit de juridiction qui en résultaient étaient connus de tous, lorsque la loi de 1873 est venue y mettre un terme.

Quoique cet acte, appelé *the Judicature Act*, ait établi une fusion de juridiction dans les cours, en donnant à chaque juge une compétence générale sur toutes affaires, et ait fait l'unité dans les formes de la procédure, il a néanmoins conservé dans ces divisions de la Haute Cour, appelées maintenant Chancery, Queen's Bench et Testamentaire, des divorces et de l'amirauté, une partie de la compétence spéciale attribuée autrefois aux cours de Common Law et de l'Équité.

Pour bien faire comprendre les changements apportés par la nouvelle loi, il nous paraît nécessaire d'indiquer quelle était à ce moment la composition de nos cours.

Les cours supérieures de Common Law et d'Équité ont, pendant plusieurs siècles siégé à Westminster-Hall, un ancien palais royal. Autrefois elles se réunissaient dans le *Aula Regis* ou dans tout autre lieu qu'habitait le roi qu'elles suivaient partout. C'était un grand inconvénient pour les plaideurs, et pour y remédier la grande charte des libertés des rois Jean et Henri III décida que la cour de Common Pleas ne suivrait plus le roi, mais tiendrait ses séances dans un lieu déterminé, qu'elle a occupé jusqu'à ces derniers temps au palais de Westminster seulement. Les cours d'Équité siégeaient aussi en droit à Westminster durant les quatre termes de sessions légales; en fait elles n'y siégeaient que le premier jour de chaque terme, leur lieu de séance étant dans les environs de Lincoln's Inn Fields. Ces cours, au nombre de six (la cour du Lord Chancelier, celle des Lords juges d'appel en Chancery et des faillites, celle du Maître des rôles (*Master of the Rolls*) et les trois cours des trois vice-chanceliers), étaient connues ensemble sous le nom de Haute Cour de Chancery. Le chef en était le lord grand chancelier de la Grande-Bretagne;

après lui venaient le maître des rôles, les lords justices et les trois vice-chanceliers. Chacun d'eux présidait un tribunal particulier et jugeait toutes affaires portées devant lui, excepté, toutefois, les actions touchant les aliénés et les brevets, réservées au grand chancelier.

La Haute Cour de Chancery avait deux sortes de compétence: l'une ordinaire (appelée aussi *petty bag side*), pour laquelle on appliquait les règles de la Common Law et de la loi statutaire, et l'autre extraordinaire; les règles et maximes de l'équité y recevaient leur application.

Les appels des décisions rendues par le maître des rôles et les vice-chanceliers étaient portés soit devant le lord grand chancelier seul, soit devant lui et les lords juges d'appel, soit devant les lords juges d'appel seuls, et en dernier lieu devant la chambre des lords. Il en était de même pour les arrêts de la cour des faillites.

Les cours du Banc de la Reine, des Plaids Communs et de l'Échiquier étaient les trois cours supérieures de Common Law de Westminster. Chacune d'elles était composée de cinq juges, un président *(chief judge)* et quatre assesseurs *(junior judges)*. Dans la cour du banc de la reine et celle des plaids communs, les présidents étaient appelés *Lords Chief Justices* et celui du banc de la reine portait même le nom de *lord chief Justice* de l'Angleterre, les autres juges *justices*.

A la cour de l'échiquier, le président s'appelait *Lord Chief Baron* et les autres juges *Barons*.

La compétence de ces cours était purement civile, excepté toutefois en ce qui concernait la cour du banc de la reine, qui connaissait, en outre, des affaires criminelles, et leur juridiction ne s'étendait qu'à l'Angleterre et au pays de Galles, ainsi qu'à la ville de Berwick sur la Tweed (Écosse).

Les appels des arrêts rendus par ces cours étaient portés à la chambre de la cour de l'échiquier (voir page 9 ci-dessus) et de-là à la chambre des lords.

Nos cours testamentaire, de divorce, de l'amirauté et criminelles, et celle des faillites avaient une compétence et une juridiction spéciales.

Les diverses cours de Common Law et d'Équité n'existent plus; elles ont été fondues dans celle qui porte aujourd'hui le nom de cour suprême de justice.

Nous allons maintenant montrer quelle est l'organisation actuelle de nos cours.

CHAPITRE IV.

DE L'ORGANISATION JUDICIAIRE ACTUELLE EN ANGLETERRE.

§ Ier. — CHAMBRE DES LORDS.

Au sommet de la hiérarchie judiciaire se trouve la *Chambre des Lords*, juridiction suprême jugeant en *dernier ressort* tous appels portés devant elle de tous arrêts rendus par la cour d'appel dont nous traiterons plus loin.

L'appel s'introduit par voie de requête demandant que la cause »soit portée devant le souverain en sa cour du Parlement«, et il est jugé par *trois au moins* des lords désignés par le *judicature amendment act* de 1876 et qui sont:

1° Le lord chancelier de la Grande-Bretagne alors en fonctions (notons qu'il change ordinairement avec chaque ministère, car il en fait partie);

2° Les trois lords d'appel nommés spécialement en vertu de la loi précitée;

3° Et les lords qui ont été lords chanceliers.

C'est devant ces lords qu'ont lieu ordinairement les débats et ce sont eux seuls qui rendent l'arrêt. Mais *tout pair* a le droit de prendre part aux délibérations.

Les arrêts rendus par la chambre des lords sont souverains, forment des *précédents obligatoires* et ne peuvent être réformés que par un acte du Parlement.

§ II. — COUR SUPRÊME DE JUSTICE.

La cour suprême de justice d'Angleterre se compose aujour-d'hui de:

1^ent. — La *Haute Cour de justice*, dont la juridiction est spé-ciale et devant laquelle sont aussi portés les appels des cours in-férieures. Elle a été formée des anciennes cours de Chancery, du banc de la reine, des plaids communs, de l'échiquier, testamentaire et de l'amirauté.

2^ent. — La *cour d'appel*, qui est la cour d'appel ordinaire.

1^ent. — DE LA HAUTE COUR DE JUSTICE.

Elle comprend trois chambres ou divisions, savoir:

1° La division de *Chancery*, composée du lord chancelier président, et de cinq juges;

2° La division du *Queen's Bench*, composée du »lord chief justice« de l'Angleterre, président, et de quatorze juges;

3° Enfin la division *testamentaire*, des *divorces* et de l'*ami-rauté*, qui renferme les juges de ces anciennes cours et a pour chef le plus ancien de leurs présidents.

Observons que les juges actuels conservent leurs anciennes qualifications, mais qu'à l'avenir leurs successeurs ne porteront plus que le titre de »juge à la Haute Cour de justice.«

La juridiction de cette cour ne s'étend qu'à l'Angleterre et au pays de Galles et elle a aujourd'hui la compétence attribuée aux cours qu'elle a remplacées, ainsi qu'à celles de *Common Pleas* de Lancaster et de Durham (cours spéciales locales).

La compétence de chacune de ces divisions n'est pas absolu-ment fixée par la loi.

A la division de Chancery ressortissent principalement:

Toutes actions intentées depuis le *Judicature act* en vertu de toute loi antérieure qui donnait à l'ancienne cour de Chancery ou à toute autre cour une compétence exclusive pour certains cas, les appels des jugements des *County Courts* exceptés;

Et toutes celles concernant:

L'administration des biens et valeurs des personnes décédées;

La dissolution des Sociétés;

Les règlements de comptes entre associés ou autres;

L'extinction et la péremption des hypothèques (*Mortgages*);

Les immeubles grevés de substitution en tout ou partie;

Les legs pour fondations de charité et les fidéicommis;

La rectification, l'interprétation ou l'annulation de tous actes écrits et de tous titres;

Les marques de fabrique;

L'exécution des contrats entre vendeurs et acheteurs, bailleurs et preneurs de biens immobiliers;

Le partage et la vente des immeubles;

La garde et l'administration de la personne et du patrimoine des enfants mineurs.

Aux autres divisions sont attribuées ordinairement:

Toutes actions intentées:

En revendication d'immeubles ou locaux dont on a été évincé ou expulsé;

Pour attentats contre les personnes (coups ou blessures) ou détention de la propriété d'autrui;

En détournement d'objets;

En payement de loyers;

Pour emprisonnement fait par erreur;

En diffamation, soit verbale, *slander*, soit par écrit, *libel*;

Par une personne qui a eu à souffrir personnellement d'une chose nuisible à l'intérêt public ou particulier;

Et les saisies pratiquées pour somme supérieure à celle réellement due ou pour somme non due en ce qui concerne les loyers seulement.

Quant aux actions pour lesquelles la loi n'a pas assigné une juridiction expresse, elles peuvent être portées, au gré du demandeur, devant la division qui lui convient.

Autrefois, lorsqu'un procès était intenté devant une cour incompétente, les frais en restaient à la charge de celui qui l'avait mal engagé, et il devait être recommencé devant le tribunal compétent. Aujourd'hui la cour renvoie simplement en l'*état* devant le juge qui doit en connaître.

Chacune des divisions de la haute cour de justice peut se

former en *Divisional Court*, c'est-à-dire déléguer deux de ses membres pour décider les points de droit contestés. Cela a lieu notamment pour : — *certains cas* dans lesquels les faits étant admis, les parties, consentant à être renvoyées devant la Divisional Court, désirent avoir son opinion sur un point de droit; — les *questions de droit* que le juge, pendant les débats, a réservées pour être soumises à l'appréciation de cette cour; — les *appels* des jugements et arrêts des *County Courts*; — les *appels* des ordonnances de référé rendues par l'un des juges (*in chambers*) de la division de Queen's Bench; — les *requêtes* à fin d'un nouveau jugement devant cette division lorsque le premier a été rendu sur décision d'un jury; — les *appels* des décisions des *avocats réviseurs* (institués pour la révision des listes électorales) et les *protestations* contre les élections législatives ou municipales.

Néanmoins *chacun* des juges de la division de Chancery a la compétence de la Divisional Court.

Les arrêts de la Divisional Court peuvent être réformés par la cour d'appel et, en dernier ressort, par la chambre des lords. Toutefois, ces arrêts sont en dernier ressort en ce qui concerne les appels faits contre les jugements des cours inférieures, à moins que la Divisional Court n'autorise à former appel de sa propre décision.

2ᵉⁿᵗ. — DE LA COUR D'APPEL.

La cour d'appel comprend:

D'abord les trois juges *ex officio*, c'est-à-dire ceux qui en font partie de droit par suite de leurs fonctions judiciaires. Ce sont: le lord chancelier président, le »lord chief justice« de l'Angleterre et le Président de la cour testamentaire, des divorces et de l'amirauté.

Et ensuite le maître des rôles et cinq juges ordinaires d'appel; on les appelle »lords justices d'appel.«

C'est devant elle que se portent les appels des arrêts et ordonnances rendus par:

Les divisions ou l'un des juges des divisions de la Haute Cour de justice, sauf les exceptions prévues par différentes lois;

Le comité judiciaire du conseil privé;

Les cours des faillites;

Le lord chancelier, en ce qui touche les aliénés;

La cour du lord maire de Londres, pour les questions de *droit*;

Et celles du duché-comté Palatin de Lancaster et du »lord Warden« des Stanaries (cours locales spéciales).

§ III. — COMITÉ JUDICIAIRE DU CONSEIL PRIVÉ.

Il se compose du lord chancelier, du maître des rôles, du »lord chief justice« de l'Angleterre, des juges ordinaires d'appel et autres juges civils et ecclésiastiques nommés par le souverain ou désignés spécialement par la loi.

Il juge, en dernier ressort, les demandes en prorogation de brevets et les appels des arrêts des cours des Indes et des Colonies, et, à charge d'appel, les décisions des cours ecclésiastiques.

§ IV. — COURS DE FAILLITES.

Les cours qui ont compétence en matière de faillite sont la Haute Cour de justice et certaines cours locales.

La cour des faillites de Londres a été abolie par la loi de 1883 et a été fondue dans la Haute Cour de justice, mais la procédure de faillite a conservé ses formes distinctes et est faite par un juge de la »Queen's Bench« division spécialement désigné par le Lord Chancelier ou sous sa direction.

La Haute Cour de justice en matière de faillite a juridiction sur la *cité* de Londres et différentes parties de la ville.

Les cours locales connaissant des faillites sont certaines »County Courts« autres que celles de Londres (voir p. 21).

Le juge de la Haute Cour est assisté de quatre juges appelés »Registrars« dont les fonctions sont définies par la loi.

Les appels sont formés devant la cour d'appel et, s'il y a lieu, devant la chambre des Lords avec l'autorisation de la cour d'appel.

A la cour des faillites sont attachés l'»Official Receiver« dont les fonctions administratives sont fort importantes, des Solicitors et des maîtres taxateurs (voir ch. XIV).

§ V. — DES AUTRES JURISDICTIONS.

La chambre des Lords et la cour suprême de justice forment les tribunaux les plus élevés de l'Angleterre.

A côté se trouvent d'autres juridictions, la juridiction que nous appellerons administrative, et les cours inférieures dont nous parlerons brièvement.

1ent. — DE LA JURIDICTION ADMINISTRATIVE.

. A chacune des divisions de la Haute Cour se trouve attaché un corps de magistrats dont les fonctions consistent à régler la procédure et à faire exécuter les ordres, jugements et arrêts.

Un acte de 1878, mis en vigueur le 28 octobre 1879, les a réunis en un seul corps au *Central office of the Supreme Court of Justice.*

Ces magistrats sont de deux sortes :

1º Les *officers in court*, savoir :

Les *registrars* (greffiers) des divisions de Chancery et des divorces, testaments, et de l'amirauté, qui rédigent et enregistrent les jugements et en délivrent expédition.

Et les maîtres *(masters)* de la division de Queen's Bench qui exercent, à tour de rôle, ces mêmes fonctions auprès de leur division et suppléent les juges en beaucoup de circonstances, taxent les frais judiciaires et tiennent les référés.

2º Et les *officers out of court*, c'est-à-dire les secrétaires en chef *(chief clerks)* des juges de la division de Chancery, les magistrats taxateurs de Chancery et les maîtres des référés de la division de Queen's Bench.

Des milliers de procès ne viennent jamais devant les cours ; ils sont réglés par les chief clerks, sous la direction et le contrôle d'un juge siégeant en référé *(at chambers)*. Des fortunes immenses sont ainsi administrées presque entièrement par eux sans que le juge intervienne, si ce n'est dans les cas douteux ou sujets à controverse.

2ᵉⁿᵗ. — COURS INFÉRIEURES.

Ce sont les County Courts ou Cours de Comté, la cour du lord maire de Londres, les différentes cours qui existent dans le royaume en vertu de chartes ou de lois, celles des commissaires des égoûts, d'Oxford et Cambridge, et les diverses cours ecclésiastiques et criminelles. Nous ne nous occuperons que des County Courts, de celle du lord maire de Londres et des cours criminelles.

1º DES COUNTY COURTS.

Elles nous viennent des Anglo-Saxons et des Normands (voir page 8) et ont été entièrement réorganisées par la loi de 1846, intitulée: »Loi pour les actions et le recouvrement des dettes de peu d'importance en Angleterre«. Cet acte du Parlement a subi, depuis, plusieurs modifications.

Ces cours sont au nombre de soixante et sont composées d'un juge et d'un greffier (*registrar*). Leur compétence embrasse: l'*équité*, la *common law* et les *faillites*.

Équité. — Depuis 1865, la County Court connaît de toutes matières d'*équité* qui étaient du ressort de la cour de Chancery et dont le chiffre n'excède pas 500 Livres sterling.

Common law. — La County Court est compétente pour:

1º Toute action fondée sur un contrat, si le chiffre de la demande n'est pas supérieur à 50 Livres st. Toutefois, les actions pour rupture de promesse de mariage échappent à sa juridiction, à moins d'un consentement exprès des parties, lorsque les dommages-intérêts sont inférieurs à 20 L. st.;

2º Celle résultant d'un délit ou d'un quasi-délit, ou même d'un contrat, quel qu'en soit le chiffre, si les parties consentent par écrit à être jugées par cette cour;

3º Celle intentée pour réparation d'un préjudice dont le quantum est estimé à 10 L. st., et quel qu'en soit le montant, si un juge de la cour supérieure la renvoie devant la County Court en vertu des dispositions de la loi de 1867. D'après cette loi, lorsque le défendeur fait un *affidavit* duquel il résulte que le demandeur n'a pas le moyen de payer, s'il succombe, les frais qui

seront faits devant cette cour supérieure, le juge rend une ordonnance renvoyant l'affaire comme il vient d'être dit, à moins
que le demandeur ne fournisse caution pour les frais, ou ne prouve
que son procès est de ceux qui doivent être portés devant la cour
supérieure;

4° Toute action pour éviction de propriété ou contestation
de titres, si le revenu annuel de l'immeuble est inférieur à 20 L. st.;

5° Celles intentées en vertu des lois sur l'arrestation des débiteurs en fuite, les droits de succession, les vaisseaux marchands,
les institutions littéraires et les Sociétés de secours mutuels;

6° Les saisies faites indûment pour loyers dus;

7° Et depuis la loi de 1867-1868 (31 et 32 Vic. c. 40), les
partages d'immeubles dont la valeur n'excède pas 500 L. st.

Quand le montant de la réclamation est inférieur à 20 L. et
que le procès intenté ne soulève pas une question de titres, la
décision du juge est définitive; si non, elle est sujette à appel
devant la Divisional Court de la Haute Cour de justice (voir ci-
dessus, page 18). Dans certains cas, on peut demander de nouveaux débats devant le même juge, dans les douze jours du jugement et notification de l'ordonnance les autorisant doit être faite
à la partie adverse.

Faillites. — Ce n'est que depuis 1861 que les County Courts
(celles de Londres exceptées) sont compétentes pour les faillites,
et le *Bankruptcy act* de 1883 a augmenté encore leurs attributions
à cet égard.

L'appel des décisions de la County Court jugeant en cette
matière se porte, ainsi que nous l'avons vu, devant la cour d'appel.

Il n'y a pas de plaidoiries (mémoires) écrites dans les County
Courts. L'action s'introduit par une sommation faite au défendeur
de paraître devant la cour dans le ressort de laquelle il réside ou
exerce son commerce alors, ou, avec l'autorisation du juge ou du
registrar, devant la cour dans le ressort de laquelle il habitait ou
exerçait sa profession dans les six mois précédents, ou enfin devant celle du lieu de l'objet en litige.

A Londres le demandeur peut, à son gré, assigner devant le
juge de son propre domicile ou devant celui du défendeur.

2° DE LA COUR DU LORD MAIRE DE LONDRES.

C'est la principale des cours de justice de la » *Cité* « de Londres. Elle connaît de toutes actions touchant la propriété réelle et personelle qui s'intendent *dans les limites de la* » *Cité*«, quelle que soit l'importance de la dette ou des dommages-intérêts à recouvrer, et peu importe la résidence des parties, pourvu que la cause du procès ait pris naissance dans la Cité.

3° COURS CRIMINELLES.

La cour *centrale criminelle* d'Old Bailey, à Londres, juge les crimes commis dans Londres et dans certaines parties des comtés voisins.

Il existe des *cours d'assises* tenues dans certaines villes de province, au jour indiqué par la »Commission du souverain«.

Ces cours d'assises sont présidées par des juges de la cour suprême, qui s'y transportent à cet effet.

Chacune d'elles se divise en deux sections, dont l'une juge les affaires criminelles, et l'autre, les affaires civiles ou commerciales dont l'importance serait trop grande pour être soumises à la County Court locale.

Les appels des arrêts rendus par ces cours siégeant au civil se portent devant la cour d'appel.

§ VI. — DES »DISTRICT REGISTRARS«.

Avant le *Judicature Act*, toutes actions qui n'étaient pas de la compétence des County Courts ou des tribunaux inférieurs de la province devaient être intentées à Londres, devant la cour de Chancery ou l'une des cours supérieures de Common Law.

Il en résultait une grande perte de temps dans l'expédition des affaires et un surcroît de dépenses pour les parties.

La nouvelle loi a établi, dans différentes villes, des *district registrars*, qui ne sont autres que les registrars des County Courts et les magistrats des autres tribunaux inférieurs.

C'est devant eux que se fait aujourd'hui toute la procédure préliminaire, et ils remplissent en province les fonctions des juges ou *masters* en référé.

Toutefois le défendeur peut, avant d'avoir signifié ses conclusions, demander le renvoi de l'affaire devant l'une des divisions de la Haute Cour.

En outre, le registrar a la faculté, sur demande justifiée, de renvoyer les parties devant l'une de ces divisions; ce renvoi est de *droit* dans les actions maritimes *in rem*.

De même aussi la Haute Cour peut renvoyer, sur demande, les parties devant le district registrar.

L'appel des décisions des district registrars se porte devant l'un des juges de la Haute Cour.

§ VII. — DES »BARRISTERS« ET »SOLICITORS«.

Il nous reste à parler des personnes qui sont autorisées à plaider et à faire la procédure devant nos cours.

D'abord nous avons l'*attorney général* et le *solicitor général*. Il ne faut pas les confondre, comme on le fait trop souvent, avec les officiers du ministère public du continent; ils en diffèrent absolument. Ils sont chargés de soutenir devant les cours les interêts de l'État, parce qu'ils sont nommés par lui et font partie du ministère. On peut les considérer comme des ministres sans portefeuille. Ils sont presque toujours membres de la chambre des communes. Dans les affaires criminelles importantes, ils remplissent, il est vrai, les fonctions exercées à l'étranger par le ministère public, mais c'est comme représentant l'État et la société. Ce sont des avocats qui en ont tous les droits et priviléges, et ils sont, en quelque sorte, les chefs de notre barreau.

Le barreau anglais comprend, en outre, les avocats ordinaires (*barristers*), les avocats conseils du souverain (*Queen's* ou *King's counsel*) et les avocats sergents des lois (*Sergeants at law*).

Les *Queen's* ou *King's counsel* et les *Sergeants at law* sont les avocats de grande réputation et exercent ordinairement depuis longtemps; ils sont nommés par le lord chancelier, avec le consentement du souverain. Ces premiers n'ont pas le droit de plaider dans un procès intenté au gouvernement, à moins d'une autorisation spéciale qui, du reste, n'est jamais refusée.

Autrefois, les juges des cours de Common Law devaient, avant de prendre possession de leur siége, être créés sergeant at law. Cet usage a été aboli tout récemment, et aujourd'hui il n'est même plus créé de sergeants at law.

Enfin nous avons le *solicitor*, qui est le représentant légal et le conseil de son client dans chaque procès. C'est lui qui fait la procédure et rédige tous contrats civils ou judiciaires et les testaments. Il plaide rarement lui-même et charge de ce soin le barrister qui, par les règlements de sa corporation, n'est jamais en contact direct avec le client, sauf dans les County Courts.

Avant le *Judicature Act*, le solicitor portait le nom de *attorney at law* près les cours de common law et *solicitor* près la cour de *Chancery*. Aujourd'hui, son titre officiel est »*solicitor* près la cour suprême.«

Pour engager un procès, le solicitor lance une assignation (*writ of summons*), dont la copie est remise au défendeur qui doit comparaître dans les huit jours. Quand la personne assignée a comparu dans le délai voulu, le demandeur peut, par *affidavit*, déclarer que, dans sa pensée, sa réclamation ne peut être contestée et requérir immédiatement jugement. La cour peut adjuger tout ou partie des conclusions, à moins que le défendeur ne prouve qu'il a de bons arguments à faire valoir, basés sur des faits paraissant probants ou qu'il ne dépose ès mains de la cour la somme réclamée ou ne fournisse caution. Son solicitor, alors, signifie ses conclusions de défense au demandeur qui y répond. Lorsque tout est prêt, le solicitor de la partie qui intente l'action donne notice au solicitor de son adversaire; la cause est mise au rôle de la cour et copie des conclusions, tant de la demande que de la défense, est remise au juge. Lorsque l'affaire vient en ordre utile, elle est plaidée et le jugement est rendu. La partie qui l'a obtenu le fait alors exécuter, s'il y a lieu, après avoir fait taxer les frais. Le défendeur qui ne comparait pas est condamné par défaut.

Nous devons avertir nos lecteurs que, dans toute action intentée par un demandeur résidant à l'étranger, caution doit être fournie par lui, dont le chiffre est fixé par la cour et qui consiste, soit en une somme déposée ès mains de la cour, soit dans la garantie d'une ou plusieurs personnes solvables. C'est la *cautio judicatum solvi.*

DEUXIÈME PARTIE.

———

CHAPITRE I.

DES CONTRATS EN GÉNÉRAL.

En abordant ce sujet, nous nous attacherons surtout aux contrats qui présentent quelque intérêt pour les négociants.

Il est inutile de donner la définition du contrat; elle est trop connue; nous nous bornerons à dire combien d'espèces de contrats distingue notre loi et à donner les règles générales sur la matière.

SECTION Ire. — DES DIVERSES ESPÈCES DE CONTRATS.

La loi anglaise reconnaît trois sortes principales de contrats :
1° Les contrats *of record* résultant de jugements;
2° Les contrats sous sceau *deeds* ou *specialties*;
3° Et les contrats simples ou *agreements*.
Nous ne parlerons que de ces deux derniers.

§ Ier. — DU CONTRAT SOUS SCEAU OU »DEED«.

Ce contrat *doit* être rédigé par écrit, sur papier ou parchemin.

Il n'est pas nécessaire, pour sa validité, qu'il soit daté et signé, quoique ordinairement on ne s'en dispense guère.

Mais il ne saurait exister légalement s'il n'est pas muni du *sceau* ou cachet des contractants et si, au moment où il lie les parties, chacune d'elles ne pose son doigt sur ce sceau et ne prononce ces paroles: *I deliver this as my act and deed* (Je dé-livre le présent comme mon acte et mon titre), ou mots équi-valents, constatant bien l'intention des parties de faire un *deed*.

Le *sceau* et la *délivrance* (si l'on peut employer cette expres-sion) constituent l'essence absolue et de rigueur de cette forme de contrat.

Tout contrat sous sceau oblige les parties, fait foi par lui-même et ne peut être modifié que par un contrat de même nature.

§ II. — DU CONTRAT SIMPLE OU »AGREEMENT«.

Il peut être verbal ou écrit et n'exige aucune formalité parti-culière pour sa perfection. Si les parties, toutefois, sont con-venues qu'il serait fait d'une certaine manière, par écrit, par exemple, il devra l'être dans la forme déterminée pour faire naître l'obligation.

§ III. — UTILITÉ DE LA DISTINCTION ENTRE CES DEUX CONTRATS.

La distinction que fait notre loi entre ces deux contrats est surtout utile en ce qui concerne la prescription des dettes:

Celles créées par un contrat simple se prescrivent par six années, tandis que celles qui ont leur source dans un contrat sous sceau se prescrivent par douze et vingt ans.

Autrefois, ces dernières étaient privilégiées, si, lors de la mort du débiteur, ses biens ne pouvaient suffire à acquitter tout son passif; mais depuis le 1er janvier 1870, on a aboli la différence existant entre les dettes provenant d'un contrat sous sceau et celles dérivant d'un contrat simple, et aucune d'elles n'est plus privilégiée.

SECTION II. — CONDITIONS DE VALIDITÉ DES CONTRATS.

Tout contrat, pour être valide, doit réunir les conditions suivantes:

Le consentement réciproque des parties au contrat;

Leur capacité;

Une cause licite;

Et un objet formant la matière du contrat.

§ Ier. — DU CONSENTEMENT.

Le consentement peut être verbal ou écrit.

Il doit être libre, non entaché de dol ou de fraude.

Il peut s'induire des circonstances.

Dans le cas où une proposition est faite par lettre adressée et jetée à la poste, le consentement n'était pas réputé parfait, autrefois, jusqu'à ce que la réponse ait été reçue, mais la cour d'appel a jugé, dans différents cas, que le contrat était complet dès que la réponse était envoyée, sauf ce qui sera dit, ci-après.

La personne qui, recevant une lettre contenant des propositions répond, en en copiant les termes et en déclarant les accepter, ne peut plus rescinder son engagement ou le modifier par la suite, si, dans sa réponse, elle n'a pas fait ses réserves à cet égard.

§ II. — DE LA CAPACITÉ.

Pour contracter, il faut être capable. Nous n'avons donc qu'à indiquer ceux que la loi déclare incapables ou ceux dont elle limite la capacité.

Ne peuvent contracter, soit entièrement, soit partiellement:

Les mineurs de vingt et un ans, les aliénés, les personnes en état continuel d'ivresse, les étrangers dont le pays est en guerre avec notre contrée, les proscrits, les personnes convaincues d'un crime, les faillis, tant que durent les opérations de leur faillite.

Nous ne parlerons que des mineurs.

DES MINEURS.

L'obligation souscrite par un mineur est nulle et ne peut être ratifiée par lui à sa majorité. (Loi de 1874, 37 et 38 Vic. c. 62).

Néanmoins, il peut être poursuivi pour les dettes par lui contractées pour son entretien personnel, eu égard à sa situation de fortune, s'il n'y a eu fraude de la part de ses créanciers, et à la condition qu'il soit orphelin ou éloigné de sa famille, et que celle-ci ne subvienne pas à ses besoins.

L'homme à quatorze ans et la femme à douze ans, au moins, peuvent contracter *valablement* mariage. Au-dessous de cet âge jusqu'à sept ans leur mariage est annulable, mais si les deux futurs n'avaient chacun que sept ans, leur union serait absolument nulle.

DE LA CAPACITÉ DES FEMMES MARIÉES.

La loi de 1882 sur la »propriété des femmes mariées« a apporté un changement important dans l'état des femmes en puissance de mari. Jusqu' en 1882, le mari et la femme ne faisaient qu'une seule et même personne aux yeux de la loi; la femme se trouvait complètement absorbée, si nous pouvons nous exprimer ainsi, par le mari et incapable ordinairement de posséder ou de contracter. Aujourd'hui elle a une existence légale indépendante, elle peut posséder, disposer de ses biens par testament ou autrement, contracter, poursuivre ou être poursuivie comme si elle était célibataire.

Le contrat passé par une femme mariée est exécutoire sur ses biens personnels non seulement présents mais à venir de quelque façon qu'elle les acquière.

En ce qui concerne son droit de posséder:

Si elle s'est mariée le 1er Janvier 1883 date à partir de laquelle la loi nouvelle est devenue exécutoire, ou depuis cette époque, la propriété soit qu'elle lui appartient lors de son mariage soit qu'elle ait été acquise depuis, est absolument à elle. Si le mariage a eu lieu avant le 1er Janvier 1883, les biens que la femme possédait alors appartiennent au mari qui n'a aucun droit sur ceux qui échoient à sa femme depuis le mariage.

La femme mariée peut être poursuivie sur ses biens propres, pour les obligations par elle contractées avant son mariage.

Quant au mari, en ce qui concerne ses dettes, il faut distinguer:

Si le mariage a eu lieu avant le 9 Août 1870, il en est tenu conjointement avec sa femme.

S'il a eu lieu entre le 9 Août 1870 et le 30 Juillet 1874 il n'en est pas responsable.

S'il a eu lieu entre le 30 Juillet 1874 et le 1er Janvier 1883, il ne peut être forcé à les acquitter que dans le cas ou il a négligé de se mettre en possession des biens et valeurs appartenant à sa femme.

Enfin s'il s'est marié depuis le 1er Janvier 1883 il est tenu à concurrence des biens appartenant à sa femme dont il est devenu propriétaire durant le mariage, non seulement pour les dettes contractées par elle ou les responsabilités par elle encourues avant le mariage, mais aussi pour tous les quasi-délits, quelle qu'en soit la nature, par elle commis avant ce mariage.

Le mari est tenu des dettes contractées par sa femme pour son entretien, eu égard à sa position sociale, s'ils vivent ensemble, à moins qu'il n'ait donné avis aux commerçants de ne pas lui fournir des marchandises, car la femme est censée agir avec son autorisation (voir toutefois, arrêt ci-après cité).

En général, il est responsable de ces sortes de dettes, même contractées après une séparation amiable, s'il ne fait pas une pension suffisante à sa femme, et ce, malgré l'avertissement par lui donné aux fournisseurs ou marchands.

Mais si la femme quitte son mari sans motif plausible et vit en concubinage, et si lui-même se sépare d'elle pour cause d'adultère, il ne peut être forcé au paiement de ses dettes.

La cour d'appel a rendu un arrêt (affaire Debenham et Freebody contre Mellon) d'une importance considérable pour les commerçants qui traitent avec des femmes mariées.

Dans l'espèce, la femme, occupant un certain rang dans le monde, recevait de son mari somme suffisante pour son entretien personnel, et son mari lui avait interdit expressément, d'acheter à crédit.

Les marchands, ignorant cette défense, avaient fourni à crédit, à la femme, des effets en rapport avec sa position sociale, et ils assignèrent le mari en paiement.

En première instance, il avait été jugé que si le mari et la femme vivaient ensemble, celle-ci était présumée avoir le pouvoir d'engager son mari, si les objets étaient vendus à un prix raisonnable; mais que cette présomption n'existait plus, si, en fait il résultait que le mari avait défendu expressément à sa femme de l'obliger personnellement, et que, tel étant le cas, il y avait lieu de débouter les demandeurs.

Sur l'appel, la cour a maintenu la décision des premiers juges.

»Le commerçant«, a dit lord Justice Bramwell en rendant l'arrêt, »doit demander à la femme si elle a l'autorisation de son »mari d'engager le crédit de celui-ci, et si, ne l'ayant pas, elle »répond affirmativement, elle se rend passible des peines pro- »noncées contre ceux qui obtiennent des marchandises ou objets »sous de fausses représentations *(by false pretences)*, ou bien il »doit demander au mari son consentement écrit ou verbal. Sans »doute le commerçant répugnera à faire cette demande, de peur »de froisser son client, mais ce n'est pas une raison. C'est une »erreur de sa part de supposer que, parce qu'il est désagréable »à un commerçant de poser des questions dont le but est de »garantir le mari, celui-ci doive être rendu responsable, alors »que l'on a agi sans son autorisation et contre sa volonté. Et »je crois que la loi serait plutôt nuisible si elle autorisait une »femme extravagante et un marchand âpre au gain à s'entendre »peut-être pour faire peser de graves responsabilités sur un mari, »contrairement à ses ordres, sans qu'il le sache et malgré sa »volonté.

»Et« ajouta lord Justice Thesiger, »il faut que le commerçant »connaisse la loi et sache bien que l'autorisation de la femme »peut être révoquée, et que, s'il ne prend pas ses informations, »il doit en subir les conséquences. On a dit que c'était dur »pour lui, mais il serait bien plus dur pour le mari de se voir »imposer, malgré lui, une responsabilité dont il ne pourrait se »décharger qu'en donnant des avis publics de ne pas avoir con- »fiance en sa femme, avis, qu'après tout, ce commerçant pourrait »prétendre n'avoir jamais vus«.

Cet arrêt a été confirmé par la chambre des Lords le 27 No- vembre 1880.

§ III. — DE LA CAUSE.

Par cause nous entendons, soit le prix de la chose objet du contrat, soit le motif de ce contrat.

L'affection est une cause suffisante d'un contrat sous sceau, mais non d'un contrat simple, qui demande une cause d'une valeur appréciable.

Toute obligation doit être causée, sauf dans les cas de garantie, de lettre de change ou de billet à ordre, où il n'est pas nécessaire que la cause soit indiquée; mais elle ne peut être prouvée par témoins, excepté dans les cas ci-dessus.

Les contrats ayant une cause illégale ou contraire aux bonnes mœurs sont nuls entre les parties. Ainsi est nulle l'obligation souscrite pour perte faite au jeu ou pour gageure (loi de 1845), en ce qui regarde les contractants à l'acte. Mais si cette obligation est un effet de commerce et est transférée à une personne de bonne foi, c'est-à-dire en ignorant la cause, cette personne peut en poursuivre l'exécution.

La loi ci-dessus visée (8 et 9 Vic 109) sur le jeu ou le pari déclare que tous contrats ou actes verbaux ou par écrit sur le jeu ou le pari seront nuls et de nul effet, et qu'aucune action ne peut être intentée dans aucune Cour de »Common Law« ou d'Équité pour argent ou autre valeur prétendue due par suite de pari ou qui aurait été déposée entre les mains d'un tiers en prévision d'un événement pour lequel le pari aurait été fait.

Il a été jugé qu'un contrat de vente et achat d'actions lorsqu'aucune des parties n'entend faire la remise de ces actions ou les accepter, mais n'a l'intention que de payer des différences, est un simple pari nul aux termes de la loi.

Mais le contrat intervenu entre un agent de change à la Bourse et le client qui l'a chargé de spéculer pour son compte est différent. Car quoique chacun ait compté et entendu que le résultat de la transaction serait le paiement de différences, néanmoins comme l'agent de change a réellement contracté avec l'Agioteur et que d'après les règles usitées en Bourse il est tenu personnellement responsable, on lui reconnaît le droit de demander à son client une indemnité et une commission (affaire Thacker contre Hardy).

Remarquons que la loi ne déclare pas le pari illégal, mais seulement nul et de nul effet. Par suite l'associé ou le commettant d'un agent de paris peut demander à celui-ci sa part des gains et celui qui a payé à la requête d'un autre pour réglement des pertes ou gains sur ces sortes de transactions peut se faire rembourser, la demande de payer étant une cause valable.

En France, comme nos lecteurs le savent, les marchés à terme qui sont des transactions sur opérations de jeu sont illégales, et l'agent, par exemple l'agent de change, qui, en connaissance de cause prête les mains à ces sortes d'affaires n'a pas le droit d'exiger en justice les avances par lui faites, si son commettant prouve qu'il connaissait la nature de la transaction.

§ IV. — DE L'OBJET.

Toute chose non contraire à la loi ou non immorale peut faire l'objet d'un contrat. Il est inutile de nous étendre sur ce point.

SECTION III. — RÈGLES GÉNÉRALES SUR LES CONTRATS ET LEUR INTERPRÉTATION.

De toutes les nombreuses règles sur ce sujet, nous ne citerons que les plus utiles.

1° Lorsque deux clauses d'un contrat sont incompatibles l'une avec l'autre, la première seule est appliquée;

2° La preuve testimoniale n'est pas admise contre un contrat écrit, mais elle peut servir à en expliquer les termes ambigus;

3° Les mots doivent être pris dans leur sens naturel et usuel, ou dans celui que l'usage du commerce leur a spécialement assigné;

4° Les contrats sont généralement exécutés d'après la loi du pays dans lequel ils ont été faits, à moins qu'à ce moment les parties n'aient eu en vue celle d'une autre contrée, car on peut les faire selon la loi du pays dans lequel ils doivent recevoir leur exécution.

Le mot »mois« signifie le mois lunaire; mais, pour les effets de commerce, il veut dire le mois du calendrier.

SECTION IV. — DE LA FORME DES CONTRATS ET DE LA LOI SUR LES FRAUDES.

En général, il n'est pas nécessaire qu'un contrat soit rédigé par écrit pour qu'une obligation existe, et la preuve de celle-ci peut résulter d'un document quelconque, des lettres des parties, par exemple.

Les parties sont absolument libres de rédiger leurs conventions à leur guise.

Cependant les contrats relatifs à la vente du droit à la propriété littéraire, à la vente des navires et aux effets de commerce ou autres actes pouvant se transférer par endossement, doivent être rédigés par écrit.

En outre, la loi *sur les fraudes*, rendue sous Charles II, en 1677, amendée en 1828 et 1856, et dont le but est d'empêcher les contrats fictifs, exige qu'il y ait, avant tout commencement de poursuites, au moins un *memorandum* ou résumé écrit du contrat, signé de la partie que l'on veut poursuivre ou de son mandataire authentique:

1° Lorsqu'un exécuteur testamentaire ou administrateur des biens d'une personne s'est obligé spécialement à répondre des dommages-intérêts sur ses propres biens;

2° Lorsqu'une personne s'est portée caution des dettes, fautes ou de la mauvaise gestion d'autrui;

3° Lorsqu'il s'agit de conventions matrimoniales;

4° Si le contrat avait trait aux immeubles, aux baux, héritages ou à des intérêts de cette nature;

5° Et s'il devait être en force pendant plus d'une année.

De plus, doit être rédigé par écrit tout contrat de vente de marchandises d'une valeur égale ou supérieure à 10 L. st. Mais cela n'est pas nécessaire si le contrat a déjà été exécuté par la remise totale ou partielle des objets ou leur paiement. Cet acte n'exige pas, bien entendu, une forme spéciale, une simple lettre suffit amplement pour faire preuve.

3 *

SECTION V. — DE L'ENREGISTREMENT.

La plupart des actes doivent être enregistrés, c'est-à-dire revêtus d'un timbre dont la valeur varie selon l'importance du contrat.

Il n'y a pas lieu à faire apposer un timbre dans certains cas spécifiés par la loi, notamment : si la valeur de la chose, objet du contrat, est inférieure à 5 L. st., s'il s'agit d'un contrat passé avec un *ouvrier* pour une fabrication quelconque ou ayant trait à la vente de marchandises.

L'enregistrement d'un contrat simple (*agreement*) doit se faire dans les quatorze jours de sa date ; celui d'un contrat sous sceau (*deed*), dans les deux mois de sa date, s'il est rédigé dans le Royaume-Uni, et s'il a été fait à l'étranger, dans les deux mois de sa réception en Angleterre.

Le défaut d'enregistrement n'a pas pour effet d'annuler l'acte ; il en empêche seulement la production en justice, à peine de différentes amendes de 10 L. st. et plus.

CHAPITRE II.

DES CAUTIONS OU GARANTIES.

La garantie ou cautionnement est la promesse écrite faite par une personne de répondre, sur ses propres biens, de la dette, de la faute lourde ou de la mauvaise administration d'autrui, débiteur ou obligé principal.

L'acte de cautionnement est de ceux qui doivent être écrits et signés par la caution ou son mandataire; à défaut de quoi, il ne peut donner droit à une action en justice.

Il doit contenir la promesse de payer, le nom du bénéficiaire, et avoir une cause qu'il n'est pas nécessaire, cependant, d'exprimer.

Si le créancier donne décharge au débiteur principal ou lui accorde terme et délai par un acte nouveau, suspendant l'exécution du premier, la caution se trouve déchargée, si, du moins, sa position se trouve changée et sa responsabilité prolongée au-delà du temps primitivement convenu.

Lorsque paiement est demandé à la caution, celle-ci a le droit d'appeler en garantie le débiteur principal; mais elle ne peut demander à ce dernier de dégager sa responsabilité tant qu'elle n'est pas poursuivie ou que la dette n'est pas exigible.

S'il y a plusieurs cautions et que l'une d'elles ait été obligée de payer la totalité de la dette, elle se trouve subrogée aux droits du créancier et peut demander au débiteur principal le remboursement du montant, en principal et accessoires, de ce qu'elle a déboursé. De même aussi elle peut demander à ses co-cautions leur part proportionnelle. Bien entendu, le débiteur principal ne saurait, pour se dispenser de payer, lui opposer le remboursement qu'elle a fait.

CHAPITRE III.

DES AGENTS DE COMMERCE.

Il y a deux sortes d'agents de commerce:

Le commissionaire en marchandises (*Factor*) représentant chargé de vendre des marchandises à lui confiées par un négociant quelconque.

Et le courtier (*Broker*) qui achète ou vend pour autrui.

Au commissionaire appartient le contrôle des marchandises en général, soit en les ayant en sa possession, soit en les embarquant ou les emmagasinant, mais en les gardant à sa disposition.

Le terme courtier (*Broker*) dans son sens le plus large s'applique à une personne agissant comme intermédiaire pour négocier toutes sortes d'affaires: Ainsi les courtiers de navires (*Shipbrokers*) les courtiers d'assurances (*Insurance brokers*) les agents de change (*Stockbrokers*). Toutefois ce terme s'applique surtout aux personnes qui s'occupent de négocier et de faire des contrats de vente entre les marchands, et que l'on appelle agents de ventes, courtiers de commerce.

Ce courtier de commerce a pour mission de chercher des acheteurs à ceux qui veulent vendre et des vendeurs à ceux qui veulent acheter et de négocier et surveiller les marchés entre vendeurs et acheteurs. Au contraire des commissionaires, le courtier n'a ni la possession ni le contrôle des marchandises ou les factures etc. qui en forment le titre de propriété, et d'après l'usage de commerce il n'a pas pouvoir et est censé ne pas avoir pouvoir de contracter en son propre nom.

Ces agents sont les mandataires de ceux qui les emploient, et ils en ont tous les droits et devoirs.

En outre, l'agent peut être:

Général, c'est-à-dire, autorisé par son commettant à le représenter pour tous actes de commerce dans lesquels il est lui-même engagé.

Ou *spécial*, il n'a alors pouvoir que pour l'affaire pour laquelle il a été nommé.

Le commettant est responsable des faits et gestes de son agent, si celui-ci a agi dans les limites de son mandat, mais non de ceux d'un sous-agent non commis par lui, à moins que, par la suite, il ne ratifie ses actes.

Lorsqu'un négociant vend à crédit à un agent qu'il considérait être le mandant lui-même, il ne peut, lorsqu'il a reconnu son erreur, demander le paiement au commettant réel, si l'agent lui même a été payé de bonne foi par ce dernier.

A ce sujet, il a été jugé:

Qu'il fallait distinguer si l'agent en achetant n'a pas fait connaître qu'il agissait pour le compte d'autrui, et si, l'ayant déclaré, il n'a pas donné le nom de son mandant.

Au premier cas, le vendeur, en découvrant que son acheteur n'était que l'agent d'un autre, ne peut poursuivre le mandant, qui, dans l'intervalle, a remis de bonne foi à son agent le prix des marchandises.

Dans le second cas, il a recours contre ledit commettant alors même que celui-ci aurait payé de bonne foi son agent; le vendeur doit exercer de suite ses poursuites, sinon, il peut lui être objecté qu'il a vendu, non en considération de la solvabilité du mandant, mais bien en considération de celle de l'agent.

Si un représentant ou agent vend des marchandises pour un commettant qu'il ne fait pas connaître, l'exécution du contrat peut être demandée tant par le représentant ou agent que par le mandant: mais ce dernier doit accepter le contrat tel qu'il est et en subir toutes les conséquences, c'est-à-dire, qu'il ne pourra poursuivre que dans les cas où son représentant aurait pu le faire.

L'agent est tenu des suites d'un contrat qu'il a fait pour le compte et au nom de son mandant, s'il a engagé sa signature personnelle, s'il a agi en son propre nom, ou s'il a laissé ignorer sa transaction à celui qu'il représente; ou s'il dépasse les termes de son mandat ou l'exécute frauduleusement, ou bien encore lorsqu'il garantit lui-même le paiement du prix vis-à-vis de son mandant, pour avoir une commission plus élevée (*commission del credere*).

L'agent a le droit de se faire rémunérer pour son travail. Si sa commission n'a pas été fixée par avance, ou si elle a été laissée à la discrétion du commettant, la loi déclare que le droit de discrétion doit être raisonnablement exercé et qu'un patron ne saurait, par un mécontentement injustifiable et non fondé, priver son employé du prix de son labeur.

L'agent a un droit général de rétention (*Lien*, voir ci-après) sur les marchandises qu'il a en sa possession, tant pour ses avances que pour ses déboursés, sauf stipulations différentes à ce sujet ou circonstances impliquant que ce droit n'existe pas.

Lorsque l'agent a fait à son commettant des avances sur ses marchandises, il peut, s'il n'y a réserves expresses à cet égard, vendre à son gré et au mieux des intérêts de celui qu'il représente. Mais si ce dernier lui interdit de vendre ou lui fixe le prix et les conditions de la vente, l'agent ne peut, en l'absence d'un usage bien établi, vendre contrairement à ces instructions pour se remplir de ses avances, quoiqu'il en ait demandé le paiement et que son commettant ne l'ait pas réglé au bout d'un espace de temps suffisant.

Toutefois il est admis qu'il peut, dans ce cas, les mettre en gage pour le montant de ce qui lui est dû.

Le mandat peut être donné même verbalement.

Il cesse :

1° Par la révocation expresse du mandataire ;

2° Par la renonciation de celui-ci ;

3° Par le décès ou la faillite du mandataire ou du mandant ;

4° Par l'expiration du temps pour lequel il avait été donné, soit en termes exprès, soit d'après les usages du commerce ;

5° Enfin lorsque son objet est rempli.

En cas de révocation de son mandat, le mandataire conserve néanmoins le droit de retenir les marchandises qu'il a en sa possession, jusqu'à ce qu'il ait été payé de ses frais par son commettant.

CHAPITRE IV.

DES ENTREPRENEURS DE TRANSPORTS.

Un voiturier, c'est-à-dire celui qui entreprend par louage le transport d'un lieu à un autre, par terre ou par mer, d'objets appartenant à autrui, est nécessairement un agent, et le droit d'intenter une action contre lui pour rupture du contrat, appartient, soit à l'expéditeur, soit au destinataire. En général c'est à ce dernier, si les objets sont perdus, la loi présumant que le contrat a été passé entre lui et le voiturier. Si cependant celui-ci est loué par l'expéditeur et que les marchandises soient aux risques et périls de ce dernier, ou si elles ont été envoyées à condition, ou enfin si la propriété n'en a pas été transférée *hic et nunc* au destinataire, c'est à l'expéditeur à poursuivre, s'il y a lieu.

Les voituriers sont les propriétaires des navires, les entrepositaires qui se chargent de transporter les marchandises du port à leurs magasins, les propriétaires de voitures publiques ou les compagnies de chemins de fer.

Un voiturier n'est pas responsable de la perte résultant d'un fléau du ciel ou d'un fait de guerre; il l'est de celle provenant du feu ou d'un vol. Le retard dans la délivrance de marchandises occasionné par des causes indépendantes de sa volonté, ne peut lui être imputé, et il peut limiter sa responsabilité par un contrat spécial avec son client. Les conditions des contrats passés dans ce cas avec les compagnies de chemins de fer ou de navigation doivent être justes et raisonnables et porter la signature des parties.

Si un voiturier entreprend de transporter gratuitement des objets, il n'est responsable que de sa faute lourde.

Un propriétaire de malle-poste ou de voitures publiques, ou un voiturier par terre n'est jamais responsable de la perte ou du

dégât survenus, lorsque les objets à lui confiés étaient de l'or ou
de l'argent, en lingots ou monnaie, des pierres précieuses, objets
de bijouterie ou d'horlogerie, effets de commerce, billets de banque,
timbres, cartes, écrits, documents, actes, peintures, gravures, vaisselle plate ou imitation, porcelaines, verres, soies, fourrures, dentelles, contenus dans un paquet, — lorsque la valeur dépasse
10 L. st. — à moins qu'au moment de la remise, la valeur et la
nature du paquet n'aient été déclarées et que, par convention expresse, un supplément au prix ordinaire de transport n'ait été fixé.
Si ce voiturier refuse de donner un reçu de ces valeurs ainsi déclarées, ou si les objets sont soustraits par l'un de ses employés,
il est alors tenu *in infinitum*.

Les compagnies de chemins de fer et de transports par eau
peuvent limiter leur responsabilité par des conditions spéciales, et
on ne peut leur réclamer plus de 50 L. st. par cheval, 15 L. st.
par tête de gros bétail, 2 L. st. par mouton ou porc, à moins
qu'au moment de la remise à ces compagnies, ces animaux n'aient
été déclarés d'une valeur supérieure; auquel cas on paie un prix
plus fort pour leur transport.

Quant aux propriétaires de vaisseaux, ils ne sont pas tenus
de la perte ou du dommage éprouvés par les marchandises et
provenant de la faute d'un pilote dûment autorisé, ou d'un feu
mis par accident, ou du vol d'objets précieux, à moins que leur
valeur et leur nature n'aient été déclarées par écrit lors de leur
mise à bord. Enfin ils ne sont jamais tenus, pour le dommage
causé aux marchandises, à payer plus de 8 L. st. par chaque
tonne que jauge le navire.

Un voiturier ne peut pas toujours demander le contenu des
paquets à lui confiés, et ne peut pas toujours aussi refuser de les
transporter, si on ne le lui indique pas. Mais on doit l'informer
si les objets remis sont dangereux, sinon l'expéditeur est responsable des suites de cette omission.

Dans l'action intentée contre un voiturier pour non délivrance
de marchandises, les dommages-intérêts se calculent ordinairement
d'après la valeur de ces objets pour leur propriétaire, à *l'endroit*
et au *temps* dans lesquels ils devaient être délivrés.

CHAPITRE V.

DE LA VENTE ET DE LA GARANTIE EN MATIÈRE DE VENTE.

§ I. — DE LA VENTE.

Ainsi que nous l'avons dit, tout contrat relatif à la vente de marchandises ou objets d'une valeur d'au moins 10 L. st., doit être rédigé par écrit, à moins que l'acheteur ne ratifie le marché par un paiement à compte ou en acceptant partie des objets.

Si Pierre a vendu à Paul, sous la seule réserve de l'approbation par celui-ci, de la qualité des objets à jour dit, et que Paul n'ait pas exercé son droit de renonciation au jour fixé, chacune des parties est liée dès que le délai est expiré.

Lorsque des objets faisant partie d'un bloc ont été vendus, il n'y a pas de transmission de propriété, tant que cette partie n'a pas été distraite du tout.

Mais quand le vendeur a assigné une quantité bien désignée à l'acheteur, et que celui-ci l'a acceptée, la transmission de propriété est opérée de suite, quoique le vendeur ne puisse être contraint à se dessaisir avant paiement.

Le contrat fait pour la fabrication d'un objet ou la construction d'un immeuble, ne transfère pas, par lui-même, à celui qui l'a commandé la propriété de la chose dès qu'elle est achevée. Il faut pour cela que l'objet soit livré. Toutefois un arrêt a décidé que, lorsqu'une personne avait chargé un tiers de surveiller la construction d'un *navire* et de payer, en son nom, des à-compte sur le prix, au fur et à mesure de l'avancement des travaux, le constructeur, par le fait de *cette surveillance* et *des à-compte versés*, avait transféré la propriété du navire même *non livré* et ne pouvait plus en disposer.

Celui qui n'a aucun droit de propriété sur des objets ne peut, en les vendant, transférer ce droit à autrui. Par suite, on peut demander à l'acheteur, même de bonne foi, la valeur de ces objets, quoique le voleur ne soit pas déféré à la justice.

Ce qui précède s'applique aux personnes qui prennent des objets en location, mais non à celles qui vendent dans un marché *ouvert*, lorsque ces objets sont actuellement dans ce marché et que la vente et la délivrance y sont effectuées, à moins que le propriétaire des dits objets ne poursuive déjà le voleur et que celui-ci ne soit condamné par la suite. Le marché *ouvert*, en province, est un lieu spécialement désigné par une charte ou une ordonnance royale pour y tenir, à certaines époques, des foires ou marchés. Dans la *cité* de Londres, tout magasin est un marché ouvert, pour chaque jour de l'année, dimanches exceptés.

La vente faite à l'étranger, conformément à la loi du pays, par une personne qui avait la possession seulement des marchandises vendues, est valable et parfaite ici, à l'égard du propriétaire réel, quoique faite sans son autorisation.

Quant aux objets obtenus par des moyens frauduleux, l'acquéreur n'en acquiert pas la propriété et n'a aucun droit sur eux; il ne peut les conserver contre la volonté du vendeur.

Si cet acheteur les a revendus à une autre personne de bonne foi, avant que le premier vendeur n'ait eu le temps de faire annuler la vente, la propriété passe à ce second acheteur. Il en sera de même, si avant que le vendeur n'intente son action en nullité, l'acheteur a engagé les objets à un prêteur sur gages de bonne foi.

Lorsqu'un contrat est fait pour la remise d'objets à jour ou avant jour fixe, l'acheteur est forcé de les prendre, à la condition qu'ils lui soient apportés au jour dit, suffisamment à temps pour être vérifiés, et qu'ils soient entièrement délivrés avant minuit.

Lorsque des marchandises sont vendues à l'arrivée par tel bateau nommément désigné ou à leur arrivée sans désignation de vaisseau, si elles n'arrivent pas dans le temps ordinaire, le vendeur n'est pas ordinairement responsable, le contrat étant fait pour la vente et la délivrance d'une partie de la cargaison d'un vaisseau à une époque à venir, c'est-à-dire lorsque le navire arrivera avec ces objets à bord.

Lorsque l'engagement de délivrer est absolu, le vendeur ne peut se retrancher derrière le blocus d'un port, ou un autre accident inévitable, pour échapper à la responsabilité.

Dans une action pour non-délivrance des marchandises au jour fixé, les dommages-intérêts se calculent en prenant la différence entre le prix énoncé dans le contrat et celui des marchandises au cours dudit jour.

Si, après la rupture du contrat pour la cause ci-dessus, l'acheteur, à la demande du vendeur, consent à attendre jusqu'à un autre jour pour la remise des objets, il peut demander, à titre de réparation du préjudice qu'il a éprouvé, la différence entre le prix du jour du contrat et celui du jour de la livraison.

Il a été jugé le 21 avril 1875 par la cour de Queen's Bench (affaire Hinde contre Liddell et autres):

Que, lorsqu'un vendeur s'est engagé à livrer à jour fixe, et informe l'acheteur de son impossibilité d'exécuter à temps son engagement, l'acheteur a le droit, s'il n'y a pas de cours pour des marchandises semblables au moment de la rupture du contrat, d'en acheter d'une qualité et d'un prix même supérieurs à celles qu'il aurait dû recevoir, et de faire payer à son vendeur la différence entre le prix par lui payé et celui qu'il aurait payé pour les objets vendus et non livrés.

Le *quantum* des dommages-intérêts dans le cas où la rupture d'un contrat a occasionné une perte sur un sous-contrat a fait dernièrement l'objet d'une discussion devant notre cour d'appel dans une action récemment intentée par une maison de fourrures bien connue de Paris contre une maison de Londres.

Dans l'espèce, les défendeurs avaient passé avec le demandeur un contrat pour la délivrance de certaines marchandises spécialement désignées à un prix déterminé stipulé payable par fractions et à terme. Le marché conclu, les défendeurs apprirent que, sauf pour le prix, ce marché était en substance semblable à un contrat passé entre le demandeur et une maison française et uniquement pour permettre au demandeur de remplir ses engagements vis-à-vis de cette maison française. Les défendeurs résilièrent leur contrat et, comme il n'y avait pas de cours pour ces sortes de marchandises, le client du demandeur à Paris assigna celui-ci devant le Tribunal de commerce de la Seine et obtint 700 f. de dommages-intérêts.

Notre cour d'appel a jugé que le demandeur était fondé non seulement à recouvrer à titre de dommages-intérêts le montant du profit qu'il aurait fait s'il avait pu remplir ses engagements vis-à-vis de son client, mais aussi des dommages-intérêts en raison de la responsabilité qu'il avait encourue envers celui-ci et qu'en les estimant à 700 f. le Tribunal de commerce de la Seine, avait fait une juste appréciation du préjudice causé (affaire Grébert-Borgnis contre Nugent).

Le principe qui régit ces sortes d'espèces est celui-ci:

Une personne ne peut être rendue responsable que des conséquences que l'on peut supposer avoir pu raisonnablement être prévues par les parties au moment de la confection du contrat, et la question de savoir quel *quantum* de dommages-intérêts lesdites parties sont censées avoir pu raisonnablement prévoir à cette époque dépend, dans chaque cas, de la façon dont la situation réelle dans laquelle se trouvaient les parties a été indiquée par l'acheteur au vendeur lors du contrat, de manière à ce que l'on en puisse induire pertinemment, comme étant un fait, que tels étaient bien des dommages-intérêts qu'il était dans l'intention de faire obtenir à la partie lésée s'il y avait lieu.

Si le vendeur refuse d'exécuter son contrat, l'acheteur a le droit de le forcer à lui livrer l'objet, ou de lui demander des dommages-intérêts, mais il n'a le choix qu'entre ces deux moyens.

Le vendeur ne peut demander les intérêts du prix, s'il n'y a stipulation expresse à ce sujet, ou s'ils n'ont pas été réclamés par lettre à partir de tel jour, ou à moins que le paiement du prix n'ait dû être réglé par un billet à date fixe et que ce billet n'ait point été remis, ou enfin si l'acheteur y a été condamné.

§ II. — DE LA GARANTIE EN MATIÈRE DE VENTE.

La garantie est expresse ou tacite.

Il n'est pas besoin, pour la constituer, d'employer une forme particulière ou de se servir du mot garantie.

Toute affirmation faite par un vendeur au moment de la vente et ayant trait aux objets vendus, est une garantie de sa part, s'il appert que telle était son intention.

Il en serait autrement s'il avait garanti son droit expressément ou tacitement.

Il va de soi que, par le fait seul de la vente, le négociant garantit implicitement son droit sur les objets vendus qui se trouvent dans son magasin.

Enfin toute assertion mensongère ou toute tromperie sur la qualité annoncée des objets vendus, donne ouverture à l'action en garantie, et, dans ce cas, le préjudice se calcule eu égard à la différence entre la valeur de l'objet au moment de la transaction et celle du cours du jour à la même époque.

La garantie peut résulter de l'usage particulier d'un commerce; mais si elle a été formellement donnée, cet usage ne peut ni la changer ni la modifier.

Par exemple, la vente sur échantillon est par elle-même une garantie.

La garantie existe encore si la vente est celle d'un objet pour un besoin spécial. Il est, en effet, entendu entre les parties que l'objet vendu s'appliquera à ce à quoi il est réputé propre, encore même que l'on viendrait à lui découvrir des défauts cachés et inconnus du vendeur.

Celui qui achète des marchandises sans avoir pu les examiner, a le droit de les exiger de la qualité non seulement déterminée, mais encore d'une qualité vendable. La maxime *caveat emptor* ne s'applique pas dans ce cas.

D'après la loi, le marchand ne garantit pas son *droit* sur les choses vendues, et, s'il n'y a pas eu fraude de sa part, on ne peut le rendre responsable de son défaut de droit.

CHAPITRE VI.

LETTRES DE CHANGE — EFFETS DE COMMERCE — CHEQUES.

Ainsi que nous l'avons déjà dit (voir préface à la seconde édition), la loi relative aux effets de commerce et chèques a été récemment codifiée.

C'est le »Bills of Exchange act« (45 et 46 Vic. c. 6) qui a opéré cette codification. La nouvelle loi est devenue obligatoire dans tout le Royaume-Uni depuis le 18 Août 1882.

Nous en donnons la traduction avec quelques courtes explications: nous avons également indiqué les rapports que cette loi peut avoir avec celles des autres pays.

Nous avons aussi indiqué quelques questions relatives aux effets de commerce dont la nouvelle loi ne s'est pas occupée et qui restent encore sous l'empire de la »Common Law«.

Nous passons sous silence la première partie de cette loi qui ne contient que des définitions de tous les termes qui y sont employés. Cette partie est sans intérêt pour le lecteur.

2ᵉ PARTIE.

LETTRES DE CHANGE.

FORME-INTERPRÉTATION.

Définition.   Art. 3. (1) Une lettre de change est un ordre absolu par écrit adressé par une personne à une autre, signé par la personne, qui le donne et requérant celle à laquelle il est adressé de payer à présentation ou à jour fixe une certaine somme, soit à la personne y désignée ou à son ordre, soit au porteur.

La personne qui signe cet ordre est appelée tireur (*drawer*): celle qui doit payer s'appelle le tiré (*drawee*) et celui à qui ou à l'ordre de qui la somme doit être payée est le bénéficiaire (*payee*).

La signature sur un effet négociable peut être écrite au crayon à n'importe quel endroit. Une simple marque suffit pour la constituer.

(2) L'acte qui ne remplit pas les conditions énoncées (§ 1) ci-dessus ou qui contient autre chose que l'ordre de payer n'est pas une lettre de change.

La loi allemande impose l'obligation d'insérer dans le corps de l'effet les mots »Lettre de change« ou équivalents. Les lois de France, de Hollande, de Belgique et des États-Unis sont muettes sur ce point.

(3) L'ordre de payer avec des fonds déterminés n'est pas un ordre absolu d'après la presente loi. Mais au contraire est absolu l'ordre de payer sans réserve joint à l'indication d'un fonds spécial sur lequel le tiré doit se rembourser lui-même, ou d'un compte spécial à débiter de la somme à payer. Est également absolu l'ordre de payer sans réserve auquel est joint la mention de la transaction origine de la lettre de change.

(4) Une lettre de change n'est pas nulle:

(a) parce qu'elle n'est pas datée;

(b) parce qu'elle n'indique pas la cause ou qu'il n'y a pas de cause;

(c) parce qu'elle n'indique pas le lieu d'ou elle est tirée ou celui où elle est payable.

Un effet de commerce ne peut être tiré, endossé, négocié, présenté, à l'encaissement et le recouvrement n'en peut être poursuivi en justice s'il n'a été au préalable revêtu d'un timbre proportionnel.

Les lois de l'Allemagne, de l'Autriche, de la Hongrie et de la Belgique n'exigent pas que les mots »Valeur reçue« ou équivalents figurent sur l'effet ou les endos. C'est une obligation imposée par les lois de la France, de l'Espagne, de l'Italie et de la Hollande.

De même les lois de la France, de l'Allemagne et de la Hollande exigent qu'une lettre de change soit tirée d'un lieu sur un autre.

Lettres de Change de l'Intérieur et Étrangères.

Art. 4. (1) Une lettre de change est dite de l'intérieur (*inland*) lorsqu'elle est tirée et payable dans les Iles Britanniques, ou si elle est tirée dans les Iles Britanniques sur une personne y résidant. Toute autre lettre de change est dite étrangère (*foreign*).

Par Iles Britanniques, la présente loi entend toute partie du Royaume-Uni de la grande Bretagne et de l'Irlande, les Iles de Man, Guernesey, Jersey, Alderney, Sark et celles adjacentes qui font partie des domaines de la Reine.

Tout effet tiré de l'Étranger doit avant toute négociation en Angleterre être muni d'un timbre proportionnel.

(2) Sauf preuve contraire résultant de l'effet lui-même, le porteur d'une lettre de change peut la considérer comme étant un effet de l'intérieur.

Effet lorsque les différentes parties d'une lettre de change ne font qu'une seule et même personne.

Art. 5. (1) Une lettre de change peut être faite payable au tireur ou à son ordre ou payable au tiré ou à son ordre.

(2) Lorsque dans un effet le tireur et le tiré sont la même personne, ou que le tiré est une personne fictive ou incapable de contracter, le porteur peut considérer cet effet comme lettre de change ou billet à ordre.

D'après les lois française et hollandaise le tireur ne peut être son propre tiré. La loi allemande (Art. 6) permet au tireur de tirer sur lui-même à la condition que le paiement doive être fait dans un lieu autre que celui d'où l'effet a été tiré.

Désignation du tiré.

Art. 6. (1) Le tiré doit être dénommé ou du moins désigné d'une façon suffisante.

(2) Une lettre de change peut être tirée sur deux ou plusieurs personnes, associées ou non, mais n'est pas lettre de change l'effet tiré sur deux personnes l'une à défaut de l'autre ou sur plusieurs successivement.

Désignation du bénéficiaire.

Art. 7. (1) Lorsqu'un effet n'est pas payable au porteur, le bénéficiaire doit être dénommé ou du moins désigné suffisamment.

(2) Un effet peut être stipulé payable à deux ou plusieurs personnes conjointement ou à l'une ou quelques-unes de ces personnes à défaut les unes des autres. De même il peut être fait payable au titulaire, alors en exercice d'une fonction.

D'après la loi française un effet de commerce peut être fait payable au titulaire d'une fonction, mais non d'après la loi hollandaise.

(3) Si le bénéficiaire est une personne fictive ou n'existant pas, l'effet peut être considéré comme payable au porteur.

D'après l'art. 112 du code de commerce français, et l'art. 102 du code hollandais, les lettres de change contenant supposition de nom sont reputées simples promesses.

Lorsqu'un père et son fils portent les mêmes noms et prénoms, l'effet, sauf preuve contraire, doit être payé au père.

Art. 8. (1) Une lettre de change qui contient des termes en interdisant la négociation ou desquels on peut déduire l'intention qu'elle ne soit pas négociée est valable entre les parties, mais n'est pas négociable. *Effets négociables.*

Si l'on désire qu'une lettre de change ne puisse être négociée, on doit la libeller ainsi: »Payez à Thomas Jones *seulement.* Si elle est faite payable à *Thomas Jones,* elle l'est à lui ou à son ordre«

Les mots »ou ordre« sont indispensable d'après la loi française et la loi belge pour la négociation d'une lettre de change. Il n'en est pas de même en Allemagne et en Hollande.

(2) Une lettre de change négociable peut être payable à ordre ou au porteur.

(3) Est payable au porteur la lettre de change qui le stipule ou celle sur laquelle l'endos unique ou le dernier endos est en blanc.

Les lois française, allemande et hollandaise interdisent l'émission de lettres de change payables au porteur.

(4) Est payable à ordre la lettre de change qui le stipule ou qui est faite payable à une personne déterminée et ne contient pas de termes en interdisant la transmission ou indiquant l'intention qu'elle ne soit pas négociable.

(5) Si une lettre de change, soit lorsqu'elle est tirée, soit par suite d'un endos, est stipulée payable à l'ordre d'une personne

déterminée et non à cette personne ou à son ordre, elle est néanmoins payable à ladite personne ou à son ordre, à son choix.

Somme à payer. Art. 9. (1) Dans l'esprit de la présente loi, la somme à payer en vertu d'une lettre de change est une somme déterminée quoique le paiement puisse en être demandé:

(a) avec intérêts;

(b) par à compte fixés;

(c) par à compte déterminés sous la reserve qu'à défaut de paiement d'un seul à compte le tout sera exigible;

(d) d'après un taux d'échange fixé ou à fixer d'après les indications contenues en la lettre de change.

(2) Si la somme à payer est écrite en toutes lettres et en chiffres également et qu'il y ait désaccord entre les deux nombres, la somme portée en lettres est celle qui doit être payée.

(3) Lorsqu'une lettre de change est stipulée payable avec intérêts, l'intérêt court, sauf stipulation contraire contenue dans l'effet, de la date de la lettre de change, et, si elle n'est pas datée, du jour de la mise en circulation.

Pour les intérêts après protêt voir Art. 57.

La stipulation d'un intérêt sur une lettre de change rend l'effet nul d'après les lois allemande et hollandaise. — Elle ne vicie pas la lettre de change d'après la loi française.

Lettres de change payables à présentation. Art. 10. (1) Une lettre de change est payable à présentation:

(a) lorsqu'elle porte les mots, sur demande, à vue, ou à présentation.

(b) si l'époque de paiement n'y est pas indiquée.

(2) Si une lettre de change est acceptée ou endossée après son échéance, elle doit être considérée, au regard de l'accepteur ou endosseur dans ces conditions, comme payable sur demande.

Lettre de change payable à une époque future. Art. 11. Est payable à une époque à venir déterminée la lettre de change stipulée payable:

(1) À un jour fixe après date ou présentation.

(2) Le jour de l'arrivée d'un événement futur mais certain, quoique l'époque de l'arrivée de cet événement puisse être incertaine, ou à une époque fixe après l'événement.

Un effet stipulé payable à une éventualité n'est pas une lettre de change, alors même que cette éventualité se produirait.

Ainsi un effet ainsi conçu »Payez à John Smith £ 200 à l'arrivée du navire Marie à Marseille« n'est pas une lettre de change.

Art. 12. Lorsqu'une lettre de change stipulée payable à une époque fixe après date est mise en circulation sans être datée, ou lorsque l'acceptation d'une lettre de change payable à une époque fixe après présentation n'est pas datée, tout porteur peut y mettre la date réelle de la mise en circulation ou de l'acceptation et l'effet est payable d'après cette date. *(Omission de date dans lettre de change après date ou vue.)*

Toutefois:

(1) Si le porteur, de bonne foi et par erreur, met une date erronée.

(2) Et dans tous les cas où l'on appose une date erronée.

Si plus tard la lettre de change tombe entre les mains d'un porteur régulier, la lettre de change n'est pas nulle, mais elle a la même valeur que si la date y apposée eut été la véritable.

> Une lettre de change non datée est considérée comme datée à partir du moment où elle est tirée.
> La date est essentielle à la validité d'une lettre de change en France, en Belgique et en Allemagne. Elle ne peut plus y être apposée dès que le tireur est dessaisi.
> Il est douteux que la loi hollandaise autorise de dater une lettre de change après la mise en circulation.

Art. 13. (1) Lorsqu'une lettre de change, son acceptation ou son endossement sont datés, la date sera réputée, sauf preuve contraire, être celle du jour où elle a été tirée, acceptée ou endossée, selon le cas. *(Anti date et post date.)*

(2) Une lettre de change n'est pas nulle parce qu'elle est antidatée ou postdatée ou porte la date d'un dimanche.

Art. 14. Lorsqu'une lettre de change n'est pas payable à présentation, le paiement en est réglé ainsi qu'il suit. *(Supputation du temps pour le paiement.)*

(1) Trois jours, appelés jours de grâce, sont, sauf stipulation contraire contenue dans l'effet, ajoutés à l'époque de paiement fixée et la somme est payable le dernier jour de grâce.

Toutefois:

(a) si ce dernier jour tombe un Dimanche, le jour de Noël, le Vendredi saint, ou un jour déclaré par ordonnance royale, jour

férié ou d'actions de grâces, la traite est payable la veille desdits jours.

(b) si ce dernier jour est un jour de Bank Holiday (fête des
Banques) autre que Noël et le Vendredi saint (34 et 35 Vic c 17.
Loi de 1871), ou si le dernier jour de grâce est un Dimanche et
le second de ces jours est un »Bank Holiday«, la traite est due
le jour suivant.

> Les jours de »Bank Holiday« sont les Lundis de Pâques et
> de la Pentecôte, le premier Lundi d'Août et le 26 Décembre pour
> l'Angleterre et l'Irlande: Ier Janvier, Noël, Vendredi saint, premiers
> Lundis de Mai et d'Août pour l'Écosse.
> Les lois de France, d'Allemagne et de Belgique n'accordent
> aucun délai. La loi hollandaise donne un jour de grâce et si une
> traite présentée le Samedi n'est pas payée, elle est protestée le
> Lundi suivant.
> En Allemagne une traite échéant un Dimanche ou un jour
> de fête publique est payable le lendemain; en France, en Hollande
> et en Belgique, la veille, au contraire, de l'échéance.
> En Angleterre on ne connaît pas, comme dates de paiement,
> les jours ou époques de marchés ou de foires.

(2) Si une lettre de change est stipulée payable à une époque
fixée après date, présentation ou l'arrivée d'un événement spécifié,
l'époque de paiement se détermine en excluant le jour à partir
duquel le temps doit commencer à courir et en y comprenant le
jour fixé pour le paiement.

(3) Lorsqu'une lettre de change est payable à une date fixe
après présentation l'époque d'exigibilité commence à courir du jour
de l'acceptation, si la lettre de change devait être acceptée, ou de
la date du constat (*noting*) ou du protêt, s'il y a eu constat ou
protêt, pour non-acceptation ou non-délivrance.

> Le constat, dit l'un de nos commentateurs de la loi sur les
> lettres de change, est une note faite sur l'effet même par le notaire
> au moment du refus d'acception ou de paiement. Le notaire in-
> scrit ses initiales, le mois, le jour et l'année et le montant de ses
> frais sur la lettre de change et cet acte est considéré comme le
> préliminaire du protêt. Toutefois ce constat a lieu souvent alors
> qu'un protêt n'est pas nécessaire, comme dans le cas de beaucoup
> de lettres de change de l'intérieur. L'utilité de ce constat est sans
> doute celle-ci. Le notaire étant accoutumé à ces sortes de trans-

actions, a qualité pour indiquer au porteur la manière de présenter une lettre de change, et peut alors être un témoin sûr de la présentation et du refus de faire honneur à la traite· En outre l'acte notarié accompagnant l'effet est une preuve de non-paiement ou de la non-acceptation pour les diverses personnes obligées au remboursement.

(4) Le terme »mois« dans un effet signifie un mois d'après le calendrier.

L'usance entre l'Angleterre et la France, les Pays-Bas, l'Allemagne et la Suisse, est d'un mois, de deux mois entre l'Angleterre et l'Espagne et le Portugal, et de trois mois entre l'Angleterre et l'Italie. Le mois est celui du calendrier grégorien.

Art. 15. Le tireur d'une lettre de change ou tout endosseur peut y insérer le nom d'une personne à qui le porteur peut s'adresser en cas de besoin, c'est-à-dire si la lettre de change est »déshonorée« pour non-acceptation ou non-paiement. Cette personne s'appelle référence (*referee*) en cas de besoin et le porteur peut s'adresser ou non à elle a son gré[1]). *Référence en cas de besoin.*

voir art. 67 et 68.

·Art. 16. Le tireur et l'endosseur d'une lettre de change peuvent y insérer une clause expresse: *Stipulations pouvant être faites par le tireur ou l'endosseur.*

(1) Pour limiter leur responsabilité au porteur ou s'en dégager

(2) Pour relever, en ce qui les concerne, le porteur de tout ou partie de ses obligations.

Art. 17 (1). L'acceptation d'une lettre de change signifie que le tiré consent à faire honneur à la signature du tireur. *Définition de l'acceptation ce qu'elle nécessite.*

(2) Pour être valable l'acceptation doit:

(a) être écrite sur la lettre de change et signée par le tiré. La simple signature du tiré suffit.

---

(1) »Par le mot ‚dishonour' la loi anglaise entend le fait de ne pas faire »honneur à une lettre de change lorsqu'elle est présentée à l'acceptation ou au »paiement. Nous rendons cette expression par ‚déshonneur' et nous disons ‚dés-»honorée en parlant de la lettre de change, détournant, nous le savons, ces mots »de leur signification réelle, mais évitant ainsi des longueurs de traduction.«

Il en est de même en Allemagne. En France, en Belgique et en Hollande, l'acceptation se fait au moyen du mot »accepté« ou autre équivalent écrit sur la lettre de change.

(b) ne pas spécifier que le tiré tiendra son engagement autrement qu'en payant.

Temps pour l'accepta-tion. Art. 18. Une lettre de change peut être acceptée:

(1) Avant d'avoir été signée par le tireur ou lorsqu'elle est encore incomplète pour toute autre cause.

(2) Lorsqu'elle est échue ou lorsqu'elle a été déshonorée pour refus d'acceptation antérieure ou pour non-paiement.

(3) Lorsqu'une lettre de change payable à un certain délai de vue est déshonorée faute d'acceptation et que postérieurement le tiré l'accepte, le porteur, en l'absence d'une convention contraire, a le droit de la considérer comme acceptée à la date de la première présentation à l'acceptation.

Acceptation générale et acceptation restreinte. Art. 19 (1). L'acceptation est générale ou restreinte.

(2) Celui qui accepte d'une façon générale donne, par là même, son adhésion sans restriction à l'ordre du tireur. L'acceptation restreinte en termes exprès fait varier les effets de la lettre de change telle qu'elle est tirée.

Est restreinte l'acceptation:

(a) conditionnelle, c'est-à-dire, qui fait dépendre le paiement par l'accepteur de l'accomplissement d'une condition y spécifiée.

(b) partielle, c'est-à-dire, celle de payer une partie seulement du montant de la lettre de change.

(c) locale, celle de payer seulement à un endroit déterminé.

L'acceptation de payer à un endroit déterminé est générale s'il n'est pas stipulé que le paiement n'aura lieu qu'en cet endroit et non ailleurs.

voir Art. 44 et 52.

(d) en ce qui concerne l'époque de paiement.

(e) celle d'un ou plusieurs des tirés, mais non de tous.

En France, en Allemagne, en Hollande et en Belgique une acceptation peut être limitée quant au montant à payer.

Effets incomplets. Art. 20 (1). Lorsqu'une signature est donnée en blanc sur timbre proportionnel à l'effet de convertir cet acte en une lettre de change, cette signature donne le pouvoir par présomption de remplir la lettre de change à concurrence du montant de la somme représentée par le timbre et de se servir à cet effet de la signature du tireur, de l'accepteur, ou de l'endosseur. Et de même, lorsque sur une lettre de change, il manque une formalité essentielle à sa validité, la personne qui a cette lettre de change en sa possession est présumée avoir le pouvoir de la régulariser à son gré.

(2) Pour que le paiement d'une semblable lettre de change puisse être exigé contre quiconque l'a signée ou endossée en cet état, il faut qu'elle ait été régularisée dans un temps raisonnable (ce qui est une question de fait) et strictement dans les termes de l'autorisation qui a été donnée.

Mais si la lettre de change en question a été transmise à un porteur régulier (art. 29 ci-après) elle est absolument valable pour celui-ci qui pourra en poursuivre le recouvrement comme si elle avait été régularisée en temps raisonnable et dans les limites strictes de l'autorisation donnée

> Si une personne accepte en blanc une lettre de change négociée plus tard, elle ne peut, en cas de poursuites du porteur de bonne foi, invoquer la fausseté de la signature ou de l'endos.
> Une lettre de change acceptée pour une cause réelle avec le nom du tireur en blanc peut être régularisée par l'addition du nom du tireur même après le décès de l'accepteur.

Art. 21 (1). Tout contrat intervenu sur une lettre de change, de la part du tireur, de l'accepteur ou de l'endosseur, est incomplet et révocable jusqu'à la transmission qui seule lui donne son effet.

Transmission.

Mais si l'acceptation est écrite sur la lettre de change et que le tiré donne avis au bénéficiaire ou d'après les indications de celui-ci qu'il a accepté ladite lettre de change, l'acceptation est alors complète et irrévocable.

(2) En ce qui concerne les parties intermédiaires et tout autre que le porteur régulier, la transmission

(a) pour être effective doit être faite par le tireur, l'accepteur ou l'endosseur, ou en vertu de leur autorisation.

(b) Elle peut montrer qu'elle a été conditionnelle ou pour un objet spécial seulement, et non dans le but de transférer la propriété de l'effet.

Mais si la lettre de change est entre les mains d'un porteur régulier, il y a présomption absolue, à l'égard de ce dernier, d'une transmission valable par tous signataires ou endosseurs devenus ainsi responsables vis-à-vis de lui.

(3) Lorsqu'une lettre de change n'est plus en la possession d'une personne qui l'a signée comme tireur, accepteur ou endosseur, il y a présomption, jusqu'à preuve contraire, d'une transmission valable et sans condition.

CAPACITÉ ET POUVOIR DES PARTIES.

Capacité des Parties.

Art. 22 (1). Pour pouvoir signer une lettre de change, il faut être capable de contracter.

Toutefois rien dans la loi actuelle ne peut autoriser une corporation à se rendre responsable comme tireur, accepteur ou endosseur d'une lettre de change, si les lois en vigueur ne les y autorisaient point.

Si une corporation a été établie pour faire le commerce, ou si par ses statuts elle y est autorisée expressément ou implicitement, elle peut tirer ou accepter des lettres de change.

(2) Lorsqu'une lettre de change est tirée ou endossée par un mineur, ou une corporation n'ayant ni capacité ni pouvoir de s'engager de cette manière, le porteur peut néanmoins en demander le paiement à toute partie, autre que celle ci-dessus, qui a tirée ou endossé cette lettre de change.

Une femme mariée peut aujourd'hui tirer et accepter une lettre de change et elle est responsable sur ses biens personnels.
Un mineur ne peut accepter une lettre de change même s'il s'agit d'une somme nécessaire à son entretien personnel.
(Voir page 29 capacité des femmes mariées et des enfants.)
D'après la loi allemande toute personne capable de contracter peut signer ou endosser une traite.

En France le mineur commerçant et la femme mariée commerçante peuvent signer ou endosser un effet pour les besoins de leur commerce.

En Hollande le mineur, commerçant ou non, ne peut signer ou endosser une traite, mais il peut, à sa majorité ratifier celle par lui tirée ou endossée alors qu'il était mineur. La femme mariée ne peut contracter sans le consentement écrit de son mari. Si elle est commerçante elle peut, avec le consentement exprès ou tacite de son mari, tirer, endosser ou accepter des traites et passer tous contrats, mais seulement pour ses affaires de commerce.

Art. 23. Nul n'est tenu comme tireur, endosseur ou accepteur d'une lettre de change, s'il n'a pas signé en cette qualité. *Signature essentielle pour la responsabilité.*

Toutefois:

(1) Si quelqu'un signe une traite du nom sous lequel il est connu dans le commerce, il est tenu comme s'il avait signé de son nom réel.

(2) La traite signée du nom de la raison sociale équivaut à la signature de toutes les personnes faisant partie de la société.

Un associé d'une maison de commerce est présumé autorisé à lier ses co-associés lorsqu'il tire, endosse ou accepte un effet au nom de la société, et la présomption est absolue pour le porteur régulier. Mais s'il ne s'agit pas d'une maison de commerce, c'est à celui qui poursuit le paiement de la traite à prouver que l'associé qui l'a tirée, endossée ou acceptée avait le pouvoir d'engager ses co-associés.

Un effet libellé ainsi »Je promets« signé par un associé pour ses co-associés et lui, rend le signataire responsable du paiement entier, mais ses co-associés ne le sont que conjointement avec lui. C'est, du moins, l'opinion générale.

Un effet de commerce peut être signé par plusieurs conjointement seulement ou conjointement et séparément.

S'il porte la signature de plusieurs et est libellé »nous promettons de payer conjointement et séparément (jointly & severally) les souscripteurs sont tenus solidairement au paiement, chacun pour le tout.

S'il est signé par plusieurs et porte seulement »je promets« les signataires sont également solidaires.

D'après la loi française chaque associé, dans une société commerciale, peut engager son co-associé en signant ou endossant un effet au nom de la société.

D'après la loi allemande, les membres d'une société sont engagés à moins que par l'acte d'association l'associé qui a tiré, endossé ou accepté l'effet, n'ait pas le pouvoir de représenter la société. En Hollande, un associé ne peut engager ses co-associés que dans les termes de l'acte d'association qui doit être enregistré et publié.

Art. 24. Sauf les dispositions de la présente loi, lorsque sur une traite une signature est contrefaite ou apposée sans autorisation, cette signature est absolument sans valeur et ne confère aucun droit de conserver cet effet, d'en donner décharge ou d'en poursuivre le paiement, à moins que la personne à qui ce paiement est demandé ne puisse pas légalement invoquer le faux ou le défaut d'autorisation. Toutefois le présent article n'a pas pour effet d'empêcher toute ratification d'une signature non-autorisée ne constituant pas un faux.

Signature contrefaite ou non-autorisée.

voir art. 54 [2] 55. 60. 80 et 82.

Art. 25. Une signature par procuration indique que le signataire n'a qu'un pouvoir limité pour signer et le mandant n'est tenu que si le mandataire a agi dans les termes de son mandat.

Signature par procuration.

Art. 26 (1). Lorsqu'une personne signe un effet comme tireur, endosseur ou accepteur et ajoute à sa signature des mots indiquant qu'elle signe pour quelqu'un, elle n'est pas tenue personnellement au paiement; mais la simple addition à sa signature des mots d'agent ou de représentant ne la dégage pas d'une responsabilité personnelle.

Personne signant comme agent ou représentant.

(2) Lorsqu'il s'agit de décider si la signature est celle du mandant ou celle de l'agent, il faut adopter la solution la plus favorable à la validité de l'effet.

voir art. 97.

Si un agent signe pour son commettant sans autorisation de ce dernier, il n'est pas tenu personnellement, mais on peut lui intenter une action en dommages-intérêts pour non-exécution de la garantie implicite qu'il avait donnée de son pouvoir d'agir.

D'après la loi allemande l'agent est tenu à concurrence de ce dont aurait été responsable celui au nom de qui il a agi sans autorisation. Il en est de même en France et en Hollande.

DE LA CAUSE D'UNE LETTRE DE CHANGE.

Art. 27 (1). La cause valable d'une lettre de change peut résulter : *(Valeur et porteur.)*

(a) de toute cause suffisante pour parfaire un contrat simple.

(b) d'une dette ou d'une responsabilité antérieure, que l'effet soit payable à vue ou à terme.

(2) Lorsqu'une valeur a été, à une époque quelconque, réellement donnée pour une lettre de change, le porteur est considéré comme porteur pour valeur reçue vis-à-vis de l'accepteur et des autres personnes signataires de cette lettre de change antérieurement à cette époque.

(3) Lorsque le porteur d'un effet a, par contrat ou légalement, un droit de rétention (*lien*) sur cet effet, il est présumé porteur pour valeur reçue à concurrence de la somme pour laquelle il peut exercer son droit de rétention.

Les effets de commerce sont des contrats simples et toujours, sauf preuve contraire, présumés, avoir une cause.

Art. 28 (1). Le signataire par complaisance est celui qui a signé une lettre de change comme tireur, accepteur ou endosseur, sans en avoir reçu la valeur, et uniquement pour prêter son nom à autrui. *(Effet de complaisance.)*

(2) Ce signataire est responsable vis-à-vis du porteur ayant cause; peu important que ce dernier, lorsqu'il a pris l'effet en paiement, ait su ou non que la signature était de complaisance.

voir art. 59 (2) c et d.

C'est d'ailleurs à la partie qui nie la cause à prouver son dire.

Dans le cas d'un billet de complaisance le défendeur doit prouver la complaisance, mais s'il fait la preuve de moyens frauduleux employés pour l'obtention du billet, c'est alors au demandeur à démontrer dans quelles circonstances il est devenu porteur

voir art. 30.

Art. 29 (1). Le porteur régulier est celui qui a pris un effet, paraissant complet et régulier, sous les conditions suivantes: *(Porteur régulier.)*

(a) d'en être devenu porteur avant l'échéance et avant l'avis du déshonneur s'il a été fait.

(b) de l'avoir pris de bonne foi et pour valeur reçue, et, à l'époque de la négociation, de n'avoir aucun avis que le titre de la personne qui lui a passé ledit effet avait un vice de droit quelconque.

voir art. 38.

(2) Le titre de la personne qui négocie un effet est entaché de vice, d'après la présente loi, lorsqu'il a été obtenu par fraude, menaces, force, intimidation ou autres moyens illégaux, ou pour une cause illégale, ou qu'il est négocié par abus de confiance ou dans des circonstances indiquant une fraude.

(3) Un porteur, (avec ou sans cause), qui tient son droit d'un porteur régulier et qui n'a lui-même participé à aucune fraude ou illégalité pouvant vicier son titre, a tous les droits d'un porteur régulier en ce qui concerne l'accepteur et les autres endosseurs antérieurs.

Présomption de cause et de bonne foi. **Art. 30 (1).** Toute personne dont la signature est apposée sur un effet de commerce est présumé avoir reçu les causes de l'effet.

(2) Tout porteur d'un effet est présumé être porteur régulier; mais s'il est admis ou prouvé, au cours d'un procès, que cet effet est entaché de fraude, force, intimidation ou illégalité, soit lorsqu'il a été souscrit, ou lorsqu'il a été accepté ou négocié, la présomption n'existe plus jusqu'au moment où le porteur pourra prouver qu'après la fraude ou l'illégalité prétendues, ledit effet a eu de bonne foi une cause réelle.

NÉGOCIATION DES EFFETS DE COMMERCE.

Négociation d'un effet de commerce. **Art. 31.** (1) Un effet est négocié lorsqu'il est transmis d'une personne à une autre de façon à constituer porteur celui à qu'il est transféré.

(2) Un effet payable au porteur est négocié par sa remise.

(3) Un effet payable à ordre est négocié par l'endos du porteur suivi de remise.

(4) Lorsque le porteur d'un effet payable à son ordre en opère le transfert pour valeur reçue sans l'endos, le cessionnaire a sur cet effet les mêmes droits que le cédant et en outre celui de le faire endosser par le cédant.

(5) Si une personne est obligée d'endosser un effet comme mandataire, elle peut le faire de façon à ne pas s'engager personnellement.

Art. 32. L'endos pour être régulier doit réunir les conditions suivantes. *Condition de validité de l'endos.*

(1) Il doit être écrit sur l'effet même et être signé par l'endosseur. La signature seule suffit.

L'endos écrit sur une annexe, ou sur une copie d'un effet émis ou négocié dans un pays où ces copies sont autorisées, est réputé écrit sur l'effet lui-même.

> L'annexe est une feuille de papier attachée à l'effet, ce qui est nécessaire lorsqu'il n'y a plus de place sur la traite pour tous les endos.
> Les lois de la France, de l'Allemagne, de la Belgique et de la Hollande autorisent ces annexes.
> En Angleterre on se sert rarement de copies de traites.

(2) L'endos doit être pour la traite entière. Un endos partiel, c'est-à-dire, celui qui n'aurait pour but de ne transporter qu'une partie de la somme à payer ou de transférer la propriété de la traite à deux ou plusieurs bénéficiaires séparément n'en opère pas la négociation.

(3) Lorsqu'une traite est payable à l'ordre de deux ou plusieurs personnes non-associées l'endos doit être fait par toutes, à moins que l'endosseur n'ait la procuration des autres.

(4) Lorsque, dans une traite payable à ordre, le bénéficiaire est mal désigné ou son nom mal orthographié, il peut l'endosser tel qu'il est désigné en ajoutant, s'il le juge à propos, sa propre signature.

(5) Lorsque sur une traite, il y a deux endos ou plus, chaque endos est réputé avoir été mis dans l'ordre dans lequel il est placé, sauf preuve contraire.

(6) L'endos peut être en blanc ou spécial. Il peut même être conçu en termes restrictifs.

Endos
conditionel.

Art. 33. Lorsqu'une traite a été endossé conditionnellement, le payeur peut ne pas tenir compte de la condition et le paiement fait au bénéficiaire est valable, que la condition ait été ou non remplie.

Il y a controverse sur le point de savoir si la condition a effet même entre l'endosseur et celui au profit de qui la traite est endossée.

Endos en
blanc et
spécial.

Art. 34. (1) Un endos en blanc ne désigne pas le bénéficiaire et la traite ainsi endossée est payable au porteur.

(2) L'endos spécial désigne la personne à qui ou à l'ordre de qui l'effet est payable.

(3) Les dispositions de la présente loi relatives au bénéficiaire de la traite sont applicables, avec toutes modifications nécessaires, aux endos spéciaux.

voir Art. 7.

(4) Lorsqu'une traite a été endossée en blanc, tout porteur peut changer cet endos en blanc en un endos spécial, en écrivant au-dessus de la signature un avis de payer à lui-même ou à son ordre ou à celui d'une autre personne.

Les lois allemande, belge et hollandaise autorisent l'endos en blanc. Le code français exige la mention de la personne à l'ordre de qui il est fait, sinon l'endossement n'est qu'une procuration.

Endos
restrictif.

Art. 35. (1) Un endos est restrictif lorsqu'il interdit toute négociation ultérieure de la traite ou qu'il indique qu'il n'est qu'un simple pouvoir d'user de cette traite comme il y est dit et non un transport de la propriété, comme si, par exemple, une traite est endossée ainsi »Payez à D. seulement« ou »Payez à D. pour le compte de X.« ou »Payez à D. ou à son ordre pour quête«.

(2) Un endos restrictif donne à l'endossataire (¹) le droit de recevoir le paiement de l'effet et de poursuivre toute personne ayant apposé sa signature sur cet effet que l'endosseur aurait pu poursuivre, mais ne lui donne pas le pouvoir de transporter ses droits à moins qu'il n'y ait été autorisé expressément.

(3) Lorsqu'un endos restrictif autorise le transport, tous les

---

(1) Nous traduisons ainsi le mot anglais du texte *Indorsee*, c'est-à-dire la personne à l'ordre de laquelle la traite est passée.

endossataires subséquents prennent la lettre de change avec les droits et charges y attachés.

D'après la loi allemande, un tireur peut empêcher le transport en inscrivant sur l'effet les mots »non à ordre« ou équivalents, auquel cas un endossement n'opère aucun transport; l'effet est alors un simple mandat.

Art. 36. (1) Lorsqu'un effet est négociable à son origine il continue à l'être jusqu'à ce qu'il ait été endossé avec restriction ou qu'il n'ait plus d'objet soit par suite de paiement soit autrement.

voir art. 59—64 et 35 [2].

(2) Lorsqu'un effet échu est négocié, il ne peut l'être qu'avec tous les vices qui peuvent le frapper à l'échéance, et par suite tout preneur ne peut acquérir ou transmettre un meilleur titre que celui qu'avait la personne de laquelle il le tient.

voir art. 29 [2].

(3) Un effet payable à présentation est réputé échu, d'après la présente loi, lorsqu'il a été en circulation pendant un temps qui paraît plus que raisonnable, ce qui est une question de fait.

D'après l'article 73 ci-après, le paragraphe ci-dessus s'applique aux chèques. Celui qui prend un chèque dû depuis longtemps le fait a ses risques et périls. Si ce chèque est régulier, le paiement en peut être poursuivi contre le tireur, mais s'il est entaché de fraude ou d'illégalité, aucune demande en paiement ne pourrait être intentée.

(4) Sauf dans le cas où un endossement porte une date postérieure à l'échéance d'un effet, toute négociation est de plein droit présumée avait été faite avant l'échéance.

(5) Lorsqu'un effet non-échu a été déshonoré, toute personne qui le prend, avec avis de ce déshonneur, le fait à charge de tout vice entachant le titre à l'époque du non-paiement, mais rien dans le présent paragraphe ne saurait affecter les droits d'un porteur régulier.

Le porteur d'un effet impayé n'a, d'après la loi allemande, que les droits résultant de l'acceptation elle-même contre l'accepteur et il a son droit de recours contre ceux qui ont accepté l'effet après l'échéance et l'expiration du délai du protêt. Les lois de France et de Belgique autorisent le transport après échéance, mais non la loi hollandaise.

Négociation
d'un effet à
un tiers déjà
endosseur
etc.
Art. 37. Lorsqu'un effet est négocié à nouveau au tireur ou à un endosseur antérieur ou à l'accepteur, ce nouveau porteur peut, sauf les dispositions de la présente loi, encore le négocier, mais il n'a pas le droit d'en exiger le paiement d'une des parties signataires envers laquelle il était préalablement tenu.

voir art. 59 [3] et 61.

Art. 38. Les droits et pouvoirs du porteur sont les suivants:

(1) Il peut poursuivre en son propre nom;

(2) Lorsqu'il est porteur régulier, il a l'effet franc de tous vices provenant des signataires antérieurs, comme de toutes exceptions personnelles que ces signataires pourraient s'opposer mutuellement, et il peut exiger le paiement de toute personne partie à l'effet;

Une compensation est une exception personnelle.

(3) Lorsque son titre est défectueux (a) s'il le négocie à un porteur régulier, ce dernier obtient droit valable et complet sur l'effet, (b) et s'il en obtient le paiement, le payeur se trouve dégagé de toute responsabilité.

DEVOIRS GÉNÉRAUX DU PORTEUR.

Quand la
présentation
à l'accepta-
tion est né-
cessaire ?
Art. 39. (1) Lorsqu'un effet est payable à un certain délai de vue, il est nécessaire qu'il soit présenté à l'acceptation afin d'en fixer l'échéance.

(2) Lorsqu'un effet stipule expressément qu'il sera présenté à l'acceptation, ou s'il est fait payable ailleurs qu'au domicile réel ou commercial du tiré, il doit être présenté à l'acceptation avant que le paiement en soit demandé.

Lorsque le tireur ou endosseur se trouve déchargé de toute responsabilité sur l'effet par suite de l'omission du porteur d'avoir présenté á l'acceptation, ou d'avoir donné avis du déshonneur, la règle est qu'il est également déchargé de toute responsabilité pour la dette ou de la cause objet de l'effet.

(3) Dans aucun autre cas il n'est nécessaire de présenter à l'acceptation pour rendre responsable tout signataire de l'effet.

(4) Lorsque le porteur d'un effet payable ailleurs qu'au domicile réel ou commercial du tiré, n'a pas le temps, en faisant toutes diligences raisonnables, de le présenter à l'acceptation avant son

échéance, le délai causé par la présentation à l'acceptation avant d'en demander paiement n'est pas opposable et ne saurait opérer la décharge du tireur et des endosseurs.

Art. 40. (1) Sauf les dispositions de la présente loi, lorsqu'un effet payable à un certain délai de vue est négocié, le porteur peut soit le présenter à l'acceptation soit le négocier en temps suffisamment raisonnable.

Époque de présentation d'un effet payable à vue.

voir art. 41 [2] ci-après.

(2) S'il ne le fait pas, le tireur et tous endosseurs antérieurs sont déchargés.

(3) En déterminant ce qui, d'après l'esprit de la présente loi, est réputé un temps raisonnable, il sera tenu compte de la nature de l'effet, de l'usage du commerce pour des effets semblables et des faits de chaque cas.

> Ce qui constitue un temps raisonnable est tout à la fois une question de droit et une question de fait.
>
> D'après l'art 19 du code allemand la responsabilité du porteur en ce qui concerne la présentation à l'acceptation ne s'applique que dans le cas d'effets payables à une date fixe après présentation. Ces effets doivent être présentés à l'acceptation, soit pendant l'époque y indiquée, soit dans les deux ans de leur date, à défaut de quoi le porteur perd son recours contre le tireur et les endosseurs antérieurs.
>
> D'après la loi française (art. 160 code de commerce), le porteur d'une lettre de change à vue ou à un ou plusieurs jours, mois ou usances de vue doit en exiger le paiement ou l'acceptation dans les trois mois de sa date, sous peine de perdre son recours sur les endosseurs et même sur le tireur si celui-ci a fait provision. Ce délai est augmenté suivant les pays d'ou est tirée la lettre de change.

Il en est de même en Hollande.

Art. 41. (1) Pour être regulière la présentation à l'acceptation doit réunir les conditions suivantes :

Règles pour la présentation à l'acceptation et excuses pour non-présentation.

(a) elle doit être faite par le porteur ou son représentant au tiré ou à la personne qui a le pouvoir d'accepter ou de refuser pour lui à une heure raisonnable, un jour de commerce (*business day*) et avant l'échéance.

5 *

(b) lorsqu'une lettre de change est adressée à deux ou plusieurs tirés non-associés, la présentation doit être faite à chacun d'eux, à moins que l'un des tirés n'ait le pouvoir d'accepter pour les autres, auquel cas l'effet peut n'être présenté qu'à celui-ci seulement.

(c) lorsque le tiré est décédé, la présentation peut être faite à ses héritiers personnels.

(d) s'il est en faillite, elle doit l'être à lui ou à son syndic.

(e) lorsque la présentation est permise par convention ou l'usage, elle peut être faite par la poste.

(2) La présentation faite d'après les règles ci-dessus est valable et un effet peut être considéré comme déshonoré pour non-acceptation:

(a) si le tiré est décédé, failli, personne fictive ou n'ayant pas la capacité de s'engager par lettre de change.

(b) lorsque, après toutes diligences raisonnables, la présentation ne peut être effectuée.

(c) si, quoique la présentation ait été faite irrégulièrement, l'acceptation a été refusée pour toute autre cause.

(3) Le fait que le porteur a des motifs de penser qu'à présentation l'effet ne sera pas accepté n'excuse pas la non-présentation.

Non-acceptation. **Art. 42.** Lorsqu'un effet est dûment présenté à l'acceptation et n'est pas accepté dans le temps d'usage, la personne qui le présente doit le traiter comme effet auquel il n'a pas été fait honneur pour non-acceptation, sinon le porteur perd son recours contre le tireur et les endosseurs.

Le temps d'usage est généralement de vingt quatre heures.

Déshonneur pour non-acceptation. — Ses effets. **Art. 43.** (1) Un effet auquel il n'a pas été fait honneur pour non-acceptation est réputé tel:

(a) lorsqu'il est dûment présenté à l'acceptation et que cette acceptation telle qu'elle est prescrite par la présente loi, est refusée ou ne peut être obtenue.

(b) lorsque la présentation à l'acceptation est excusée et que l'effet n'est pas accepté.

(2) Sauf les dispositions de la présente loi, s'il n'est pas fait honneur à un effet par suite de non-acceptation, le porteur a

immédiatement un droit de recours contre le tireur et les endosseurs, et il n'est pas nécessaire de présenter l'effet pour paiement.

voir art. 65.

Art. 44. (1) Le porteur d'un effet peut refuser une acceptation restreinte et s'il n'en obtient pas une sans limite, il peut considérer son effet comme non-accepté.

(2) Lorsque l'acceptation a été restreinte et que le tireur ou l'endosseur n'a pas autorisé expressément ou implicitement le porteur à accepter en ces termes, ou postérieurement n'a pas approuvé cette acceptation, le tireur ou l'endosseur est déchargé de toute responsabilité en ce qui concerne cet effet.

Ce qui précède ne s'applique pas à une acceptation partielle, lorsqu'avis en a été dûment donné. Lorsqu'un effet *étranger* a été accepté pour partie, il doit être protesté pour le surplus.

voir art. 19.

(3) Si le tireur ou l'endosseur d'un effet reçoit avis d'une acceptation restreinte et ne fait pas, dans un temps raisonnable, connaître son opposition au porteur, il sera réputé avoir donné son assentiment.

D'après l'art 22 du code allemand, si l'acceptation est restrictive, l'effet est considéré comme effet auquel il n'a pas été fait honneur par suite de non-acceptation. — Le tireur qui a accepté un effet, mais avec des restrictions, est néanmoins tenu à concurrence de l'engagement par lui pris.

D'après l'art 124 du code de commerce français, l'acceptation ne peut être conditionnelle, mais elle peut être restreinte quant à la somme acceptée. Dans ce cas le porteur doit faire protester la lettre de change pour le surplus. Il en est de même pour la loi hollandaise.

Art. 45. Sauf les dispositions de la présente loi, un effet doit être dûment présenté pour le paiement; s'il n'est pas présenté le tireur et les endosseurs sont déchargés de toute responsabilité.

voir art. 46.

Un effet est dûment présenté pour le paiement lorsqu'il l'est d'après les règles suivantes:

(1) S'il n'est pas payable à présentation; il doit être présenté le jour de son échéance.

(2) S'il est payable à présentation, alors, sauf les conditions de la présente loi, il doit être présenté dans un temps raisonnable après qu'il a été tiré pour rendre le tireur responsable, et dans un temps raisonnable après l'endossement pour engager l'endosseur.

En déterminant ce qu'il faut entendre par un temps raisonnable, on tiendra compte de la nature de l'effet, de l'usage du commerce en ce qui concerne les traites semblables et des faits de chaque cas.

(3) La présentation doit être faite par le porteur ou la personne autorisée par lui à recevoir le paiement à une heure raisonnable, un jour de commerce, à l'endroit désigné, soit à la personne dénommée comme devant payer, soit à celle autorisée à payer ou à refuser de payer si, en faisant diligences raisonnables cette personne peut être trouvée au lieu du paiement.

(4) Un effet est présenté à l'endroit où il doit être payé:

(a) lorsque le lieu du paiement est spécifié sur l'effet et que l'effet y est présenté.

(b) lorsque, le lieu n'étant spécifié, l'adresse du tiré ou de l'accepteur est indiquée sur l'effet et l'effet est présenté à cette adresse.

(c) lorsque, aucun lieu de paiement n'ayant été désigné ni adresse donnée, l'effet est présenté à la maison de commerce du tiré ou de l'accepteur si elle est connue ou, si elle ne l'est pas, à sa résidence ordinaire.

(d) dans tous les autres cas, s'il est présenté au tiré ou à l'accepteur là où il peut être trouvé, ou s'il est présenté à son dernier domicile particulier ou commercial connu.

(5) Lorsqu'un effet est présenté à l'endroit où il doit l'être et qu'après des diligences raisonnables on n'y peut trouver personne qui soit autorisée à le payer ou à en refuser le paiement, il n'est pas nécessaire de présenter à nouveau au tiré ou à l'accepteur.

Les lois du continent exigent que le paiement soit demandé au domicile commercial ou, à défaut, au domicile particulier de l'obligé.

- (6) Lorsqu'un effet est tiré sur deux ou plusieurs personnes non-associées ou accepté par deux ou plusieurs personnes non-associées, et qu'aucun lieu de paiement n'est indiqué, la présentation doit être faite à chacune d'elles.

(7) Lorsque le tiré ou l'accepteur d'un effet est décédé et que le lieu de paiement n'a pas été spécifié, la présentation doit être faite à l'héritier personnel, s'il en existe, et dans le temps jugé raisonnable pour arriver à découvrir l'héritier.

(8) La présentation par la poste, lorsqu'elle est autorisée par convention ou par l'usage, est suffisante.

Art. 46 (1). Le délai ou retard mis dans la présentation au paiement est excusé lorsque ce délai provient de circonstances indépendantes de la volonté du porteur et n'est pas imputable à sa faute, son désordre commercial ou sa négligence. Lorsque la cause du délai cesse, on doit faire toutes diligences pour présenter l'effet.

Excuses pour
délai ou non-
présentation.

> Le porteur qui accorde terme et délai à l'accepteur sans le consentement du tireur et des endosseurs décharge ces derniers de toute responsabilité, l'accepteur était en effet le débiteur principal, les autres, ses cautions seulement.

(2) On est dispensé de présenter au paiement:

(a) si, après avoir fait diligences raisonnables, la présentation, telle que la requiert la présente loi, ne peut être faite.

Le fait que le porteur a des raisons de croire qu'à présentation il ne sera pas fait honneur à la traite, ne le dispense pas de la nécessité de faire cette présentation.

(b) lorsque le tiré est une personne fictive.

(c) relativement au tireur, lorsque le tiré ou l'accepteur n'est pas tenu vis-à-vis du tireur d'accepter ou de payer et que le tireur n'a pas de raison de croire que l'effet serait payé s'il était présenté.

(d) quant à l'endosseur, lorsque la lettre de change a été acceptée ou faite par complaisance pour lui et qu'il n'a pas de raison d'attendre que cette lettre de change serait payée si elle était présentée.

(e) par renonciation, expresse ou tacite, à la présentation.

> Cette renonciation peut être faite avant ou après que l'on a omis de présenter. Si le tireur ou l'endosseur promet de payer

après avoir su que l'effet n'a pas été dûment présenté, il sera considéré comme ayant renoncé à ce que cet effet lui soit présenté.

Art. 47 (1). Une lettre de change est déshonorée par non-paiement (a) lorsqu'elle est dûment présentée au paiement et que ce paiement ne peut être obtenu ou (b) lorsqu'il y a excuse pour la présentation et que l'effet est échu et impayé.

(2) Sauf les dispositions de la présente loi, lorsqu'un effet est déshonoré par suite de non-paiement, le porteur a un droit immédiat de recours contre le tireur et les endosseurs.

voir art. 65 — 68.

Le porteur peut immédiatement poursuivre tous les signataires ou endosseurs de l'effet ou partie d'entre eux. Il en est ainsi d'après la loi allemande. En France (art. 164 code de com.) le porteur peut exercer son recours ou individuellement contre le tireur et chacun des endosseurs ou collectivement contre les endosseurs et le tireur. De même en Belgique. L'article 186 du code hollandais prescrit au porteur d'un effet protesté faute de paiement de poursuivre le tireur et les endosseurs soit ensemble soit séparément. En poursuivant le tireur seul, tous les endosseurs sont libérés; en poursuivant l'un des endosseurs, les endosseurs postérieurs sont libérés.

Art. 48. Sauf les dispositions de la présente loi, lorsqu'un effet a été déshonoré pour faute de non-paiement ou pour non-acceptation, on doit donner avis de déshonneur au tireur et à chaque endosseur; et tout tireur ou endosseur à qui cet avis n'a pas été donné se trouve déchargé.

Mais toutefois:

(1) Si un effet a été déshonoré pour non-acceptation et qu'avis de ce déshonneur; n'ait pas été donné, cette omission ne saurait préjudicier aux droits du porteur régulier devenu porteur depuis cette omission.

voir art. 50.

(2) Si un effet est déshonoré pour non-acceptation et qu'avis du déshonneur soit donné, il ne sera pas nécessaire de donner avis d'un déshonneur postérieur pour défaut de non paiement, à moins que dans l'intervalle l'effet n'ait été accepté.

Art. 49. L'avis de déshonneur pour être valide et effectif doit être donné dans les formes suivantes:

(1) L'avis doit être donné par le porteur ou son représentant ou par l'endosseur actuellement responsable ou par son mandataire.

(2) Il peut être donné par un mandataire, soit en son propre nom, soit au nom de toute partie ayant droit que cette partie soit ou non le mandant.

(3) Lorsque l'avis est donné par ou pour le porteur, il produit son effet pour tous les porteurs ultérieurs et les endosseurs antérieurs qui ont un droit de recours contre la personne avisée.

(4) Lorsque l'avis est donné par ou pour l'endosseur ayant le droit de le faire, il produit son effet pour le porteur et tous endosseurs postérieurs.

(5) L'avis peut être donné par écrit ou verbalement; il doit l'être en termes désignant suffisamment la lettre de change dont il s'agit et indiquant qu'elle a été déshonorée par refus d'acceptation ou non-paiement.

(6) Le renvoi d'une lettre de change déshonorée au tireur ou à l'endosseur est considéré comme avis suffisant.

(7) Un avis écrit n'a pas besoin d'être signé, et un avis écrit mais insuffisant peut être completé et validé par une communication verbale. Une indication erronée de la lettre de change ne vicie pas l'avis, à moins que la personne à qui cet avis est donné ne soit elle-même induite en erreur.

(8) Lorsqu'il y a lieu de donner un avis de déshonneur à une personne quelconque, cet avis peut être donné soit à cette personne elle-même, soit à son représentant.

(9) Si le tireur ou l'endosseur est décédé, et que la personne qui donne l'avis le sache, l'avis doit être donné à l'héritier personnel s'il en existe et en laissant un temps raisonnable pour le découvrir.

(10) Si le tireur ou l'endosseur est en faillite, l'avis peut être donné soit à lui, soit à son syndic.

(11) Lorsqu'il y a un ou plusieurs tireurs ou endosseurs non-associés, l'avis doit être donné à chacun à moins que l'un d'eux n'ait le pouvoir des autres de le recevoir.

(12) L'avis peut être donné dès que la lettre de change a été déshonorée et doit l'être dans une limite de temps raisonnable après le déshonneur.

Sauf circonstances spéciales l'avis n'est pas réputé donné en temps raisonnable, excepté:

(a) si, lorsque la personne qui le donne et celle qui le reçoit résidant dans le même endroit, l'avis est donné ou envoyé en temps pour être reçu par l'avisé le lendemain du jour où la lettre de change a été déshonorée.

(b) ou si, la personne qui le donne et celle qui le reçoit résidant dans des endroits différents, l'avis est adressé le lendemain du jour où la lettre de change a été déshonorée, s'il y a eu un départ de la poste à une heure convenable le jour dudit déshonneur ou, à défaut, si l'envoi a été fait par la première levée de la boîte aux lettres.

(13) Lorsque la lettre de change, après avoir été déshonorée, est dans les mains d'un représentant, celui-ci peut donner lui-même avis à toutes les parties intéressées ou à son mandant. S'il donne l'avis à ce dernier, il doit le faire comme s'il était le porteur et son mandant a alors, pour donner avis, le même temps qu'aurait eu son représentant s'il eut été porteur réel.

(14) Lorsqu'un tireur ou endosseur reçoit avis de déshonneur, il a, après cette réception, pour avertir les endosseurs précédents, le même temps qu'avait le porteur après le déshonneur.

(15) Lorsque l'avis de déshonneur est dûment adressé par la poste, celui qui l'envoie est réputé avoir donné bon et valable avis, quoique la poste ne l'ait pas distribué.

D'après l'article 41 du code allemand le porteur, en cas de non-paiement, pour avoir son recours contre le tireur et les endosseurs, doit présenter l'effet et le faire protester dans les deux jours de son échéance.

D'après l'article 162 code com. français, le refus de paiement doit être constaté, le lendemain du jour de l'échéance par un acte que l'on nomme protêt-faute de paiement. Si ce jour est un jour férié légal, le protêt est fait le jour suivant.

L'art 53 de la loi belge accorde deux jours de délai avant de faire le protêt, les jours fériés ne comptant pas dans ce délai·

D'après la loi hollandaise (art. 179) la lettre de change doit être protestée le lendemain, à moins que ce ne soit un dimanche, auquel cas le protêt se fait le lundi; avis doit en être donné (art. 184) dans le temps fixé au précédent endosseur, que l'effet ait été protesté pour défaut d'acceptation ou pour défaut de paiement.

- Art. 50. (1) Le délai à donner avis est excusé lorsqu'il est causé par des circonstances indépendantes de la volonté de celui qui donne cet avis et n'est pas imputable à sa faute, sa mauvaise administration ou sa négligence. Lorsque la cause ayant occasionné le délai cesse, l'avis doit être donné aussitôt que possible.

Excuses pour défaut d'avis et délai.

(2) On est dispensé de donner avis:

(a) lorsque, après avoir fait diligence raisonnable l'avis ne peut être donné au tireur ou à l'endosseur qu'il doit toucher ou ne peut lui parvenir.

(b) par renonciation expresse ou tacite.

On peut y renoncer avant l'arrivée de l'époque à laquelle l'avis doit être donné ou après que l'on a omis de le donner.

(c) en ce qui concerne le tireur dans les cas suivants, savoir: (1) lorsque le tireur et le tiré sont la même personne; (2) lorsque le tiré est une personne fictive ou n'ayant pas la capacité de contracter; (3) lorsque le tireur est la personne à qui le paiement de l'effet est demandé; (4) lorsque le tiré ou l'accepteur n'a vis-à-vis du tireur aucune obligation d'accepter ou de payer l'effet; (5) lorsque le tireur a contremandé le paiement.

(d) en ce qui concerne l'endosseur dans les cas suivants, savoir: (1) lorsque le tiré est une personne fictive ou n'ayant pas la capacité de contracter et que l'endosseur le savait lors de l'endossement; (2) lorsque l'endosseur est la personne à qui le paiement de l'effet est demandé; (3) lorsque la traite a été acceptée ou faite pour son usage personnel.

Les mots, sans frais insérés dans une lettre de change, dispensent le porteur en France et en Hollande, de protester l'effet. En Allemagne, ils équivalent à une dispense de faire le protêt, mais non de présenter la traite.

Art. 51. (1) Lorsqu'un effet de l'intérieur a été déshonoré il peut, si le porteur le juge à propos, être protesté pour refus d'acceptation ou non-paiement, selon le cas, mais il n'est pas nécessaire de faire le constat (*Noting*) ou de le protester pour conserver le recours contre le tireur ou l'endosseur.

Constat ou protêt d'une lettre de change.

voir art. 65—67 et 93.

(2) Lorsqu'un effet de l'étranger ou paraissant tel a été déshonoré par non-acceptation, il doit être protesté pour cette cause, et si ce même effet n'ayant pas été déjà déshonoré pour non-acceptation vient à l'être pour non-paiement, il doit aussi être protesté pour non-paiement. A défaut de ces protêts le tireur et les endosseurs sont déchargés. Si la traite ne paraît pas être de l'étranger, le protêt n'est pas nécessaire.

(3) Un effet protesté pour refus d'acceptation peut l'être également pour refus du paiement.

(4) Sauf les prescriptions de la présente loi, lorsqu'un effet est constaté ou protesté, le constat doit avoir lieu le jour du déshonneur. Lorsque le constat a été dûment fait, le protêt peut être remonté à la date de ce constat.

(5) Lorsque l'accepteur d'un effet est mis en faillite, devient insolvable ou suspend ses paiements avant l'échéance, le porteur de l'effet peut le faire protester pour plus de sureté contre le tireur et les endosseurs.

voir art. 65.

D'après les lois de la Hollande, de la Belgique et de l'Allemagne, on doit fournir caution au porteur d'un effet dans le cas de non-acceptation.

(6) Une traite doit être protestée là où elle est déshonorée. Toutefois:

(a) lorsqu'elle est présentée par la poste et renvoyée par la poste impayée, elle peut être protestée à l'endroit ou elle a été renvoyée et le jour même du retour, si on la reçoit pendant les heures »commerciales« ou si elle est reçue après ces heures au plus tard le premier jour commercial.

(b) lorsqu'un effet tiré payable à la maison de commerce ou au domicile particulier d'une personne autre que le tiré, a été déshonoré pour non-acceptation, on doit faire le protêt pour non-paiement au lieu où il a été stipulé payable, et il n'est pas nécessaire de faire au tiré une nouvelle présentation ou demande en paiement.

(7) Un protêt doit contenir la copie de l'effet, être signé par le notaire qui le fait et spécifier:

(a) la personne à la requête de qui l'effet est protesté.

(b) le lieu et la date du protêt, sa cause ou raison, la demande faite et la réponse donnée, s'il y en a, ou cette constatation que le tireur ou l'accepteur ne peut être trouvé.

(8) Lorsqu'une lettre de change est perdue, détruite ou se trouve indûment entre autres mains que celles de la personne qui devrait en être le porteur réel, le protêt peut être rédigé sur une copie de cette traite ou des renseignements écrits.

voir art. 69 et 70.

(9) Dans tous les cas où il y a lieu à dispense d'avis de déshonneur il y a dispense de protêt. Il y a excuse pour le délai apporté à protester lorsque ce délai provient de circonstances indépendantes de la volonté du porteur et n'est pas causé par sa faute, sa mauvaise administration ou sa négligence. Lorsque la cause du délai cesse, l'effet doit être protesté avec toute diligence possible.

Art. 52. (1) Lorsqu'une traite est acceptée purement et simplement il n'est pas nécessaire, en général, de la présenter au paiement pour rendre responsable l'accepteur. *Devoirs du Porteur vis-à-vis du tiré ou de l'accepteur.*

(2) Lorsque, par les termes d'une acceptation spécifiée, la présentation au paiement est requise, l'accepteur, en l'absence d'une stipulation expresse, n'est pas dégagé de sa responsabilité, si l'on a omis de présenter la lettre de change au paiement le jour de son échéance.

voir art. 19 et 44.

(3) Pour que l'accepteur d'une traite soit responsable, il n'est pas nécessaire qu'elle soit protestée ou de donner à l'accepteur avis du déshonneur.

(4) Lorsque le porteur d'une traite la présente pour être payée, il doit l'exhiber à la personne à qui le paiement est demandé, et lorsque l'effet est payé, le porteur doit le remettre à celui qui paie.

La présentation pour le paiement dont parle la présente loi s'entend de la présentation faite conformément à l'usage du commerce. Il n'est pas nécessaire que le porteur la fasse lui-même, mais la traite doit toujours être présentée.

RESPONSABILITÉS DES PARTIES.

Fonds entre les mains du tiré.

Art. 53. (1) Une lettre de change n'équivaut pas par elle-même à une cession, entre les mains du tiré, des fonds destinés au paiement de cette lettre de change, et le tiré qui n'accepte pas une traite, conformément aux dispositions de la présente loi n'est pas lié par cette traite. Ce paragraphe ne s'applique pas à l'Écosse.

(2) En Écosse, lorsque le tiré a, en mains, les fonds pour le paiement, la traite est un transfert de la somme pour laquelle elle a été tirée en faveur du porteur à partir du moment où cette traite a été présentée au tiré.

Responsa- bilité de l'accepteur.

Art. 54. L'accepteur d'une lettre de change par son acceptation;

(1) S'engage à la payer à concurrence du montant de son acceptation.

voir art. 19.

(2) Il ne peut nier vis-à-vis du porteur régulier:

(a) l'existence du tireur, la réalité de sa signature, et sa capacité et son pouvoir de tirer la lettre de change

(b) si la traite est payable à l'ordre du tireur, la capacité actuelle du tireur de l'endosser, mais il peut récuser l'authenticité ou la validité de son endossement.

»L'acceptation pure et simple prouve bien que la traite a été tirée, mais jamais son endossement«.

(c) si la traite est payable à l'ordre d'un tiers, l'existence du bénéficiaire et sa capacité actuelle d'endosser, mais il peut récuser l'authenticité et la validité de son endossement.

Responsa- bilité du tireur ou endosseur.

Art. 55. (1) Le tireur d'une lettre de change:

(a) s'engage à ce que sur une présentation régulière, elle soit acceptée et payée et dans le cas ou il n'y serait pas fait honneur, à indemniser le porteur ou tout endosseur forcé de rembourser, à la condition que les formalités requises pour constater le dés-honneur de la traite aient été remplies.

(b) il ne peut nier, vis-à-vis du porteur régulier, l'existence du bénéficiaire et la capacité actuelle de celui-ci d'endosser la lettre de change.

(2) L'endosseur d'une lettre de change:

(a) s'engage à ce que, sur présentation régulière, elle sera acceptée et payée, et dans le cas où il n'y serait pas fait honneur, à indemniser le porteur ou tout endosseur forcé de rembourser, à la condition que les formalités requises pour constater le déshonneur de la traite aient été remplies.

(b) il ne peut nier, vis-à-vis du porteur régulier, l'authenticité et la régularité de la signature du tireur et des endossements antérieurs.

(c) il ne peut opposer à son endossataire immédiat ou postérieur qu'au moment de l'endossement la lettre de change ne fut valable entièrement et que ledit endossataire n'a un droit régulier sur cette lettre de change.

Art. 56. Lorsqu'une personne signe une lettre de change autrement que comme tireur ou accepteur, elle encourt, vis-à-vis du porteur régulier, la responsabilité d'un endosseur. *Étranger signant une lettre de change responsable comme endosseur.*

Art. 57. Lorsqu'une lettre de change est »déshonorée« les dommages-intérêts qui pourront être liquidés le seront ainsi qu'il suit: *Dommages-intérêts contre les parties à une lettre de change impayée.*

(1) Le porteur peut recouvrer de toute partie dont la signature figure sur l'effet, le tireur qui est forcé de payer peut recouvrer de l'accepteur et l'endosseur peut recouvrer de l'accepteur, du tireur ou de celui qui lui a passé la traite

(a) le montant de la lettre de change:

(b) les intérêts du jour de la présentation au paiement si la lettre de change est payable à présentation, ou du jour de l'échéance dans les autres cas,.

(c) les frais du constat lorsque le protêt a été nécessaire.

(2) Dans le cas où une lettre de change a été »déshonorée« à l'étranger, le porteur peut, au lieu des dommages-intérêts ci-dessus fixés, recouvrer du tireur ou endosseur, et le tireur ou endosseur qui a été obligé de payer pour autrui peut également exiger de celui-ci le montant du rechange avec intérêts jusqu'au jour du paiement.

La somme qu'en Angleterre on peut recouvrer sur un tireur

ou endosseur est celle pour laquelle on pourrait, au lieu et à l'époque où le billet a été impayé, tirer sur le lieu de résidence du tireur ou de l'endosseur une traite à vue pour réaliser le montant de la lettre de change impayée et les dépenses occasionnées pour le non-paiement, c'est-à-dire, les frais de protêt, de correspondance, de commission d'escompte, et, s'il y a lieu, de timbre du nouvel effet.

En France, en Allemagne, en Belgique et en Hollande, la loi accorde le remboursement de toutes les dépenses y compris le rechange.

(3) Lorsqu'aux termes de la présente loi, l'intérêt peut être recouvré comme dommages-intérêts, il peut, si cela paraît juste, être refusé en tout ou en partie, et si la lettre de change est stipulée payable avec un intérêt déterminé, l'intérêt à titre de dommages-intérêts peut être donné ou non au même taux comme intérêt propre.

Cédant par tradition et cessionnaire. Art. 58. (1) Lorsque le porteur d'une lettre de change payable au porteur la négocie par tradition sans l'endosser, on l'appelle »cédant par tradition«.

(2) Ledit cédant n'est pas responsable du paiement de l'effet.

(3) Le cédant qui négocie une traite garantit par ce seul fait à son cessionnaire immédiat qui est porteur pour valeur reçue, que la traite est bien ce qu'elle paraît être, qu'il a le droit de la céder et qu'au moment où il en fait la cession, il ne connaît rien qui puisse la rendre sans valeur.

DÉCHARGE D'UNE LETTRE DE CHANGE.

Paiement régulier. Art. 59. (1) Une lettre de change est libérée par le paiement régulier fait par le tiré ou l'accepteur ou par leur représentant.

Par paiement régulier, la loi entend le paiement fait lors de l'échéance ou après l'échéance de la lettre de change au porteur actuel de bonne foi et dont le droit à ladite lettre n'est, à sa connaissance, entaché d'aucun vice.

(2) Sauf ce qui sera dit ci-après, lorsqu'une lettre de change est payée par le tireur ou l'endosseur, elle n'est pas libérée, mais.

(a) si une lettre de change payable à une tierce personne ou à son ordre est payée par le tireur, celui-ci peut demander paiement à l'accepteur, mais ne peut à nouveau la mettre en circulation.

(b) si une lettre de change est payée par un endosseur, ou si payable à l'ordre du tireur elle est payée par ce dernier, la personne qui effectue le paiement conserve ses droits primitifs contre l'accepteur et les endosseurs antérieurs et peut, à son choix, annuler son propre endossement et les endossements postérieurs et négocier à nouveau la lettre de change.

(3) Lorsqu'une lettre de change de complaisance est payée en temps voulu par la partie obligée, ladite lettre de change est complètement libérée.

Art. 60. Lorsqu'une lettre de change payable à ordre sur demande est tirée sur un banquier et que celui-ci la paie de bonne foi d'après les usages ordinaires du commerce, ce n'est pas à lui à prouver que l'endossement du porteur ou tout autre endossement postérieur a été fait par cet endosseur ou avec son autorisation, et le banquier est réputé avoir payé régulièrement, quoique l'endos soit faux ou ait été fait sans autorisation. *Banquier payant à vue un effet dont l'endossement est faux.*

> Il a été jugé dernièrement qu'un banquier qui porte immédiatement au crédit de son client un chèque que celui-ci verse à sa banque et qu'il a endossé par procuration sans que ce banquier se soit fait montrer le pouvoir, est coupable de négligence et que sa responsabilité n'est pas couverte par l'article ci-dessus ni par l'article 82 ci-après.

Art. 61. Lorsque l'accepteur d'une lettre de change en est ou en devient le porteur à l'échéance ou après cette échéance, de son propre droit, la lettre de change est libérée. *Accepteur porteur à l'échéance.*

Art. 62. (1) Lorsque le porteur d'une lettre de change à l'échéance ou après l'échéance renonce absolument et sans condition à ses droits contre l'accepteur, la traite est libérée. *Renonciation expresse.*

La renonciation doit être faite par écrit à moins que la lettre de change ne soit remise à l'accepteur.

(2) Le porteur d'une lettre de change peut de la même manière décharger de toute responsabilité tout signataire ou endosseur, avant l'échéance ou au moment de cette échéance ou après;

mais rien dans cet article ne pourra nuire aux droits d'un porteur régulier qui n'aura pas reçu avis de la renonciation.

Annulation.   Art. 63. (1) Lorsqu'une lettre de change est annulée avec intention par le porteur ou son représentant, et que cette annulation est apparente, la lettre de change est libérée.

(2) De même tout signataire ou endosseur d'une lettre de change peut être déchargé de toute responsabilité par l'annulation voulue de sa signature par le porteur ou son représentant.

Dans ce cas tout endosseur qui aurait pu avoir un droit de recours contre la personne dont la signature est annulée, se trouve également déchargé.

(3) Est sans effet l'annulation faite sans intention, par erreur ou sans l'autorisation du porteur; mais si une lettre de change ou une signature y apposée paraît avoir été annulée, la preuve de la non-annulation incombe à celui qui prétend que l'annulation a été faite sans intention, ou par erreur ou sans pouvoir.

Changement sur une lettre de change.   Art. 64. (1) Lorsqu'une lettre de change ou une acceptation est matériellement changée sans le consentement de tous les signataires et endosseurs, elle est annulée, excepté en ce qui concerne la partie qui a elle-même fait, autorisé le changement ou y a consenti et les endosseurs postérieurs.

Toutefois:

Lorsqu'une lettre de change a été matériellement altérée mais que l'altération n'est pas apparente, et que la lettre de change est entre les mains d'un porteur régulier, celui-ci peut la considérer comme n'ayant pas été changée et en exiger le paiement d'après sa teneur originelle.

(2) Sont matérielles les altérations suivantes; celle de la date, de la somme à payer, de l'époque et du lieu du paiement, et, lorsqu'une lettre de change a été acceptée purement et simplement, l'addition d'un lieu de paiement sans le consentement de l'accepteur.

D'après les lois française et belge le changement fait dans une partie matérielle d'une acceptation rend nulle la lettre de change. Il en est de même en cas de faux.

D'après l'article 76 du code d'Allemagne une acceptation

régulière ou un endossement régulier rend responsable l'accepteur ou endosseur, alors même que la signature du tireur a été falsifiée.

ACCEPTATION ET PAIEMENT PAR INTERVENTION.

Art. 65. (1) Lorsqu'une lettre de change a été protestée pour défaut d'acceptation ou pour plus de sécurité et n'est pas encore échue, toute personne, non déjà tenue au paiement, peut, avec le consentement du porteur, intervenir et accepter la lettre de change sur le protêt comme caution de tout signataire ou pour le compte de la personne pour laquelle elle est tirée.

Acceptation pour honneur sur protêt.

voir art. 93.

L'art. 57 du code allemand stipule que le porteur d'une traite n'est pas forcé d'accepter l'intervention d'une personne si elle n'est pas indiquée sur la lettre de change comme devant payer au besoin. D'après la loi française la personne qui doit payer en cas de besoin doit être indiquée dans le corps de la traite lorsqu'elle est reçue.

(2) Une lettre de change peut être acceptée par intervention pour partie seulement de la somme pour laquelle elle a été tirée.

(3) L'acceptation par intervention pour être valable doit:

(a) être écrite sur la traite et indiquer qu'elle est acceptée par intervention.

(b) être signée par l'accepteur par intervention.

(4) Lorsqu'une acceptation de cette sorte n'exprime pas au profit de qui elle est faite, elle est réputée l'être pour le tireur.

Il en est de même en France et en Allemagne. En Hollande, le nom du bénéficiaire doit être consigné dans un protêt si le tiré refuse d'accepter.

(5) Lorsqu'une traite payable à un certain délai de vue est acceptée par intervention, son échéance est calculée du jour du protêt pour non-acceptation et non du jour de l'acceptation par intervention.

Art. 66. (1) L'accepteur par intervention s'oblige, par ce seul fait, à payer, à presentation, la traite dans les termes de son acceptation à défaut de paiement par le tiré, à la condition que la

Responsabilité de l'accepteur par intervention.

6 *

traite ait été dûment présentée au tiré, protestée pour défaut de paiement et qu'avis en ait été donné audit accepteur.

(2) Cet accepteur est responsable vis-à-vis du porteur et de tout endosseur postérieur à celui pour lequel il intervient.

> La loi française (Code com. 127) la loi allemande (art. 58) la loi belge (art. 18) et la loi hollandaise (art. 127) obligent l'intervenant à notifier sans délai son intervention à celui pour lequel il est intervenu.

Présentation à l'accepteur par intervention. Art. 67. (1) Lorsqu'un effet déshonoré a été accepté par intervention sur protêt, ou contient l'indication d'une personne qui doit payer en cas de besoin, on doit le protester pour défaut de paiement avant de le présenter à l'accepteur par intervention, ou à la personne indiquée comme devant payer en cas de besoin.

voir art. 93.

(2) Lorsque l'adresse de l'accepteur par intervention est au même endroit que celui où la lettre de change est protestée pour défaut de paiement, celle-ci doit lui être présentée au plus tard le lendemain de l'échéance; et si l'adresse dudit accepteur est ailleurs qu'au lieu où la traite a été protestée pour défaut de paiement, cette traite doit être envoyée pour présentation au plus tard le lendemain du jour où elle aurait dû être présentée.

(3) Le délai dans la présentation ou la non-présentation est excusé dans les mêmes cas où il est admis pour la présentation ou non-présentation au paiement.

voir art. 46.

(4) Lorsqu'une traite est déshonorée par l'accepteur par intervention, elle doit être protestée pour défaut de paiement par lui.

Paiement par intervention sur protêt. Art. 68. (1) Lorsqu'une lettre de change a été protestée pour défaut de paiement, toute personne peut intervenir et payer sur protêt en l'acquit de tout signataire ou de la personne pour le compte de laquelle la lettre de change a été tirée.

(2) Lorsque deux ou plusieurs personnes offrent de payer une lettre de change en l'acquit de différents signataires, celle qui déchargera le plus de signataires aura la préférence.

(3) Le paiement par intervention pour avoir son effet comme tel, et non comme paiement pur et simple, doit être constaté par un acte notarié qui est affixé au protêt ou en est la suite.

(4) L'acte notarié d'intervention doit être rédigé sur la déclaration faite par le payeur intervenant, ou son fondé de pouvoir pour lui, que son intention est de payer par intervention, et pour qui il paie.

(5) Lorsqu'une lettre de change a été payée par intervention, tous les endosseurs postérieurs à celui pour lequel l'intervention est faite sont déchargés, mais l'intervenant est subrogé aux droits et devoirs du porteur en ce qui regarde celui pour lequel il a payé et ceux qui étaient responsables vis-à-vis de ce dernier.

> D'après les lois française, allemande, belge et hollandaise celui qui paie une lettre de change par intervention est subrogé aux droits du porteur et tenu des mêmes devoirs pour les formalités à remplir.

(6) Le payeur par intervention qui a payé au porteur le montant de la lettre de change et les frais d'actes occasionnés par le déshonneur, a le droit d'avoir et la lettre de change et le protêt. Si le porteur ne les remet pas sur demande, il est passible de dommages-intérêts vis-à-vis du payeur par intervention.

(7) Si le porteur d'une lettre de change refuse de recevoir payement sur protêt, il perd son droit de recours contre toute partie que ce paiement aurait déchargé.

LETTRES DE CHANGE PERDUES.

Art. 69. Lorsqu'une lettre de change a été perdue avant son échéance, le porteur peut s'adresser au tireur pour avoir une autre lettre de change de même valeur, en donnant caution au tireur, si celui-ci l'exige, pour l'indemniser contre toutes personnes dans le cas où la première lettre de change viendrait à être retrouvée. *Droits du porteur de faire un double d'un effet perdu.*

Si le tireur refuse de donner cette seconde lettre de change, il peut y être contraint par les voies légales.

Art, 70. Dans tout procès relatif à une lettre de change, la cour ou le juge peut ordonner que la preuve de la perte de la lettre de change ne sera pas invoquée à la condition qu'il sera donné caution suffisante aux yeux de la cour ou du juge contre toutes réclamations de toute autre personne sur la lettre de change dont il s'agit. *Action judiciaire.*

L'article 73 du code allemand donne le droit au propriétaire d'une lettre de change perdue de demander au tribunal du lieu du paiement l'annulation de la lettre de change. Il peut alors demander paiement à l'accepteur en fournissant caution jusqu'à l'annulation de la lettre de change. S'il ne donne pas caution, il n'a que le droit de demander le dépôt du montant de la lettre de change.

D'après les articles 152 et 153 du code de commerce français, si celui qui a perdu une lettre de change, acceptée ou non, ne peut présenter la seconde, troisième, quatrième, etc., il peut demander paiement de ladite lettre de change et l'obtenir par l'ordonnance du juge, en justifiant sa propriété par ses livres et en donnant caution. En cas de refus de paiement, le propriétaire conserve ses droits par un acte de protêt qui doit être fait le lendemain de l'échéance de la lettre de change perdue et notifié aux tireur et endosseur dans les formes et les délais présents pour la notification du protêt.

La loi belge est la même sur ce point que la loi française.

Par l'art. 163 de la loi hollandaise, le porteur d'une lettre de change perdue doit justifier de son droit et donner à l'accepteur caution contre toutes réclamations.

LETTRE DE CHANGE EN PLUSIEURS EXEMPLAIRES.

Règles.   **Art. 71.** (1) Lorsqu'une lettre de change est tirée en plusieurs exemplaires, chacun d'eux étant numéroté et rappelant les autres, leur réunion constitue une seule lettre de change.

(2) Lorsque le porteur desdits exemplaires en endosse deux ou plus à différentes personnes, il est responsable pour chacun de ces exemplaires, et tout endosseur postérieur est également engagé pour l'exemplaire qu'il a endossé comme si chacun desdits exemplaires était une lettre de change séparée.

(3) Lorsque deux ou plusieurs exemplaires sont négociés à différents porteurs réguliers, le porteur dont le titre est le premier présenté est, vis-à-vis des autres porteurs, considéré comme le propriétaire de la lettre de change; mais rien dans ce paragraphe ne saurait nuire aux droits d'une personne qui régulièrement accepte ou paie l'exemplaire d'une lettre de change qui est le premier qui lui soit présenté.

(4) L'acceptation peut être faite sur l'un quelconque des exemplaires de la lettre de change mais sur l'un d'eux seulement.

Si le tiré accepte plus d'un exemplaire et que chacun de ces exemplaires ainsi accepté tombe entre les mains de différents porteurs réguliers, il est tenu au paiement de chacun comme si chacun était une lettre de change séparée.

(5) Lorsque l'accepteur d'une lettre de change tirée en plusieurs exemplaires, paie sans exiger que l'exemplaire portant son acceptation lui soit remis, et que cet exemplaire, à échéance, est entre les mains d'un porteur régulier, il est tenu au paiement vis-à-vis de celui-ci.

(6) Sauf application des diverses régles ci-dessus, lorsqu'un des exemplaires d'une lettre de change tirée à plusieurs est annulé par paiement ou autrement, la lettre de change entiére se trouve sans effet.

CONFLIT DE LOIS.

Règles. Art. 72. Lorsqu'une lettre de change tirée dans un pays est négociée, acceptée ou payable dans un autre, les droits, devoirs et responsabilités des parties sont déterminés comme il suit;

(1) La validité d'une lettre de change, en ce qui concerne les conditions de forme réquises, est réglée par la loi du pays dans lequel elle a été mise en circulation, et la validité, en ce qui touche les conditions de forme de l'acceptation ou de l'endossement, est réglée par la loi du lieu de l'acceptation ou de l'endossement.

Toutefois:

(a) si une lettre de change est mise en circulation en dehors du Royaume-Uni, elle n'est pas nulle pour cette raison seule qu'elle n'est pas revêtue du timbre spécial exigé par la loi du pays d'où elle a été tirée.

Les tribunaux anglais ne tiennent pas compte des lois fiscales du pays étranger ou des prescriptions qu'elles édictent. Ainsi un effet de commerce nul à l'étranger pour défaut de timbre serait valable en Angleterre et le paiement y pourrait être poursuivi. Et il en serait de même alors qu'il y aurait prescription d'après la loi du pays étranger si cette prescription n'est pas acquise d'après la loi anglaise. Mais, dans tous les cas, et préalablement à toutes poursuites, le droit de timbre doit être acquitté en Angleterre.

(b) si une lettre de change, émise en dehors du Royaume-Uni, est conforme, en ce qui regarde les conditions requises de forme, à la loi du Royaume-Uni, elle peut être considérée, pour en obtenir le paiement, comme étant aussi valable qu'entre toutes personnes qui les négocient ou en deviennent porteur dans le Royaume-Uni.

(2) Sauf ce qui est dit dans la présente loi, l'interprétation de la mise en circulation, de l'endossement, de l'acceptation ou de l'acceptation sur protêt est déterminée par la loi du pays où ont lieu ces divers actes.

Toutefois, si une lettre de change de l'intérieur est endossée en pays étranger, l'endossement, en ce qui concerne le payeur, doit être interprété d'après la loi anglaise.

La responsabilité d'un étranger, aux termes de l'article 84 du code allemand, en ce qui concerne les lettres de change, se règle d'après la loi du pays d'oigine de cet étranger. Toutefois, quoique incapable aux yeux de sa propre loi, l'étranger qui a signé en Allemagne une traite est responsable si la loi allemande le déclare. D'après l'article 85 du même code les conditions essentielles à la validité d'une lettre de change tirée ailleurs qu'en Allemagne et de tous les engagements relatifs à cette lettre de change, sont réglées par la loi du pays d'où la lettre de change a été tirée et où ont eu lieu les engagements. Mais, si ces engagements pris à l'étranger sont valables aux termes de la loi allemande, leur irrégularité aux termes de la loi du pays étranger, ne saurait être opposée pour décliner la responsabilité sur les engagements survenus postérieurement sur ladite lettre de change en Allemagne. Les mêmes engagements sonts valables s'ils sont survenus à l'étranger entre un sujet allemand et une personne d'une autre nationalité quoiqu'ils soient pris en conformité de la loi allemande seulement. En ce qui concerne les endossements faits dans un pays étranger, les lois de la France, de la Belgique et de la Hollande sont muettes, il est présumable que la règle »Locus regit actum.« reçoit, dans ces cas, son application.

(3) Les devoirs du porteur quant à la présentation, à l'acceptation ou au paiement et la nécessité de faire protester et autres formalités, sont fixés par la loi du pays où la présentation de la lettre de change est faite où la traite protestée.

L'article 86 du code allemand stipule que les formalités à remplir pour obtenir paiement d'une traite ou conserver ses droits sur une traite à l'étranger sont réglées par la loi du pays où la demande est faite.

(4) Lorsqu'une lettre de change est tirée hors du Royaume-Uni, mais payable dans le Royaume-Uni et que le montant n'est pas stipulé payable en monnaie anglaise, la somme à payer sera calculée, à défaut de convention expresse, d'après le taux de change des traites à vue au lieu du paiement le jour de l'échéance.

L'article 143 du code de commerce français stipule que le paiement doit se faire dans la monnaie indiquée par la traite. Il y a cependant à ce sujet divergence d'opinion entre les commentateurs de cet article, car certains d'entre eux estiment que si la somme à payer n'a pas été stipulée payable en monnaie du pays où a lieu l'échéance, le tiré ne peut, sans le consentement du porteur, payer en autre monnaie que celle portée en la lettre de change.

D'après l'article 37 du code allemand, lorsque la somme à payer est indiquée en une monnaie n'ayant pas cours au lieu du paiement, le paiement se fait en monnaie du pays au cours du jour, à moins que le tireur n'ait spécifié que le paiement se ferait en la monnaie indiquée dans la traite, en mettant sur sa lettre de change le mot »effectif« ou autre semblable.

Une lettre de change, dit l'article 33 du code belge, doit être payée dans la monnaie qu'elle indique. S'il s'agit d'une monnaie étrangère, le paiement peut se faire en monnaie nationale au cours de change au jour de l'échéance ou au cours fixé par l'effet, à moins que le tireur n'ait prescrit le paiement en monnaie étrangère.

Une lettre de change, d'après l'article 156 du code hollandais doit être payée dans la monnaie qu'elle indique. Cependant, si la monnaie indiquée n'avait pas de cours légal dans le royaume et si le cours n'a pas été indiqué dans la lettre de change, le paiement sera fait en monnaie des Pays-Bas au cours de change du moment de l'échéance et du lieu du paiement, et s'il n'y a pas de cours de change, selon celui de la place de commerce la plus voisine du lieu où la lettre doit être acquittée.

(5) Lorsqu'une lettre de change est tirée dans un pays et payable dans un autre, la date du paiement est fixée d'après la loi du pays où le paiement doit se faire.

Si une lettre de change est tirée d'un lieu où le calendrier Grégorien est en usage et payable à jour fixe dans un pays ayant conservé l'ancien, elle est exigible comme elle l'aurait été dans l'endroit d'où elle a été tirée. Mais si elle est payable à tant de jours après présentation, il faut alors compter le temps d'après le calendrier employé dans le lieu sur lequel elle est tirée.

3ème PARTIE.

DES CHÈQUES.

Définition. Art. 73. Un chèque est une lettre de change tirée sur un banquier et payable à présentation.

Sauf stipulations contraires contenues en cette partie, les règles contenues en la présente loi sur les lettres de change payables à présentation s'appliquent au chèque.

voir plus haut art. 10, 36 [3] et art. 64.

En Angleterre toutes les banques reçoivent l'argent de leurs clients en compte courant ou en dépôt. Dans le premier cas, il ne produit ordinairement aucun intérêt, mais il peut être retiré à la volonté du déposant. Dans le second cas, il produit un intérêt quelconque, mais ne peut être retiré qu'après avis donné par écrit à la Banque.

Chaque déposant reçoit un Carnet de chèques. Ces chèques sont soumis à un timbre d'un penny (10 ct.). Ils peuvent être postdatés et n'ont pas besoin d'indiquer le lieu d'où ils sont tirés.

Le chèque, à moins qu'il ne soit impayé, vaut paiement, mais on ne peut forcer quelqu'un à l'accepter comme tel.

Ordinairement voici quels sont les rapports entre le banquier et son client.

Le client dépose une somme quelconque chez son banquier qui lui ouvre un compte et se rend responsable vis-à-vis de lui à concurrence de la somme déposée, qu'il lui paie ou non des intérêts d'après les usages commerciaux ou ses arrangements particuliers avec son client. En outre, par le seul fait du dépôt, le banquier s'oblige à faire honneur aux chèques que le client tirera sur lui et à payer les sommes qu'il lui demandera, durant les heures d'ouverture des bureaux et à due concurrence.

Quelquefois le banquier fait des avances à son client et l'autorise à tirer sur lui au-delà de la somme déposée; il fait alors payer l'intérêt de ses avances, ou se fait déposer des valeurs ou donne la garantie d'un tiers.

Mais, quelles que soient les relations entre banquier et client elles n'ont aucun caractère de confiance, et il n'y a aucune analogie entre elles et celles qui existent entre un patron et son représentant, car celui-ci est le quasi fidéicommissaire du patron pour l'affaire pour lequel il le représente.

L'argent, au contraire, déposé dans une banque cesse d'être celui du déposant; il appartient au banquier qui n'est tenu qu'à donner en échange une somme égale à celle qu'il a en dépôt lorsqu'on le lui demande. Cependant, quoique le banquier puisse faire ce qu'il veut de cet argent à lui déposé, il n'en est pas moins vrai que ce dépôt figure dans l'actif du déposant et que les expressions dont on se sert journellement »mon compte courant, mon argent chez mon banquier« sont absolument justes.

Art. 74. Sauf les dispositions de la présente loi :

(1) Lorsqu'un chèque n'est pas présenté dans un temps raisonnable après qu'il a été, mise en circulation et que le tireur ou la personne en faveur de laquelle il a été tiré avait le droit, lors de sa présentation, de se le faire payer par le banquier et souffre par suite de ce retard un préjudice réel, ledit tireur ou ladite personne se trouve libérée à concurrence de ce préjudice, c'est-à-dire à concurrence de la somme dont ce tireur ou cette personne se trouve créancière du banquier.

(2) Pour déterminer ce qui constitue un temps raisonnable, il faut tenir compte de la nature du chèque, de l'usage du commerce et du banquier, et des faits de chaque cas.

(3) Le porteur d'un tel chèque au moyen duquel ledit tireur ou ladite personne se trouve libérée, sera créancier, en le lieu et place, dudit banquier à due concurrence, et aura le droit d'en recouvrer le montant sur ledit banquier.

Lorsque le chèque est payable dans l'endroit où réside le bénéficiaire, il doit être présenté au moins le lendemain du jour de sa réception. S'il est payable ailleurs, il suffit qu'il soit envoyé par la poste le lendemain du jour où il a été reçu et dans ce cas il doit être présenté le jour suivant. A défaut de quoi, en cas de déconfiture de la banque, c'est au porteur du chèque à supporter la perte causée par sa négligence.

Art. 75. Le devoir et le pouvoir d'un banquier de payer un chèque tiré sur lui par son client cessent par:

(1) La défence de payer.

(2) L'avis du décès du client.

Si un banquier ayant entre ses mains des fonds suffisants ne fait pas honneur au chèque de son client, il est passible de dommages-intérêts. S'il a reçu des effets à encaisser, il doit, lorsque l'on peut supposer raisonnablement que l'encaissement a été fait, payer les chèques de son client, sinon ce dernier peut lui intenter une action.

CHEQUES BARRÉS (»CROSSED CHEQUES«).

Chèques barrés géné-ralement et spéciale-ment.

Art. 76. (1) Lorsqu'un chèque porte en travers sur le recto :

(a) les mots »et compagnie« ou toute autre abréviation entre deux lignes parallèles transversables, avec ou sans les mots »non négociable«,

(b) deux lignes transversales et parallèles seulement avec ou sans les mots »non négociable«,

cette addition rend le chèque barré généralement.

(2) Si le chèque porte en travers sur le recto le nom d'un banquier, avec ou sans les mots »non négociable« cette addition rend le chèque barré spécialement et pour ce banquier.

Chèque barré par le tireur ou après émis-sion.

Art. 77. (1) Un chèque peut être barré généralement ou spécialement par le tireur.

(2) Lorsqu'un chèque n'est pas barré, le porteur peut le barrer généralement ou spécialement.

(3) Lorsqu'il est barré généralement le porteur peut le barrer spécialement.

(4) Lorsqu'un chèque est barré généralement ou spécialement, le porteur peut y ajouter les mots »non négociable«.

(5) Lorsqu'un chèque est barré spécialement, le banquier au nom duquel il est barré peut le barrer spécialement au nom d'un autre banquier pour l'encaissement.

(6) Lorsqu'un chèque non-barré ou barré généralement est envoyé à l'encaissement à un banquier, celui-ci peut le barrer spécialement pour lui-même.

Le barre-ment une partie mate-rielle du chèque.

Art. 78. L'acte de barrer un chèque autorisé par la présente loi forme une partie matérielle du chèque; il est interdit de l'obli-térer, ou, sauf les exceptions permises par la présente loi, d'a-jouter au barrage ou de l'altérer.

voir art. 64.

Devoirs d'un banquier en ce qui regarde les chèques barrés.

Art. 79. (1) Lorsqu'un chèque sera barré spécialement au nom de plus d'un banquier, excepté lorsqu'il est barré au nom d'un agent qui est banquier pour l'encaisser, le banquier sur lequel il est tiré en refusera le paiement.

(2) Lorsqu'un banquier sur qui un chèque ainsi barré est tiré le paie ou paie un chèque barré généralement autrement qu'au

nom d'un banquier, ou barré spécialement autrement qu'au nom du banquier à qu'il est passé ou à son agent-banquier lui-même, pour être encaissé, ledit banquier est responsable envers le véritable propriétaire du chèque de la perte que celui-ci peut éprouver par suite du paiement de ce chèque.

Néanmoins, lorsqu'un chèque est présenté pour être payé et ne paraît pas, au moment de sa présentation, avoir été barré, ou avoir eu des barres qui ont été oblitérées, ajoutées ou altérées, sauf dans les cas permis par la présente loi, le banquier qui le paie de bonne foi et sans qu'on puisse lui imputer aucune négligence, ne sera pas responsable ou n'encourra aucune responsabilité, et le paiement ne pourra pas être contesté sous prétexte que le chèque avait été crossé, ou que les barres avaient été oblitérées, ajoutées ou altérées autrement qu'il est autorisé par la présente loi le permet, ou que le paiement a été fait à un autre qu'à un banquier ou au banquier au nom duquel il est ou était barré ou à son chargé de l'encaissement banquier lui-même.

Art. 80. Lorsque le banquier, sur qui un chèque barré est tiré, le paie, de bonne foi et sans qu'on puisse lui imputer aucune négligence, à un banquier s'il est barré généralement, ou s'il l'est spécialement, au banquier au nom de qui il est barré, ou à son chargé de l'encaissement banquier lui-même le banquier-payeur et, si ce chèque parvient entre les mains du bénéficiaire, le tireur, auront respectivement les mêmes droits et seront dans la même position que si le paiement du chèque avait été fait au véritable propriétaire. *Protection que donne au banquier et tireur le chèque barré.*

Sans aucun doute le présent article s'applique à tout chèque dûment barré qu'il l'ait été lors ou avant qu'il a été tiré.

Art. 81. Lorsqu'une personne prend un chèque barré qui porte les mots »non négociable« elle n'aura pas et ne pourra pas donner sur ce chèque un droit meilleur que celui qu'avait la personne de laquelle elle le tient. *Effet des Barres pour le porteur.*

Souvent un chèque porte en outre des deux barres transversales et du nom du banquier les mots »non négociable«. L'addition de ces mots n'a pas pour effet d'empêcher la transmission par endossement ou autrement du chèque, mais en cas de perte ou de vol, la personne qui l'aurait escompté ou accepté en paiement du voleur et l'aurait fait encaisser par sa banque, est responsable vis-à-vis du tireur à qui elle ne peut même opposer sa bonne foi,

car elle n'a pas plus de titre sur ce chèque que celui qui le lui
a passé. Ainsi, par exemple, si A. tire un chèque au profit de
B. et le lui envoie par la poste marqué ‚non négociable‘ et que
ce chèque se perde ou soit volé, si C. le trouve et le donne en
paiement à D. qui le fait encaisser de bonne foi, A. peut en
demander le remboursement à D.

Protection que ce chèque donne au Banquier qui le reçoit.   **Art. 82.** Lorsqu'un banquier, de bonne foi et sans qu'on
puisse lui imputer de négligence, reçoit paiement pour son client
d'un chèque barré généralement ou spécialement à son propre
nom, et que le client n'a aucun titre ou n'a qu'un titre défectueux sur ce chèque, le banquier n'encourra aucune responsabilité
envers le propriétaire réel du chèque pour avoir reçu un tel paiement

Si un chèque payable à ordre, à présentation, paraît endossé
par la personne à qui il est payable, le banquier peut le payer
au porteur quoique l'endos soit un faux. Mais si la signature du
tireur est falsifiée, le banquier qui paie, même de bonne foi, est
responsable vis-à-vis de son client.

Ajoutons pour terminer cette matière que la date des chèques
peut être écrite en chiffres. En France la date du jour où le
chèque est tiré doit être inscrite en toutes lettres et de la main
de celui qui l'a écrit (Loi du 19 février 1874 — art. 5).

4ᵉ. PARTIE.

BILLETS À ORDRE.

Définition.   **Art. 83.** (1) Un billet à ordre est une promesse sans condition par écrit d'une personne à une autre signée par celui qui la
fait et par laquelle elle s'engage à payer à présentation ou à jour
fixe ou à un jour à déterminer une somme fixée à une personne
désignée ou à son ordre ou au porteur.

(2) Un acte en forme de billet payable à l'ordre de celui qui
le fait n'est pas un billet à ordre dans le sens de la présente loi
tant qu'il n'a pas été endossé par le tireur.

(3) Un billet n'est pas nul par cette seule raison qu'il contient des garanties avec pouvoir de le vendre ou d'en disposer.

(4) Un billet qui par lui-même paraît avoir été souscrit et
est payable dans le Royaume Britannique est un billet à ordre
de l'Intérieur. Tout autre billet est un billet étranger

Le code de commerce français (art. 187 et 188) e code de
Belgique (art. 83) et code de Hollande (art. 209) assimilent le
billet à ordre à la lettre de change.

La loi allemande (art. 96) édicte des règles rigoureuses pour la forme des billets à ordre.

Art. 84. Un billet à ordre est sans effet et incomplet jusqu'à sa remise au bénéficiaire ou au porteur.

Remise de l'effet nécessaire.

voir art. 21.

Art. 85. (1) Un billet à ordre peut être signé par deux ou plusieurs personnes qui sont alors tenues conjointement ou conjointement et solidairement selon ses termes.

Billets à ordre signés conjointement et solidairement.

(2) Lorsqu'un billet à ordre est ainsi conçu »je promets de payer« et est signé par deux personnes ou plus, il est réputé signé conjointement et solidairement.

voir art. 23.

Art. 86. (1) Lorsqu'un billet à ordre payable à présentation a été endossé, on doit le présenter pour le paiement dans un temps raisonnable après l'endossement. Sinon, l'endosseur est déchargé.

Billet payable à vue.

voir art. 10.

Dans le cas d'un billet payable à présentation la prescription, d'après la loi, court en faveur du souscripteur de la date du billet et non de celle du déshonneur.

(2) Pour déterminer ce qui est réputé un temps raisonnable, on prendra égard à la nature du billet, à l'usage de commerce, et aux faits particuliers de chaque cas.

(3) Lorsqu'un billet à ordre payable à présentation est négocié, il n'est pas réputé échu, pour rendre le porteur responsable des vices du titre dont il n'a pas reçu avis, par cette raison qu'un temps raisonnable pour la présentation paraît s'être écoulé depuis la mise en circulation du billet.

Art. 87. (1) Lorsqu'un billet à ordre a été fait payable à un endroit déterminé, il doit être présenté à cet endroit même pour rendre le souscripteur responsable. Dans tout autre cas il n'est pas nécessaire de le présenter pour que le souscripteur soit responsable.

Présentation du billet à ordre.

(2) La présentation doit avoir lieu pour rendre responsable l'endosseur.

voir art. 45 et 46.

(3) Lorsqu'un billet à ordre est stipulé payable à un endroit

déterminé, il doit être présenté à cet endroit même pour rendre responsable l'endosseur; mais lorsque le lieu de paiement est indiqué par mémorandum seulement, la présentation à cet endroit suffit pour rendre responsable l'endosseur et la présentation au souscripteur à n'importe quel endroit suffira également, si elle est suffisante sous les autres rapports.

L'article 97 du code allemand stipule que lorsque le lieu du paiement n'est pas déterminé, celui ou le billet à ordre a été mis en circulation est réputé l'endroit ou le paiement doit avoir lieu et être aussi le domicile du souscripteur.

Responsabilité du souscripteur. Art. 88. Le souscripteur d'un billet à ordre:

(1) S'engage à en payer suivant sa teneur.

(2) Ne peut opposer à un porteur régulier la non-existence du bénéficiaire et sa capacité d'endosser.

voir Art. 54.

Application des règles de la 2e partie aux billets à ordre. Art. 89. (1) Sauf ce qui est dit dans la présente partie et le présent article, les règles établies par la présente loi sur les lettres de change s'appliquent, avec les modifications nécessaires, aux billets à ordre.

(2) En appliquant ces règles, le souscripteur d'un billet à ordre sera considéré comme l'accepteur d'une lettre de change et le premier endosseur comme le tireur d'une lettre de change accepté payable à l'ordre du tireur.

(3) Les règles suivantes des lettres de change ne s'appliquent pas aux billets à ordre, savoir celles relatives à:

(a) la présentation à l'acceptation.

(b) l'acceptation

(c) l'acceptation sur protêt

(d) les lettres de change en plusieurs exemplaires.

(4) Lorsqu'un billet à ordre de l'étranger est déshonoré, il n'est pas nécessaire de le faire protester.

5e PARTIE.

OBSERVATIONS COMPLÉMENTAIRES.

Bonne foi. Art. 90. Une chose est réputée faite de bonne foi qui, en fait, l'est avec honnêteté qu'il y ait ou non négligence.

Signature. Art. 91. (1) Lorsque la présente loi requiert qu'un acte ou écrit soit signé, il n'est pas nécessaire que la signature soit de la propre main de la personne, il suffit qu'elle soit donnée avec son autorisation.

(2) S'il s'agit d'une corporation, il suffit que le sceau de la corporation soit apposé sur l'acte ou l'écrit.

Mais le présent paragraphe ne signifie pas qu'une lettre de change ou un billet à ordre d'une corporation doit être fait sous sceau.

voir page 27 contrat sous sceau et art. 22.

Art. 92. Lorsque le temps fixé par cette loi pour faire un acte ou une chose est moins de trois jours, dans le calcul des jours il ne faut pas compter les jours non-commerciaux (*non business days*) c'est-à-dire : *Supputation du jour.*

(a) les Dimanches, le Vendredi saint et Noël.

(b) les jours de fête des Banques (*Bank Holidays*) établis par la loi de 1871 ou toute autre.

(c) les jours fixés par décret royal comme jours de fête publique ou d'actions de grâces.

Tout autre jour est un jour commercial (*business day*).

Art. 93. En ce qui concerne les dispositions de la présente loi, lorsqu'une lettre de change ou un billet à ordre doit être protesté dans un temps fixé ou avant le commencement de poursuites, il suffit que la lettre de change ait été »notée« pour le protêt avant l'expiration du temps fixé, ou le commencement des poursuites ; et le protêt peut ensuite être fait à toute époque posterieure à la date où la lettre de change a été »notée.« *Constat remplaçant le Protêt,*

Art. 94. Lorsqu'une lettre de change ou un billet à ordre déshonoré peut ou doit être protesté et qu'on ne peut avoir l'assistance d'un notaire dans l'endroit où l' effet est déshonoré, tout propriétaire, locataire principal ou habitant notable de l'endroit peut, en présence de deux témoins, délivrer un certificat signé par eux, constatant que l'effet a été déshonoré, et ce certificat aura, en tous les cas, la même valeur qu'un protêt réel. *Protêt lorsqu'il n'y a pas de notaire.*

Art. 95. Les dispositions de la présente loi en ce qui concerne les chèques barrés pourront s'appliquer aux mandants de paiement de dividendes. *Mandats de dividendes peuvent être barrés.*

Art. 96. — (Sans utilité ici relatif à l'abrogation de diverses lois). *Abrogation des lois antérieures.*

Art. 97. (1) Les lois sur la faillite en ce qui concerne les *Exceptions.*

lettres de change, les billets à ordre et les chèques continueront à recevoir leur application nonobstant les stipulations contenues en la présente loi.

(2) Les règles de la »common law« y comprises celles sur la loi marchande, en tant qu'elles ne sont pas contradictoires avec les stipulations expresses de la présente loi, continueront à s'appliquer aux lettres de change, billets à ordre et chèques.

(3) La présente loi ou toutes celles qu'elle abroge ne modifieront en rien:

(a) les stipulations de la loi de 1870 sur le Timbre ou de toutes lois l'ayant amendée, ou toute autre loi ou ordonnance en cours relative au revenu de l'État.

(b) la loi de 1862 sur les compagnies ou tout acte la modifiant, ou toute loi relative aux »Joint Stock« banques ou compagnies.

D'après l'article 47 de la loi de 1862 sur les compagnies (25 et 26 Vic c 89) une lettre de change ou un billet à ordre sera réputé avoir été fait, accepté ou endossé en faveur d'une compagnie, sous cette loi, s'il a été fait, accepté ou endossé au nom de la compagnie par une personne ayant pouvoir de cette compagnie, comme s'il avait été fait accepté ou endossé pour ladite compagnie par son fondé de pouvoirs.

(c) les stipulations de toute loi relative aux privilèges de la Banque d'Angleterre ou de la Banque d'Irlande ou les confirmant.

(d) la validité de tout usage relatif aux mandats de dividendes ou à leur endossement.

Exception pour la procédure sommaire en Écosse. Art. 98. Rien dans la présente loi ou toute autre loi abrogative, n'étendra ou ne restreindra, ou ne pourra en aucune manière changer ou affecter la loi et l'usage en Écosse en ce qui regarde la procédure sommaire.

Cette procédure a pour but d'obtenir le paiement d'une lettre de change ou d'un billet à ordre sans que l'on soit obligé d'intenter une action. Lorsqu'il n'est pas fait honneur à une lettre de change ou à un billet à ordre, on proteste pour non-paiement ou non-acceptation en ce qui concerne la lettre de change et pour non-paiement en ce qui concerne le billet à ordre. Le protêt est enregistré avec l'effet et un ordre de payer est délivré. A défaut de paiement l'ordre de saisie immédiate est donné.

Interprétation d'autres lois etc. Art. 99. Lorsqu'une loi ou tout autre document se réfère à une condition abrogée par la présente loi, la loi ou le document en question sera interprété et appliqué comme s'il se réferait aux stipulations correspondantes de la présente loi.

Art. 100. Dans toute procédure judiciaire en Écosse, tout fait relatif à une lettre de change, ou un chèque, un billet à ordre qui soulève une question de responsabilité, peut être prouvé par témoins, à la condition toutefois, que cette disposition ne pourra en rien modifier la loi et l'usage établi en vertu desquels la partie qui est, d'aprés la teneur de la lettre de change, du chèque ou du billet à ordre, débitrice envers le porteur du montant de l'effet, peut être tenue, pour obtenir une suspension de procédure, ou d'exécution, à faire telle consignation ou à fournir telle caution que le juge le mandera. *Preuve par témoins autorisée dans certaines procédures en Écosse.*

Le présent article ne s'applique pas au cas ou la lettre de change, le chèque ou le billet à ordre a encouru la prescription.

Cette prescription correspond à la loi anglaise sur les pre-scriptions d'après laquelle on ne peut intenter une action au sujet d'une lettre de change ou d'un billet à ordre après six ans.

Lorsque dans le cas de la procédure sommaire dont il s'agit, il s'élève une question préjudicielle sur une lettre de change ou un billet à ordre, le juge suspend tout jusqu' à la solution de la question. Lorsque la procédure est ainsi suspendu, c'est sous condition que caution pour le paiement de l'effet sera déposée entre les mains de la cour. La consignation est le dépôt entre les mains d'un tiers de la somme objet du procès.

PRESCRIPTION.

D'après la loi anglaise toute action sur une lettre de change ou un billet à ordre se prescrit par six ans qui courent du jour de l'échéance, si l'effet est payable à une époque fixe après sa date, du jour où le paiement n' a pas été fait, s'il devait être effectué par fraction, et du jour de la présentation, s'il était payable à vue.

D'après la loi allemande (art. 77 à 79) la prescription en faveur de l'accepteur est de trois ans du jour de l'échéance, de trois, six ou dix-huit mois, selon les lieux, en faveur du tireur et les endosseurs.

En France (189 code com.) elle est de cinq ans; de même en Belgique (art 82). En Hollande la prescription s'acquiert par dix ans.

DES I. O. U.

Une reconnaissance de dette est souvent donnée dans la forme suivante :

M. Jones.   London, 1ᵉʳ January 1880.

I. O. U. 100 L.

John Smith.

I. O. U. signifie »Je vous dois«.

Un acte de cette nature n'est pas par lui-même la preuve d'un prêt d'argent, mais la présomption d'un règlement de compte ayant été fait entre la personne qui le produit et celle à qui le montant en est réclamé.

Il n'est pas nécessaire qu'il soit muni d'un timbre, ni absolument indispensable qu'il porte le nom du créancier qui le produit.

C'est donc à celui qui réclame paiement à prouver que le montant lui en est bien dû.

CHAPITRE VII.

DES ASSOCIATIONS ORDINAIRES.

§ I. — BUT. — ENTRE QUI PEUT ÊTRE FORMÉE UNE ASSOCIATION.

L'association peut être définie:

Une convention intervenue entre deux ou plusieurs personnes à l'effet de mettre en commun des biens ou une industrie, ou les deux ensemble, et de partager les gains ou de subir les pertes pouvant résulter de l'entreprise.

Elle peut être contractée pour une seule opération ou pour une affaire en général, et faite entre toutes personnes capables.

L'étranger qui n'habite pas le Royaume-Uni, peut s'associer avec un sujet anglais, si son pays d'origine n'est pas en guerre avec l'Angleterre.

Quant à l'étranger qui a son domicile en ce pays-ci, il peut faire une association avec nos nationaux, alors même que son pays serait en guerre avec nous.

L'essence de la société est le partage des profits et la contribution aux pertes.

Mais la participation dans les bénéfices n'est pas toujours par elle-même une preuve concluante de l'association, elle la présume, et il faut examiner avec grand soin les circonstances qui y ont donné lieu.

Ainsi d'après une loi spéciale passée en 1865, appelée »Bovill's act« (28 et 29 Vic. c. 86), ne peuvent être considérés comme associés et par conséquent rendus responsables des suites d'une association:

1° L'employé ou agent d'un négociant qui reçoit, comme salaire, une part dans les bénéfices de son patron ou commettant:

2° La veuve ou l'enfant d'une personne décédée, associée d'un négociant, s'ils reçoivent, à titre d'annuité, une part dans les bénéfices de ce dernier;

3° Celui qui reçoit, par voie d'annuités ou autrement, pour prix de la vente de son fonds de commerce, une part dans les bénéfices que fait son acquéreur;

4° Et celui qui avance des fonds, à titre de prêt, à une personne qui est dans le commerce ou va s'y mettre, en stipulant par écrit que le taux des intérêts sera proportionnel aux bénéfices ou même une part dans ces bénéfices:

Un acte de prêt fait dans les conditions ci-dessus, doit être rédigé avec le soin le plus minutieux; la moindre irrégularité aurait pour effet de rendre le prêteur *associé* et, par conséquent, responsable *in infinitum* des dettes de l'emprunteur.

Il a été jugé récemment:

Que, dans un prêt fait à une Société, avec déclaration que, conformément à la loi sus-visée, ledit prêteur n'était pas un associé, il devait néanmoins être considéré comme tel, si, malgré les termes employés, il résultait du contrat que ce prêteur avait tous les droits et obligations d'un associé, la loi ne pouvant s'appliquer qu'au cas de prêt fait à un commerçant sous sa garantie personnelle, et non à ceux faits pour le commerce de l'emprunteur et garantis par ce commerce.

Dans les différents cas ci-dessus, ces personnes ne peuvent être désintéressées qu'après que les autres créanciers ordinaires l'ont été entièrement si le commerçant, leur débiteur, est mis en faillite, ou meurt laissant ses affaires en mauvais état.

§ II. — DES DIFFÉRENTES SORTES D'ASSOCIÉS.

Les associés sont *actifs*, ou *nominaux* ou *non-connus*.

L'associé actif (*active partner*) est celui qui, faisant partie d'une association, agit comme tel, au vu et au su de tous. Il est responsable *in infinitum*.

L'associé nominal (*nominal partner*) est celui qui, ne faisant pas partie d'une association et n'ayant aucun intérêt réel dans les bénéfices, permet l'emploi de son nom. Responsable pour toutes les affaires traitées avec des tiers le croyant de bonne foi associé, il ne l'est pas lorsque ces tiers ont été avertis ou savaient qu'il n'était qu'un prête-nom.

L'associé non-connu (*dormant* ou *secret partner*) a sa part dans les bénéfices, mais reste inconnu du public. Il est responsable des engagements qui ont été souscrits par la Société, mais seulement pendant le temps où il fait partie de cette Société, et n'est pas obligé d'avertir les tiers quand il se retire.

§ III. — FORMATION DE L'ASSOCIATION. — DES CON-TESTATIONS ENTRE ASSOCIÉS.

Il n'est pas indispensable qu'une association soit faite par écrit, quoique ordinairement le contrat la constatant résulte d'un acte sous sceau.

A défaut d'écrit et de convention quant à la durée, c'est une société subordonnée à la volonté des parties.

Un acte de société renferme ordinairement, outre la date du jour où il est rédigé et les noms, prénoms, qualités et domiciles des parties, des clauses relatives: à sa durée, sa raison sociale, son siége, son capital et à la part de chacun dans ce capital, aux noms des banquiers de la société, à la somme à laquelle sont évaluées approximativement les dépenses. Les parties s'engagent à agir loyalement les unes envers les autres, s'interdisent de s'occuper d'un autre commerce, d'engager le crédit de l'association, si ce n'est pour les affaires de la société, et de se porter caution de qui que ce soit, à peine de dissolution immédiate de ladite société. Les époques de confection des inventaires, de paiement des intérêts des sommes apportées par chacun des associés, avant le partage des bénéfices, sont également stipulées. Enfin on prévoit le cas de dissolution par suite du décès de l'un des associés, avant l'expiration du temps pour lequel la société avait été formée ou pour quelque cause que ce soit. Et en général, il y est dit que toutes contestations seront réglées par arbitres.

»Un acte de société, dit l'un de nos jurisconsultes, ne peut »définir tous les droits et obligations des associés entre eux. »La plus grande partie en est sous-entendue. La bonne foi »doit être la règle entre associés, et si quelque difficulté s'élève »entre eux, au sujet d'une transaction dont l'un cherche à tirer »profit au détriment des autres, il doit montrer que non seule-»ment le droit est de son côté, mais que sa conduite est con-»forme aux règles de l'honneur. Si, par exemple, l'un des as-»sociés, connaissant mieux qu'un autre la situation de la société, »et, lui cachant ce qu'il sait, passe un acte avec celui-ci, au »sujet d'une affaire pour laquelle la connaissance de cette si-»tuation est indispensable, aucune cour ne rendra exécutoire cet »acte.«

La même obligation de bonne foi est imposée à toutes personnes sur le point de s'associer, ou à ceux qui ont cessé d'être associés mais qui n'ont pas encore réglé complètement leurs comptes.

Lorsque quelque article d'un acte de société n'est pas bien observé, on peut intenter une action en dommages-intérêts, devant l'une des divisions de la Haute cour de justice; mais il est préférable de s'adresser à la division de Chancery dont les pouvoirs sont plus étendus. La cour peut, s'il est nécessaire, rendre toutes ordonnances et nommer un administrateur de la société pour la gérer, en réaliser l'actif et établir les comptes respectifs des parties.

§ IV. — RESPONSABILITÉ DES ASSOCIÉS QUANT AUX ACTES DE LEURS CO-ASSOCIÉS.

En règle générale chaque associé est l'agent accrédité des autres et peut obliger la société par contrats simples dans toutes matières ayant rapport aux affaires de la société, comme par lettre de change, billet à ordre ou acquit. Il peut même donner valable décharge par *dccd*, mais il ne peut, dans les autres cas, engager la société par cette sorte de contrat sans pouvoir spécial donné sous sceau pour l'affaire même; de même il ne peut seul accepter un arbitrage. La société peut néanmoins se trouver engagée de différentes manières par l'un des associés. Ainsi l'aveu d'un associé, ou sa reconnaissance d'une chose forme preuve contre la société et l'avis donné par l'un des associés ou à l'un des associés équivaut à l'avis donné à la société ou par elle.

Dans certains cas les associés n'ont pas le pouvoir implicite de se rendre responsables mutuellement même par lettre de change ou billet à ordre, comme en cas d'associations entre médecins, fermiers ou ayant pour objet des mines. La présomption est alors que les associés n'ont pas le pouvoir dont il s'agit.

Quoique des associés aient convenu que l'un d'entre eux ne pourra engager la responsabilité des autres, cependant ceux-ci seront tenus si la personne qui a traité avec cet associé n' a pas été prévenu de cette convention. La simple stipulation entre associés que certaines choses ne seront pas faites ne relève pas la société de la responsabilité pouvant lui incomber pour les actes de l'un de ses membres contraires à cette stipulation, alors même que la personne avec laquelle ce dernier traite aurait été avertie, car il aurait fallu donner à cette personne avis que la société ne répond pas des actes de l'associé en question. Car d'après nos autorités sur la matière, peu importent à celui qui ne fait pas partie de la société les stipulations que les associés ont pu faire entre eux en tant qu'elles n'ont pas pour effet de restreindre à son égard la responsabilité de la société, et c'est seulement lorsque la connaissance d'une convention entre les associés implique nécessairement qu'ils déclinent toute responsabilité pour les actes de chacun d'eux, en dehors des limites ordinaires, que les droits de celui qui ne fait pas partie de cette société peuvent être mis en péril par la connaissance qu'il peut avoir des conventions particulières de ces associés.

Nous observons que les actes de société n'ont pas besoin d'être enregistrés comme en France et en Allemagne et que rarement on rend publics les noms des personnes formant une société. Par suite, il est impossible souvent de les connaître, de même que les conditions de l'acte d'association tenues ordinairement secrètes. De même aucune loi n'oblige un commerçant à tenir des livres, quoique, ainsi que nous le verrons plus bas (page 168) un négociant insolvable court le risque de ne pas obtenir sa décharge s'il n'a pas eu une comptabilité régulière.

§ V. — DISSOLUTION.

La cour peut ordonner la dissolution immédiate de la société, dans le cas où son objet est impraticable, ou si ses affaires sont dans un état désespéré, ou si l'un des associés se conduit mal vis-à-vis de ses co-associés (s'il refuse, par exemple, de tenir compte des avances à lui faites, ou de soumettre ses transactions commerciales au contrôle de ses co-intéressés), ou enfin s'il est frappé d'aliénation mentale incurable; la folie momentanée n'autorise pas la cour à prononcer la dissolution de la société.

Dans le cas où l'association est dissoute par suite de la mauvaise gestion de l'un des associés, le »premium« (droit d'entrée-prime) payé par cet associé ne lui est pas restitué, et si la totalité de ce »premium« n'a pas été versée, on peut l'exiger, malgré la dissolution (ainsi jugé).

L'association peut encore être dissoute par le décès ou la faillite personnelle de l'un des associés.

Lorsqu'elle l'est par l'expiration du temps pour lequel elle avait été formée, et à défaut de conventions spéciales à ce sujet, l'actif, c'est-à-dire, le droit au bail, la clientèle, les marques de fabrique, doit être vendu, mais chacun des associés a le droit de continuer le même commerce, sous son propre nom, où bon lui semble. Chacun d'eux peut recouvrer les sommes dues. Ordinairement on nomme liquidateur l'un d'eux ou un tiers, et, à défaut d'entente à ce sujet, la cour y pourvoit.

Pour être opposable aux tiers, la dissolution d'une société doit être insérée dans le journal officiel la »London Gazette.«

Un avis public est suffisant pour dégager un associé qui se retire, de toute responsabilité pouvant résulter des engagements souscrits par la société, après cette époque, avec des personnes qui n'étaient pas auparavant ses clients, alors même que la société aurait traité sous l'ancienne raison sociale.

§ VI. — DES DROITS DES TIERS CONTRE LES ASSOCIÉS.

Les créanciers de la société ont un droit de préférence sur l'actif de la société; d'un autre côté les créanciers personnels d'un associé sont privilégiés sur ses biens propres.

CHAPITRE VIII.

DES »JOINT STOCK« COMPAGNIES.

Dans le chapitre précédent nous avons donné les règles s'appliquant aux associations ordinaires en général. Notre loi reconnaît différentes espèces particulières de sociétés; parmi elles sont comprises les compagnies soumises à un *enregistrement spécial* et dont nous nous occuperons seulement.

Ce sont celles que la loi appelle les »Joint Stock companies«, c'est-à-dire, l'association d'un nombre plus ou moins considérable de personnes unies pour une entreprise quelconque, et mettant en commun un capital quel qu'il soit pouvant produire des bénéfices. Ce capital est appelé »Joint Stock«, d'où le nom donné à ces sortes de compagnies.

Le capital est ordinairement divisé en parties égales appelées actions (*shares*), mais ce n'est pas là une condition essentielle de ces compagnies, comme nous allons le voir.

On distingue deux sortes de »Joint Stock« compagnies:

Celles à *responsabilité illimitée*, dans lesquelles chacun des membres est tenu conjointement et solidairement avec les autres des dettes de la compagnie; quelle que soit sa part dans le capital de la société. Il n'est pas nécessaire que le capital soit divisé en actions.

Et celles à *responsabilité limitée* qui sont de deux espèces:

Les compagnies *par actions*, dans lesquelles chaque membre n'est tenu qu'à payer intégralement le montant du capital nominal des actions qu'il a souscrites.

Et les compagnies par *garantie*, dont le capital peut être ou non divisé en actions, dans lesquelles la responsabilité de chacun des membres a été expressément limitée à une somme déterminée et qui ne peut s'étendre au-delà. Il s'en forme très peu aujourd'hui.

Une société peut, d'après ses statuts, être à responsabilité limitée vis-à-vis de ses membres, alors que ses administrateurs ou directeurs peuvent être tenus *in infinitum*.

La loi qui régit la matière est celle de 1862, modifiée par celles de 1867. 1877. 1879. 1880. 1883 et 1886.

Ces lois ont complètement abrogé, pour l'avenir, les lois antérieures, et le changement radical qu'elles ont apporté consiste surtout dans l'obligation imposée à *toute* nouvelle compagnie d'être portée à la connaissance du public par son »Enregistrement«. De plus, elles ont accordé la faculté aux compagnies déjà existantes en vertu d'actes du Parlement, lettres patentes ou chartes, de devenir compagnies à responsabilité limitée ou illimitée, en se faisant enregistrer, ou de continuer à être régies par les lois sous l'empire desquelles elles ont été fondées. Ceci ne s'applique pas cependant aux compagnies de chemins de fer qui sont régies par des lois spéciales à chacune d'elles.

§ I. — DE LA FORMATION DES COMPAGNIES.

Pour former aujourd'hui une compagnie, il faut au moins sept personnes.

Ces personnes doivent signer le »memorandum of association« c'est-à-dire, un mémoire ou avant projet contenant: le *nom* que l'on se propose de donner à la compagnie, autre, bien entendu, que celui d'une compagnie déjà existante, à moins qu'elle ne soit en liquidation et n'y consente; son *siége social* et son *objet*. Il doit en outre indiquer si la compagnie est à responsabilité limitée ou à responsabilité illimitée.

Le »memorandum« est déposé au bureau du Registrar ou receveur des actes des Joint Stock Companies. Il y est joint une copie imprimée, sur papier timbré, et signée par les parties, des statuts de la société.

Le Registrar enregistre ces documents sur un livre *ad hoc* et délivre un certificat constatant que la compagnie a été »incorporée sous tel Nº »et si elle est à responsabilité limitée ou à responsabilité illimitée.

Le certificat confère une existence légale à la compagnie.

Une compagnie peut rédiger ses statuts à son gré; dans le cas où elle ne le fait pas, la loi en a donné la formule qui est de plein droit alors la règle de la société, en tant qu'ils peuvent s'y appliquer.

Ces statuts légaux définissent le mode d'émission, d'acceptation, transfert ou annulation des actions, leur conversion en actions consolidées ou *stock* ; si le capital n'est pas divisé en actions, ils indiquent les conditions requises pour devenir membre de la compagnie. Ce sont eux qui déterminent les circonstances dans lesquelles on doit faire les appels de fonds ou augmenter le capital, les époques et l'objet des assemblées générales, les droits des actionnaires, le nombre des directeurs et la nature de leurs pouvoirs, le paiement des dividendes, la comptabilité, la vérification des écritures et les cas de liquidation ou de dissolution.

Lorsque ces statuts sont ceux de la compagnie, il n'est pas besoin de les soumettre à la formalité de l'enregistrement.

§ II. — DES RÈGLES APPLICABLES A TOUTES COMPAGNIES.

Toute compagnie doit avoir un siége social officiel, ou bureau spécial où puissent lui être faites toutes communications, à peine d'une amende de 5 L. st. payable pour chaque jour pendant lequel la compagnie a fonctionné sans avoir obéi à cette prescription de la loi, et elle doit en donner avis au Registrar, comme de tout changement qui y est fait, sinon elle est réputée n'avoir pas de siége social.

A partir du jour de son enregistrement, toute compagnie doit tenir, à la disposition de ses sociétaires, au moins deux heures par jour, un registre spécial contenant les noms, professions et domiciles des membres de la compagnie, la date de leur entrée dans la compagnie, celle à laquelle ils ont cessé d'en faire partie, et, s'il y a des actions, leur nombre, les noms de ceux qui les possèdent et les sommes dont elles sont libérées.

Chaque année, dans les quatorze jours qui suivent la première assemblée générale ordinaire, il doit être dressé une liste contenant les indications ci-dessus; cette liste doit être adressée au Registrar dans les sept jours de sa confection, à peine d'une amende de 5 L. st. par chaque jour de retard.

Pareillement, chaque compagnie doit mettre à la disposition de ses créanciers et actionnaires, un registre de toutes hypothèques et charges quelconques grevant ses biens, sous peine d'amendes très fortes et sauf, dans le cas où elle s'y refuserait, à en faire ordonner la communication par justice.

La raison sociale suivie du mot »Limited« de toute compagnie à responsabilité limitée doit être apposée en caractères visibles sur tous bureaux, voitures, factures, en tête de lettres, effets de commerce, etc., appartenant à ladite compagnie ou émanant d'elle.

Enfin moyennant le paiement d'un shilling, toute compagnie doit délivrer à ses membres, sur leur réquisition, une copie du »Memorandum of association« et des statuts, à peine d'une amende de 5 L. st. pour chaque refus de sa part.

§ III. — DES ACTIONS DITES »STOCK«.

La loi autorise une compagnie, si ses statuts ne s'y opposent, à réunir plusieurs actions *libérées* en une seule appelée alors »Stock«, à la condition toutefois qu'il en sera donné avis au Registrar et que les registres de la Compagnie et la liste annuelle dont il a été question ci-dessus contiendront le nombre de ces nouvelles actions possédé par chaque actionnaire.

L'avantage de ces actions dites »stock« est celui-ci : le titulaire peut en vendre tout ou partie; tandis que l'action libérée ordinaire ne peut être vendue qu'en entier.

§ IV. — DE L'AUGMENTATION OU DE LA DIMINUTION DU CAPITAL SOCIAL.

Toute compagnie, si elle y est autorisée par ses statuts ou une décision spéciale de l'assemblée générale des actionnaires, peut réduire ou augmenter son capital nominal ou effectif, ou passer aux profits et pertes tout capital perdu ou sans valeur, ou rembourser celui dont elle n'a pas besoin, ou le diminuer de tout le capital non souscrit, pourvu toutefois que les droits des tiers n'aient pas à en souffrir.

Dans ces divers cas, le Registrar doit en recevoir avis dans les quinze jours.

§ V. — DU TEMPS PENDANT LEQUEL DURE LA RESPONSA-BILITÉ D'UN ACTIONNAIRE.

Tout membre d'une compagnie est tenu des dettes de cette compagnie durant tout le temps qu'il en fait partie et pendant un an après qu'il s'en est retiré, pour les engagements contractés par la compagnie avant cette époque, lorsque les autres membres ne peuvent les remplir.

Dans le cas de décès d'un membre d'une compagnie, ses droits et obligations passent à ses ayants-droit.

§ VI. — DES DIRECTEURS.

Le nombre des directeurs d'une compagnie est fixé par les statuts. Ils sont les représentants officiels des actionnaires ou des membres de la compagnie, et, dans le cas de mauvaise gestion, ils peuvent être rendus responsables de toutes les dettes.

Le directeur d'une compagnie est un associé gérant. A la différence, toutefois, des membres d'une association ordinaire, chaque directeur n'est pas nécessairement l'agent ou représentant attitré des autres membres de la compagnie, car étant lui-même agent, il est réputé inhabile à déléguer ses pouvoirs à un ou plusieurs membres de la société.

Dans beaucoup de compagnies les directeurs sont autorisés à déléguer leurs pouvoirs à quelques-uns des membres, et même à un seul, et cette délégation est même présumée si un ou deux directeurs agissent pour la compagnie dans une affaire qui rentre dans celles qui font son objet.

En ce qui concerne l'étendue de la responsabilité à laquelle les directeurs peuvent engager la compagnie, celle-ci ne saurait être rendue responsable d'actes ayant pour objet des affaires que la compagnie n'a pas le droit de faire: ces actes sont nuls *ipso facto*.

Les actes des directeurs obligent la compagnie non seulement lorsqu'ils sont faits dans les termes de leurs pouvoirs, mais aussi, alors même que ces actes seraient irréguliers, lorsqu'ils sont faits en conformité du contrat d'association. Néanmoins le pouvoir qu'ont les directeurs d'obliger la compagnie n'est pas vicié par une irrégularité quelconque commise dans leur nomination, si la personne qui contracte avec eux, agit de bonne foi et sans avis de cette irrégularité.

Les directeurs ne sont pas les représentants de la compagnie lorsqu'ils commettent une fraude, et une compagnie n'est pas engagée par l'acte frauduleux et illégal passé par ses directeurs en son nom. La compagnie, cependant, doit, jusqu'à un certain point, supporter les conséquences des mauvais agissements de ses représentants lorsqu'un contrat a été passé entre elle un tiers. Par suite une compagnie peut être actionnée pour les actes faux ou frauduleux de son représentant agissant en sa qualité.

§ VII. — DE LA FORME DES ACTIONS.

Les actions sont ordinairement nominatives; mais lorsqu'elles sont libérées, une compagnie peut, si elle y est autorisée par ses statuts ou une décision spéciale des actionnaires, les transformer en actions au porteur.

§ VIII. — DE L'ÉMISSION DES ACTIONS.

Lorsque la compagnie est régulièrement formée, on s'occupe du placement des actions. Sans entrer ici dans des détails trop connus, bornons-nous à dire que le prospectus qui est adressé au public, à cet effet, doit contenir les noms des parties qui ont passé avec ladite compagnie des contrats relatifs à l'objet pour lequel elle est fondée, la date de ces contrats, les noms des fondateurs et des directeurs; sinon il est considéré comme entaché de fraude, et celui qui a souscrit des actions sur le vu d'un prospectus ne contenant pas les énonciations prescrites par la loi ou en contenant de mensongères, a le droit non seulement de se faire restituer la somme par lui versée, mais encore d'intenter une action en dommages-intérêts contre les fondateurs et directeurs de ladite compagnie.

Tout souscripteur a le droit de ne pas donner suite à sa souscription, tant qu'elle n'a pas été acceptée, ou si elle ne l'est pas dans les termes dans lesquels il l'a faite, ou enfin lorsque la répartition n'a pas lieu dans le délai fixé.

§ IX. — DES PARTS DE FONDATEURS ET AUTRES.

Il est d'usage d'allouer, soit par les statuts, soit par un acte subséquent, un certain nombre d'actions libérées, pour prix de leurs services, aux promoteurs de la compagnie ou à ceux qui ont pu lui céder quelque droit. Dans ce cas, le contrat doit être transmis au Registrar après l'enregistrement de la société, mais avant la remise des actions; sinon, en cas de dissolution de la compagnie, ces actions seraient réputées non libérées et le montant devrait en être payé par le possesseur. Il en doit être également fait mention sur les registres de la compagnie.

§ X. — DU TRANSFERT DES ACTIONS.

S'il s'agit d'une action au porteur, la remise faite à une autre personne par le propriétaire de l'action, en transfère la propriété *ipso facto* avec tous les droits et charges y attachés.

Si, au contraire, elle est nominative, la cession n'en peut avoir lieu qu'en vertu d'un contrat sous sceau passé en présence d'un ou de deux témoins.

Lorsque le transfert a lieu à l'étranger, les signatures des parties doivent être légalisées par un agent du gouvernement Britannique ou à défaut, par un magistrat ou tout autre officier ministériel ou public.

Ces formalités remplies, l'action et l'acte de transfert sont déposés au siége de la compagnie, et le cessionniare n'en devient propriétaire que lorsqu'il a été délivré un nouveau titre à son nom.

En cas de perte quelconque ou vol d'une action au porteur, le propriétaire peut se faire délivrer un nouveau titre, à la charge par lui de garantir la compagnie contre toute demande ultérieure de paiement du capital et des dividendes et intérêts de cette action.

§ XI. — DU DROIT D'INSPECTION DU GOUVERNEMENT SUR LES COMPAGNIES.

Le ministère du commerce (*Board of Trade*) a le droit de faire vérifier les actes d'une compagnie, lorsqu'il s'agit d'une Banque ou autre Société montée par actions ou de toute autre compagnie, sur la demande qui lui en est faite par un cinquième, au moins, des membres de ladite compagnie, pourvu que cette demande repose sur des motifs sérieux, et sauf à lui à se faire garantir les frais de vérification.

Les inspecteurs nommés pour cet objet ont le droit d'interroger, sous serment, les employés de la compagnie, de se faire représenter tous registres et documents, et la loi édicte une amende de 5 L. st. contre tout employé ou toute compagnie qui refuse de se soumettre à leurs injonctions.

Ils font ensuite leur rapport au ministre qui les a délégués et celui-ci peut prendre ou faire prendre telles mesures qui semblent utiles.

§ XII. — DES ASSEMBLÉES D'ACTIONNAIRES.

Dans les quatre mois de l'enregistrement d'une compagnie, ses directeurs doivent, à peine d'une amende de 5 L. st. par chaque jour de retard, convoquer la première assemblée générale des actionnaires ou de ses membres.

Pareille assemblée doit se tenir, au moins une fois par an, au lieu et à l'époque indiqués par les directeurs, ou, à défaut, le premier lundi de février.

En outre, des assemblées extraordinaires peuvent avoir lieu

chaque fois qu'il est nécessaire, ou sur la demande du cinquième au moins des membres de la compagnie.

Les directeurs y donnent le bilan de la Société et les membres présents y adoptent les résolutions les plus propres à sa prospérité.

La loi appelle Résolution spéciale celle qui est prise à la majorité des trois quarts des membres présents à une assemblée générale et confirmée par la majorité de l'assemblée générale qui doit être convoquée quinze jours au moins et un mois au plus tard après la première.

Notification du jour, du lieu et de l'objet des assemblées où doivent être prises des résolutions spéciales doit être faite aux créanciers de la compagnie qui ont le droit d'y assister, de prendre part aux votes et de contrôler les actes de la compagnie.

CHAPITRE IX.

DE LA LIQUIDATION ET DE LA DISSOLUTION D'UNE COMPAGNIE.

§ I. — LIQUIDATION OU DISSOLUTION VOLONTAIRE.

Elle peut résulter:

Soit de l'expiration du temps pour lequel elle avait été formée;

Soit d'une délibération spéciale des actionnaires prise en assemblée générale ordinaire.

Dans ces cas, les actionnaires choisissent eux-mêmes un ou plusieurs liquidateurs qui ont les mêmes pouvoirs que les liquidateurs judiciaires dont nous parlerons sous le § 3 et qui, leur mandat terminé, soumettent leurs comptes aux actionnaires.

La dissolution a lieu de plein droit du jour où ces comptes sont apurés.

§ II. — LIQUIDATION OU DISSOLUTION VOLONTAIRE SOUMISE AU CONTRÔLE DE LA JUSTICE.

Elle a lieu lorsqu'une compagnie étant en liquidation volontaire, ses créanciers demandent que cette liquidation ait lieu sous la surveillance de la justice et il est alors procédé comme on va le voir sous le § 3.

§ III. — DE LA LIQUIDATION OU DISSOLUTION JUDICIAIRE.

Dans les cas ci-après, une compagnie peut être déclarée en liquidation par arrêt de la Haute Cour de justice, division de

Chancery. Toutefois s'il s'agit d'une compagnie de mines ayant son siége social dans le ressort de la cour du vice gardien des Stanaries, la compagnie est mise en liquidation par arrêt de ce vice gardien, à moins que celui-ci ne délivre un certificat constatant qu'il y a avantage pour ladite compagnie à être soumise à la juridiction de la division de Chancery.

La cour peut prononcer la liquidation:

1° Sur la demande des actionnaires ou membres de la compagnie, faite en vertu d'une délibération spéciale prise en assemblée générale;

2° Lorsqu'une compagnie n'a pas commencé ses opérations dans l'année de son enregistrement, ou les a cessées pendant une année entière;

3° Lorsque ses membres sont réduits à un nombre inférieur à sept;

4° Si la cour estime qu'il est juste et équitable qu'elle soit mise en liquidation;

5° Et lorsqu'une compagnie ne peut payer ses dettes.

Elle est réputée ne pouvoir faire face à ses engagements, lorsqu'un créancier d'une somme supérieure à 50 L. st. lui a demandé, par écrit signé par lui, le paiement de ce qui lui est dû, et que, dans les trois semaines, la compagnie ne l'a pas désintéressé ou n'est pas entrée en arrangement avec lui, ou bien, si l'exécution d'un jugement rendu contre elle ne produit aucun résultat; ou bien encore, si la cour estime que la compagnie est insolvable.

Pour faire liquider judiciairement une compagnie, les créanciers ou même les actionnaires ou membres responsables, doivent présenter à la cour, ensemble ou séparément, une requête indiquant la nature de la compagnie et les circonstances qui nécessitent sa mise en liquidation.

La cour a le droit de rejeter cette requête et de condamner les demandeurs aux dépens.

Si elle la répond favorablement, elle peut retenir l'affaire ou la renvoyer devant la cour des Faillites du siége social de la compagnie, et, si elle le juge à propos, convoquer, sous la présidence de la personne qu'elle désigne, les créanciers afin de connaître leurs intentions, et, dans les cas d'urgence elle peut nommer, avant tout, un administrateur provisoire.

La cour en rendant son arrêt de mise en liquidation, nomme un ou plusieurs liquidateurs définitifs qui, sous son contrôle, ont pleins pouvoirs pour réaliser l'actif et le partager entre les créanciers d'abord et les membres de la compagnie ensuite.

Aussitôt nommés, les liquidateurs sont substitués aux directeurs de la compagnie et mis en possession des biens et valeurs de celle-ci.

Ils doivent dresser la liste des personnes tenues des dettes et la soumettre à l'approbation de la cour qui juge les contestations pouvant s'élever à ce sujet et rend cette liste exécutoire.

Si l'un des débiteurs responsables ne veut payer sa part contributoire et, pour ce, dissimule son actif, la cour le fait arrêter et met sous séquestre tout ce qui lui appartient, jusqu'à ce qu'elle ait ordonné sa mise en liberté.

En outre, la cour peut ordonner la comparution devant elle de toute personne soupçonnée d'avoir en sa possession une part de l'actif de la compagnie, ou pouvant donner quelque renseignement sur cet actif, et lui enjoindre de déclarer tout ce qu'elle sait sur ce point.

La loi déclare nul tout acte fait, au préjudice des créanciers, depuis la demande en liquidation et l'arrêt de la cour la prononçant, si cet acte porte aliénation de l'actif de la compagnie ou le grève d'oppositions ou de toute autre charge, sans l'autorisation expresse de la cour.

CHAPITRE X.

SOCIÉTÉS FORMÉES A L'ÉTRANGER ET CONVENTIONS DIPLOMATIQUES ENTRE LA GRANDE BRETANGE ET DIVERSES PUISSANCES.

§ I. — DES SOCIÉTÉS FORMÉES A L'ÉTRANGER.

Une compagnie est domiciliée au lieu où elle a son principal établissement, et, quoique composée de membres étrangers, est soumise aux lois du pays dans lequel elle a été formée.

Cependant, quoique ayant son domicile à l'étranger, une compagnie peut être assignée en Angleterre, si elle a des biens en ce pays.

Une compagnie anglaise peut posséder des propriétés à l'étranger, mais elle n'y a d'existence légale que si elle y est autorisée ou reconnue, et, dans ce cas, ses biens sont soumis aux lois de ce pays et non de celui où elle est domiciliée.

Les compagnies formées en Angleterre pour un objet qui doit être exploité au dehors, mais qui ont leur domicile en ce pays-ci, sont soumises à la juridiction de nos cours et doivent être mises en liquidation dans cette contrée.

Une compagnie fondée à l'étranger, ne peut être »enregistrée« ni jouir des bénéfices de la loi de 1862 sur les sociétés.

Lorsque les statuts d'une compagnie étrangère, approuvés par son gouvernement, déclarent les actionnaires entièrement non responsables des dettes ou responsables en partie seulement, la responsabilité desdits actionnaires en Angleterre est régie par ces statuts. Mais si la compagnie n'a pas été autorisée, la loi du pays où elle a été formée régit la responsabilité des membres.

Le jugement obtenu, même par défaut, à l'étranger contre une compagnie ou un actionnaire peut être exécuté en ce pays.

§ II. — CONVENTIONS DIPLOMATIQUES.

1° *France*. — 30 *avril* 1862.

Art. I. Les Hautes Parties contractantes déclarent reconnaître mutuellement à toutes les compagnies et autres associations commerciales, industrielles ou financières, constituées et autorisées suivant les lois particulières à l'un des deux pays, la faculté d'exercer tous leurs droits, et d'ester en justice devant les tribunaux, soit pour intenter une action, soit pour y défendre, dans toute l'étendue des États et Possessions de l'autre puissance, sans autre condition que de se conformer aux lois desdits États et Possessions.

Art. II. Il est entendu que la disposition qui précède s'applique aussi bien aux compagnies et associations constituées et autorisées antérieurement à la signature de la présente convention qu'à celles qui le seraient ultérieurement.

Art. III. La présente convention est faite sans limitation de durée. Toutefois il sera loisible à l'une des deux Hautes Puissances contractantes de la faire cesser en la dénonçant un an à l'avance. Les deux Hautes Puissances contractantes se réservent d'ailleurs la faculté d'introduire, d'un commun accord, dans cette convention les modifications dont l'utilité serait démontrée par l'expérience.

Ratifications du 15 mai 1862.

2° *Belgique*. — 13 *novembre* 1862.

La convention est conçue dans les mêmes termes que celle ci-dessus.

Les Ratifications en ont été échangées à Londres, le 8 décembre 1862.

3° *Italie*. — 26 novembre 1867.

Même convention que ci-dessus.

Les Ratifications en ont été échangées à Londres, le 15 décembre 1867.

4° *Allemagne*. — 27 mars 1874.

Convention identique.

CHAPITRE XI.

DES ASSURANCES MARITIMES

L'assurance est un contrat d'indemnité et il est de son essence que la personne qui s'assure ait à le faire, un intérêt d'une valeur commerciale appréciable, pour être fondé à réclamer, s'il y échet, le montant de l'assurance.

Comme partout ailleurs, l'acte constatant l'assurance s'appelle police et les parties qui y figurent sont l'assureur (*underwriter*) et l'assuré (*insured*).

§ I. — QUI PEUT S'ASSURER OU ASSURER.

Toute personne capable peut contracter une assurance ou être elle-même assureur. En général, ce sont des compagnies qui se chargent de ce soin, et principalement la compagnie »Lloyds« dont les statuts sont adoptés presque uniformément.

L'agent général d'un négociant étranger n'a pas *de jure* le pouvoir de contracter, sans mandat-exprès, une assurance pour le compte de son commettant, à moins qu'au vu et au su de tous, ce ne soit lui qui ait la direction absolue et sans contrôle des affaires de ce dernier.

L'agent qui a reçu l'ordre d'assurer est responsable des suites que peut occasionner la non-exécution de cet ordre, si son mandant avait lieu de penser qu'il s'y conformerait. Mais sa responsabilité est à couvert s'il a averti le négociant de son refus ou de son impossibilité de faire l'assurance, ou si, malgré tous ses soins, il n'a pu. y arriver.

§ II. — DE CE QUI PEUT ÊTRE ASSURÉ.

On peut assurer le vaisseau, c'est-à-dire le corps même, la quille, ses agrès et apparaux, etc., sa cargaison et, en ce notre loi diffère de l'article 307 du code de commere français, le frêt, les profits et commissions à retirer de la vente des marchandises, s'ils ont été spécifiés dans la police, les profits des sommes prêtées à la grosse.

Il n'est pas besoin, comme en France, de décrire les marchandises qui sont sujettes à être détériorées ou avariées.

Les prêts faits à un capitaine personnellement, au cours du voyage, par l'agent de celui qui frête le navire, ne peuvent faire l'objet d'une assurance.

L'intérêt étant de l'essence même de ce contrat, une assurance ne peut être faite sur un vaisseau anglais, soit en vertu d'un pari, soit avec cette clause »que l'on y ait ou non intérêt«. Ces sortes d'assurances, connues autrefois sous le nom de *wager policy* ou *interest or non interest policy*, ont été déclarées nulles par une loi rendue en 1744 sous le règne de George II (19 Geo. 2. c. 37).

Sous ce mot frêt, il est permis à un propriétaire de navire d'assurer le bénéfice qu'il aurait pu retirer du transport de marchandises par son vaisseau. Mais pour toucher son indemnité, s'il y a lieu, il doit prouver que, sans le risque contre lequel il s'était assuré, il aurait eu un profit, parce que ces marchandises étaient à son bord, ou parce qu'il avait un contrat pour les transporter.

Autrefois l'assureur n'avait le droit de se contre-assurer contre ses propres pertes que dans les cas seulement d'insolvabilité, faillite ou décès de l'assuré; depuis la loi de 1867 (30 Vic. c. 23), il peut toujours le faire.

§ III. — DES RISQUES CONTRE LESQUELS ON PEUT S'ASSURER.

On peut s'assurer contre tous dommages ou toutes pertes survenant aux objets assurés pendant le cours du voyage, par suite de toutes fortunes ou tous périls de mer, feu, ennemis, pirates, jet, lettres de marque et contremarque, prise, pillage ou arrêt par ordre de puissance, baraterie du capitaine et de l'équipage, et, en général, contre tout ce qui peut détruire ou endommager lesdits objets en tout ou en partie.

La clause »sur bonnes ou mauvaises nouvelles« (*Lost* or *not lost*) ordinairement insérée dans la police, rend l'assureur responsable de tous périls, quoique, au moment de l'assurance, le navire fut déjà perdu, si, bien entendu, l'assuré n'a pas connu cette perte.

Si cette clause n'y était pas expressément introduite, l'assurance serait nulle, comme faite sur un objet n'existant pas.

Les mots »périls de la mer« signifient, dans notre loi, les pertes occasionnées par tempête, naufrage ou échouement, mais non celles provenant d'un délai causé par suite de mauvais temps.

Par »feu« on entend le feu du ciel ou accidentel, mais non la combustion spontanée produite par suite du mauvais état des objets assurés placés à bord.

Le mot »ennemis« doit s'entendre des puissances en guerre avec l'Angleterre.

Le »jet« s'applique aux marchandises ou effets jetés par dessus bord pour sauver le navire ou les passagers.

Par »arrêt par ordre de puissance« il faut entendre l'arrêt fait par tout pouvoir régulièrement constitué d'un pays ami ou ennemi de l'Angleterre. Mais l'assuré doit supporter seul les effets d'une capture par le gouvernement anglais, à moins qu'elle ne soit accidentelle ou le résultat d'une erreur.

La »baraterie du capitaine et de l'équipage« comprend toute espèce de fraude de la part du capitaine ou des matelots commise au préjudice du propriétaire du navire, par exemple, s'il y a contrebande, si le vaisseau est volontairement coulé bas ou abandonné. Mais pour qu'il y ait baraterie, il faut que la fraude existe réellement, ou que l'intention criminelle ou la négligence soit évidente et clairement démontrée.

§ IV. — DES DIFFÉRENTES SORTES D'ASSURANCES.

L'assurance peut être;

Par évaluation (*valued policy*), les parties fixant la valeur de la chose assurée.

Sans évaluation *(open policy)*, la valeur de l'objet assuré n'est fixée qu'en cas de perte, et alors, d'après factures ou autres titres.

Pour le voyage *(voyage policy)* indiquant le lieu où doit commencer et où doit finir le voyage.

Pour le temps *(time policy)*. Elle est alors faite pour un espace de temps absolument déterminé, et qui ne peut exéder douze mois, à peine de nullité.

L'assurance peut être à la fois et pour le voyage et pour le temps.

§ V. — DE LA POLICE ET DE SES CLAUSES USUELLES.

La police d'assurance est ordinairement imprimée et contient, outre les clauses dont nous allons parler et qui y sont ordinairement insérées, diverses autres clauses écrites qui diffèrent selon les cas (voir plus bas, page 136, modèle de police).

Avant la loi du 7 avril 1876 (39 Vic., c. 6), la police d'assurance devait, pour être valable, être revêtue d'un timbre proportionnel au moment de la signature. Depuis cette époque, le timbre peut n'être apposé qu'au moment où la police doit recevoir son exécution, mais à la charge d'une amende de 100 L. st.

Que si une police assurant des intérêts distincts et séparés de deux ou plusieurs personnes, est munie du timbre suffisant pour le montant réuni de ces intérêts, mais insuffisant pour chacun d'eux en particulier, elle doit être revêtue du timbre nécessaire, dans le mois de la déclaration du dernier risque encouru.

Le droit de timbre est:

Pour les polices de voyage, pour chaque somme de 100 L. st. ou fraction de 100 L. st., 3 d.;

Pour les polices de temps, pour mêmes sommes que ci-dessus, si le temps n'excède pas six mois, 3 d.; de six mois à douze mois, 6 d.

Toute police doit, à peine de nullité, indiquer les noms des assureurs, compagnies ou particuliers, ceux des assurés, expéditeur ou consignataire des marchandises, ou agent chargé d'assurer, la nature des risques, la somme et les objets assurés.

L'assureur doit écrire en chiffres et en toutes lettres le montant de la somme pour laquelle il s'engage, et la date du jour où il signe. S'ils sont plusieurs, chacun fait un contrat particulier avec l'assuré, et il n'y a pas de solidarité entre eux.

De toutes les clauses si nombreuses que renferme une police, nous ne citerons que les plus usuelles:

1° Le nom du navire et celui du capitaine y sont ordinairement mentionnés, la nature du risque assuré peut en dépendre. Une erreur cependant dans le nom n'annule pas le contrat, si l'assureur sait réellement et pertinemment de quel vaisseau il s'agit. Aussi, pour obvier à toutes difficultés ajoute-t-on ordinairement »quel que soit le nom du navire ou capitaine désigné dans ladite police«.

2° Les ports de départ et d'arrivée doivent être indiqués avec le plus grand soin; la moindre erreur ou omission vicierait le contrat. Le trajet à suivre n'est jamais expressément tracé, car il est toujours implicitement entendu que le navire suivra la route reconnue, par l'usage, la plus sûre et la plus directe, et ne relâchera pas aux ports intermédiaires, à moins de stipulation spéciale à cet effet.

Si l'assurance est faite de (*from*) A à B, la police a cours du moment où le vaisseau quitte A.

Si elle est à Liverpool, par exemple, et depuis Liverpool (*at and from*), le risque de l'assureur commence dès l'instant que le navire est à Liverpool.

En général, la responsabilité de l'assureur cesse lorsque le navire est amarré dans le port depuis vingt-quatre heures, en bon état. Il faut avoir soin de bien spécifier que le vaisseau sera en bon état dans ce délai, sinon l'assureur n'encourt les risques que jusqu'à l'expiration du délai fixé, quelle que soit la condition du navire.

Lorsqu'un vaisseau est assuré jusqu'à son arrivée à un endroit déterminé, sans qu'il ait été question de son bon ou mauvais état, la responsabilité de l'assureur ne cesse que lorsque ledit navire est amarré à l'endroit où il doit décharger sa cargaison.

Mais si l'assurance est contractée jusqu'à ce que le voyage soit terminé, elle dure jusqu'au moment où les marchandises sont complètement déchargées.

3° L'objet assuré doit être décrit avec précision, sans que l'usage puisse y suppléer. Il suffit de dire cependant que l'assurance s'applique à des marchandises en général, mais on entend par là les marchandises qui présentent un risque ordinaire et non celles qui peuvent être exposées à des avaries extraordinaires, comme celles, par exemple, que l'on laisserait, contrairement à l'habitude reçue, exposées sur le pont.

4° La clause appelée *the sue and labour clause* donne le droit à l'assuré d'intervenir par lui-même ou ses agents, aux frais de l'assureur, pour empêcher un péril imminent ou une perte, sans pouvoir être rendu responsable de tout malheur qui résulterait de cette intervention et sans que l'assureur puisse refuser de lui payer le montant de l'indemnité, sous prétexte qu'il n'a pas été prévenu de cette intervention.

Dans un »memorandum« joint à la police, on déclare souvent que l'assureur ne sera pas responsable des pertes ou avaries de peu d'importance.

Remarquons que l'assurance ne couvre l'échouement d'un navire que tout autant qu'il est complet et provient d'un accident extraordinaire, mais non s'il a pour cause le flux et le reflux de la marée ou le manque d'eau.

§ VI. — DES GARANTIES.

Outre les clauses principales dont nous venons de parler, diverses autres stipulations sont insérées dans la police, tant dans l'intérêt de l'assuré que dans celui de l'assureur. On les appelle garanties expresses.

Il en est d'autres, au contraire, qui, quoique non écrites, sont cependant tellement de l'essence du contrat qu'elles y sont implicitement renfermées. On les nomme garanties implicites.

1ent. *Des garanties expresses.*

Il n'est pas nécessaire que le mot garantie soit employé pour qu'elle soit expresse.

On garantit ainsi ordinairement:

1° L'époque à laquelle le navire doit mettre à la voile ou effectuer son départ;

2° Le bon état du navire à tel jour déterminé;

3° Qu'en cas de guerre il sera accompagné d'une escorte;

4° Que sa propriété est neutre;

5° Et qu'il ne sera saisi dans aucun port.

La garantie expresse peut résulter même de l'emploi d'un simple mot. Si l'on dit »le vaisseau anglais l'Inflexible«, cela implique expressément que le navire est de nationalité anglaise.

Rien ne peut altérer la nature d'une garantie expresse; si donc on garantit que tel vaisseau sera à tel endroit tel jour, il *doit* y être.

La garantie doit toujours être entendue dans le sens qui lui est donné par le commerce, et ne peut comprendre autre chose que ce qu'elle exprime.

2^{ent}. *Des garanties implicites.*

On garantit toujours d'une façon implicite:

1° Que le navire peut naviguer;

2° Qu'il ne s'écartera pas de sa route;

3° Sa nationalité;

4° Que les risques assurés peuvent l'être d'après notre loi, et que l'assuré fera tout son possible pour les éviter.

1° Le navire doit être capable de tenir la mer si le risque survient, c'est-à-dire, qu'il doit être en bon état de réparations, muni de tous ses agrès, apparaux, monté par un équipage suffisant à ce moment. Il est bien évident que tout dépend du voyage à entreprendre, de la qualité du vaisseau et des marchandises qu'il transporte.

Cette garantie n'existe pas dans les assurances pour le temps, faites ordinairement lorsque le navire est en mer et à un moment où les parties ne peuvent savoir dans quel état il est, et elle peut être exclue de toute police, mais seulement en termes clairs et précis.

Peu importe que l'état d'innavigabilité du vaisseau soit le résultat de la négligence du capitaine et de l'équipage ou des autres personnes que l'usage du commerce permet à l'assuré d'employer.

La police n'est pas annulée si le navire ne peut plus tenir la mer pendant le risque, alors qu'il le pouvait au moment où ce risque a commencé, ou si l'innavigabilité résulte d'une erreur ou d'un accident auquel il a été remédié de suite et avant toute perte.

2° Le navire ne doit pas s'écarter de sa route, sans raison absolument sérieuse ou indépendante de sa volonté, serait-ce même pendant un temps excessivement court. S'il le fait, l'assureur se trouve complètement dégagé. Et il en est ainsi, lorsque le capitaine touche à un port pour un objet étranger à son voyage, ou à un port qui n'est pas sur sa route, n'en serait-il qu'à quelques milles, ou à un endroit où l'on n'a pas coutume de s'arrêter, quoique le vaisseau passe devant, ou s'il s'arrête un temps inusité, ou enfin, si, ayant la faculté de toucher à un port, il aborde à un autre.

Cependant lorsque, d'après l'usage notoire du commerce, il est d'habitude de s'arrêter aux ports intermédiaires, il n'y a pas déviation, si le navire s'y arrête, quoique cette faculté ne lui ait pas été expressément réservée, les parties étant réputées y avoir songé.

Si la police, par son contenu, déroge formellement ou implicitement à cet usage, le navire ne peut toucher sans dévier.

Il est aujourd'hui admis par tous, que le vaisseau ne dévie pas dans le sens légal, lorsqu'il s'écarte de sa route pour porter secours à l'équipage d'un autre navire. Il y a là, en effet, un devoir d'humanité à remplir et il serait honteux que le capitaine fut retenu par la crainte de s'exposer ou d'exposer ses armateurs à des pertes pécuniaires.

Donc si, par suite, le navire vient à subir un risque, l'assureur est tenu de payer.

Au contraire, il y aura déviation, et, par conséquent, l'assureur sera dégagé, si le vaisseau s'écarte de sa route, non pas dans le but de sauver l'équipage, mais dans celui d'opérer le sauvetage de la cargaison et du bâtiment, alors même que celui de l'équipage en aurait été la conséquence.

Ainsi jugé par arrêt de la Cour d'appel du 21 Avril 1880. (Aff. Scaramanga et Cⁱᵉ contre Stamp et autres).

3° Le navire doit avoir à bord des actes de nationalité, s'il a été déclaré, dans la police, être de tel ou tel pays.

Toutefois il est permis de stipuler que le navire aura la faculté de voyager sans actes de nationalité.

La garantie de nationalité dont il s'agit n'est pas implicitement contenue dans une assurance sur marchandises, à moins qu'elles n'appartiennent au propriétaire du navire.

4° L'assurance n'est pas valable si ce qui en fait l'objet se trouve exposé, par suite d'un acte illégal, au risque pour lequel elle a été contractée. Par exemple, si un vaisseau assuré pour un voyage se livre, pendant ce voyage, à la contrebande et périt ou subit une avarie pendant ce temps, les assureurs n'ont rien à payer.

De même, tout acte contraire à la loi commis au commencement d'un voyage, suffit pour dégager immédiatement et *ipso facto* la responsabilité des assureurs, quoique ensuite le voyage ait continué régulièrement et sans qu'il soit contrevenu à nouveau à la loi.

L'assuré garantit, en outre, implicitement qu'il prendra toutes les précautions requises pour éviter l'avarie ou le risque contre lequel il s'est assuré, de façon à ce que l'événement ne puisse lui être imputé.

§ VII. — DES PERTES NON PRÉVUES ET DE CELLES NON COUVERTES PAR LA POLICE.

L'assureur doit indemniser l'assuré des pertes non prévues par la police, en tant seulement qu'elles sont le résultat direct et forcé des risques assurés; il ne doit aucune indemnité pour les pertes provenant des avaries ordinaires du voyage ou d'un vice du navire. De même, si le vaisseau vient à se briser par suite de son état d'innavigabilité, ou si les marchandises liquides ou sujettes à se casser se trouvent endommagées par des causes ordinaires, ou si les animaux périssent de mort naturelle, ou si, le risque étant déjà survenu, le commerce est interdit au port de destination ou le voyage interrompu par suite de blocus du port, l'assureur n'a rien à payer. Cependant le code maritime des autres contrées du continent considère comme un risque compris dans la police d'assurance et par conséquent à la charge de l'assureur, l'abandon du voyage causé par la défense de faire du com-

9 *

merce avec le port de destination, une fois le risque survenu, ou par son occupation par un ennemi ou son blocus.

§ VIII. — DU DÉLAISSEMENT PAR L'ASSURÉ.

L'assuré peut délaisser l'objet par lui assuré, c'est-à-dire, abandonner à l'assureur tous ses droits sur cet objet, lorsqu'il est complètement détruit, ou qu'il serait trop dispendieux d'essayer de le recouvrer.

Le délaissement doit être sans conditions, à moins que l'assureur ne consente à l'accepter conditionnellement; il doit être exprès et positif, quoiqu'il ne soit pas nécessaire de rédiger un écrit pour le constater, et être fait aussitôt que possible après l'avis de la perte, de façon à permettre à l'assureur de prendre telles mesures qu'il juge convenables.

§ IX. — RÈGLEMENT DE L'INDEMNITÉ ENTRE LES ASSURÉS.

L'avarie connue, les parties fixent l'indemnité à payer et elle est partagée selon les droits de chacun.

A ce sujet il faut distinguer entre une perte ou avarie générale et une perte particulière.

La première est à la charge de toutes les parties assurées, telle la rupture ou la coupure d'un mât dans une tempête. Dans ce cas, le propriétaire du navire perçoit sur l'indemnité entière le coût du mât.

La seconde est à la charge de l'une des parties assurées seule. Telle est le dommage causé au houblon ou blé déposé à fond de cale; auquel cas le propriétaire seul du navire supporte la perte, en ce sens que le prix de la marchandise avariée sera prélevé sur sa part d'indemnité.

C'est ordinairement au port de destination ou de chargement qu'a lieu le règlement des avaries.

Lorsque c'est dans un port étranger, on doit se conformer à la loi du pays, et comme celle-ci diffère souvent de la loi anglaise, on ajoute dans la police une clause stipulant que le paiement se fera d'après le règlement arrêté à l'étranger et selon la loi du pays.

Un capitaine forcé, par une cause quelconque, de rebrousser chemin ou d'entrer dans un port autre que celui de destination, doit se présenter devant un notaire de l'endroit où il est forcé de relâcher, et faire rédiger, d'après son livre de bord et sur l'attestation de son équipage, un acte contenant le récit des particularités du voyage, des orages et du mauvais temps que le navire à dû subir, des accidents qui sont survenus et l'ont obligé à relâcher et les mesures qu'il a cru devoir prendre. Cet acte fait preuve en justice et est d'une grande utilité pour la répartition du montant des indemnités.

Si le propriétaire du navire n'habite pas ce port ou n'y a point d'agent, il est du devoir du capitaine de préparer un aperçu des avaries et pertes éprouvées et de le remettre avec l'acte ci-dessus et les comptes de dépenses par lui faites pour le vaisseau, à la personne (*dispacheur*) chargée d'opérer la répartition de l'assurance, qui transmet ces documents à l'assureur.

§ X. — OBSERVATIONS.

Nous croyons devoir appeler l'attention spéciale des négociants étrangers sur ce qui suit.

Souvent il arrive que, lorsqu'un navire a été forcé de relâcher dans un port, pour réparer des avaries, des négociants assurés en Angleterre, mais résidant à l'étranger, sont amenés à signer, dans ce port, avec d'autres personnes intéressées, assurées elles-mêmes ou assureurs, un compromis dont le but est de régler et de fixer à l'amiable la part proportionnelle de chacun dans les avaries et les dépenses.

Nous ne saurions trop engager les négociants à ne rien signer de pareil sans avoir au préalable consulté leur conseil, car (et nous en avons eu un exemple dans un cas où nous avons personnellement soutenu le procès) il peut arriver que les assureurs réels n'aient pas été parties dans ce compromis, et l'assuré peut avoir de grandes difficultés à se faire rembourser tant le montant des indemnités auxquelles il a droit que les dépenses par lui faites, les assureurs anglais pouvant opposer qu'ils ne sont pas liés par l'acte ainsi fait à l'étranger.

§ XI. — FORMULE DE POLICE.

Nous donnons ici la formule et la traduction d'une Police d'assurance maritime, mettant entre parenthèses les conventions ajoutées par les parties.

Be it known that (John Williams and C°) or as agents as well in their own name as for and in the name and names of all and every other person or persons to whom the same doth, may or shall appertain, in part or in all, doth make assurance and cause (themselves) and them and every of them, to be insured, lost or not lost at and from (Hamburg to London, including risk of craft to and from the vessel and of steam navigation).

Upon any kind of goods and merchandises, and also upon the body, tackle, apparel ordnances, munition, artillery, boat, and other furniture of and in the good ship or vessel called the . . . . . whereof is Master, under God for this present voyage (X) or whosoever else shall go for master in the said ship or by whatsoever other name or names the same ship or the Master thereof, is or shall be named or

Sachent tous que (John Williams et Cⁱᵉ) tant comme agents qu'en leur nom et au nom de toute autre personne ou autres personnes à qui les présentes appartiennent, peuvent ou pourront appartenir en tout ou en partie, assurent et font assurer (eux-mêmes) sur bonnes et mauvaises nouvelles, à et de (Hambourg à Londres, compris le risque d'embarcation sur le vaisseau et du vaisseau au port de débarquement, et de la navigation).

Sur toutes sortes d'objets et marchandises et aussi sur les corps, cordages, apparaux, agrès, munitions, artillerie, bateau et autres meubles dudit bon navire ou vaisseau appelé le . . . . dont est capitaine, sous la garde de Dieu, pour le présent voyage (X) ou quel que soit son capitaine ou quels que soient le nom ou les noms dudit navire du capitaine, lorsqu'arriveront les accidents auxdits objets et mar-

called, beginning the adventure upon the said goods and merchandises from the loading thereof aboard the said ship (at as above) upon the said ship, etc., her abode there upon the said ship, etc.; and further, until the said ship, with all her ordnance, and tackle, apparel, etc., and goods and merchandises whatsoever shall be arrived (at as above) upon the said ship, etc. until she hath moored at anchor twenty four hours in good safety, and upon the goods and merchandises until the same be there discharged and safely landed; and it shall be lawful for the said ship, etc. in this voyage to proceed and sail to and stay at any ports or places whatsoever (for any purposes without being deemed a deviation) and without prejudice to this insurance. The said ship, etc., goods and merchandises, etc., for so much as concerns the assured, by agreement between the assured and assurers in this policy are and shall be valued at as under.

(General average to be settled according to Foreign statement if required).

Touching the adventures and perils which we the assurers are contented to bear and do take upon us in this voyage they are,

chandises depuis leur embarquement à bord dudit vaisseau à Hambourg (comme est dit ci-dessus) et tout le temps que ces objets et marchandises resteront sur ledit vaisseau et en outre jusqu'à ce que ledit navire avec les agrès, cordages, apparaux, etc., et les objets et marchandises arrivent à Londres sur ledit navire, jusqu'à ce que celui-ci ait été amarré vingt-quatre heures en bon état, et pour les marchandises, jusqu'à ce qu'elles aient été déchargées et débarquées en bon état; et il sera permis audit navire dans le cours de son voyage d'aller et de s'arrêter, à tout port ou tout lieu (pour tous motifs sans être réputé s'écarter de la route) et sans perdre ses droits à la présente assurance. Lesdits navire, objets, marchandises, etc., en tant qu'ils concernent l'assuré, par convention entre l'assuré et les assureurs parties à cet acte, sont et seront évalués séparément comme dessous.

(L'avarie générale sera réglée si on le demande selon le compte de liquidation fait à l'étranger).

Les risques et périls que les assureurs entendent supporter et prendre à leur charge pour le voyage sont: ceux de la mer,

of the seas, men of war, fire, enemies, pirates, rovers, thieves, jettisons, letters of mark and countermark, surprisals, takings at sea, arrests, restraints and detainments of all kings, princes, and people of what nation, condition or quality soever, barratry of the master and mariners and of all other perils, losses, and misfortunes that have or shall come to the hurt, detriment or damage of the said goods and merchandises and ship, etc. or any part thereof and in case of any loss or misfortune it shall be lawful to the assured, their factors servants and assigns to sue labor and travel for, in and about the defence, safeguard and recovery of the said goods and merchandises and ship or any part thereof without prejudice to his assurance; to the charges wherof we the assurers will contribute each one according to the rate and quantity of his sum herein assured.

And it is agreed by us, the insurers, that this writing or Policy of assurance shall be of as much force and effect as the surest writing or Policy of assurance heretofore made in Lombard Street or in the Royal Exchange or elsewhere in London. And so we the assurers are con-

des vaisseaux de guerre, ennemis, pirates, voleurs, jets, lettres de marque et contremarque, surprises, prises, arrêts, empêchements et détentions de tous rois, princes et peuples de toute nation, condition ou qualité, baraterie du capitaine et de l'équipage et tous autres périls, pertes, accidents qui pourraient frapper ou endommager lesdites marchandises, objets et vaisseau, etc., en tout ou en partie et dans le cas de perte ou accident, l'assuré, ses représentants, agents ou cessionnaires pourront faire tous actes pour la défense, la sauvegarde et le recouvrement desdits objets, marchandises et vaisseau, sans contrevenir à la présente assurance; auxquelles charges nous, assureurs, contribuerons chacun à proportion de la somme par nous assurée par les présentes.

Et il est convenu par nous, assureurs, que le présent écrit ou police d'assurance, aura la même force et le même effet que l'écrit ou la police d'assurance la plus régulière faite jusqu'à ce jour dans Lombard Street ou au Royal Exchange ou dans tout autre endroit de

tented and do hereby promise and bind ourselves, each one for his own part, our heirs, executors, and goods to the assured, their executors, administrators and assigns, for the true performance of the premises, confessing ourselves paid the consideration due unto us for this assurance by the assured at and after the rate of (five shillings per cent).

In witness whereof we the assurers have subscribed our names and sums assured in London (1st May 1880).

N. B. — Corn, fish, salt, fruit, flour, and seed are warranted free from average unless general, or the ship be stranded. Sugar, tobacco, hemp, flax, hides, and skins are warranted free from average under five pounds per cent, and all other goods, also the ship and freight are warranted free from average under three pounds per cent, unless general or the ship be stranded.

(£. 500 on E. T. 100 Bags Sugar (crystals) so valued).

To pay average on the whole or on each 50 bags following

Londres. Et, nous assureurs, nous obligeons solennellement par les présentes, chacun pour notre part et nos héritiers ou représentants et sur nos biens, envers l'assuré, ses ayants-droit ou cessionnaires, à l'accomplissement des présentes, reconnaissant avoir reçu de l'assuré le prix de la présente assurance au taux de (cinq shillings pour cent).

En foi de quoi, nous, assureurs, avons signé de nos noms et inscrit les sommes assurées à Londres ce (1er Mai 1880).

N. B. — Le blé, le poisson, le sel, les fruits, la farine et les semences sont garantis contre les avaries, sauf l'avarie générale ou l'échouement du vaisseau. Le sucre, le tabac, le chanvre, le lin, les cuirs, les peaux, sont garantis contre les avaries au-dessous de cinq livres pour cent, et tous autres objets, de même que le vaisseau et le frêt sont garantis contre les avaries au-dessous de trois livres pour cent, sauf en cas d'avarie générale ou d'échouement du vaisseau.

(500 Liv. st. 100 sacs de sucre marqués E. T., (cristaux) ainsi évalués.

Paieront l'avarie sur le tout ou sur chaque fraction de 50 sacs, *landing and invoice numbers separately*.

£ 100 *Henry Smith one hundred pounds* 1ˢᵗ *May* 1880.

£ 50 *Fredrick Jones fifty pounds* 1ˢᵗ *May* 1880.

Etc.

suivant le nombre de sacs débarqués et le numéro de facture séparément :

Liv. 100 Henry Smith cent liv. st., 1ᵉʳ Mai 1880.

Liv. 50 Frédérik Jones cinquante liv. st., 1ᵉʳ Mai 1880.

Etc.

CHAPITRE XII.

DES EMPRUNTS SUR NAVIRES ET CARGAISON.

La loi reconnaît deux sortes d'emprunts sur les navires et cargaisons:

Le prêt à la grosse (*Bottomry*) par lequel le propriétaire d'un navire ou son capitaine, au nom du propriétaire, emprunte sur le vaisseau et le frêt, pour réparations indispensables à faire au bâtiment et pour continuer le voyage.

Le fond ou la quille du navire (ce qui comprend le navire entier) sont affectés par hypothèque au remboursement des sommes prêtées, qui s'effectue le plus souvent lors de l'arrivée du vaisseau à son port d'embarquement.

Et le prêt sur la cargaison (*Respondentia*) contrat par lequel, pour les causes ci-dessus, et à titre de supplément de garantie, le capitaine peut, dans les cas urgents, conférer une hypothèque sur la cargaison.

Si l'emprunt est fait sur le navire et le frêt et sur la cargaison, il porte le nom générique de »Bottomry«.

L'hypothèque ne peut être conférée que par un contrat sous sceau, mais les parties peuvent rédiger l'acte à leur guise.

Elle peut être consentie à une personne qui, sans avancer à ce moment l'argent, a néanmoins engagé son crédit pour le navire. Il faut toutefois, pour la validité, que l'argent ait pu, en principe, être avancé sur le vaisseau.

Si, dans l'origine, le prêt a été fait au propriétaire ou capitaine du navire personnellement, et à cause du crédit dont ils jouissent, et que plus tard une hypothèque ait été consentie sur le vaisseau, le contrat sera nul, attendu que l'on ne sait qui est responsable du propriétaire ou capitaine, ou du navire. Il en est ainsi même lorsque ce navire a quitté le lieu où a été fait le prêt. Mais s'il est évident que les avances n'ont été consenties que sur la foi que, d'après les lois du pays d'origine de ce navire, le vaisseau en répondait, ou si ces avances sont minimes, l'hypothèque conférée par un acte postérieur est valable.

Le prêteur, qui fait des avances de cette sorte, doit considérer seulement la détresse dans laquelle se trouve le navire, le manque de crédit de son propriétaire ou capitaine et la nécessité absolue du prêt.

Les effets de commerce signés par un propriétaire en garantie de l'argent avancé à son capitaine, quoique accompagnés d'une promesse verbale de donner hypthèque sur le navire, ne sont point des actes constitutifs d'hypothèque, et s'ils sont remis à titre de supplément de garantie en même temps qu'un contrat de prêt à la grosse, ils n'annulent pas celui-ci.

Avant de recourir à un prêt à la grosse ou sur cargaison, le capitaine doit, quand cela est praticable, avertir le propriétaire du navire ou de la cargaison, à peine d'en supporter les conséquences.

Jugé qu'alléguer l'état d'insolvabilité du propriétaire n'est pas une excuse suffisante qui dispense le capitaine de cette obligation, et que, si cet état a été constaté judiciairement et le navire attribué aux créanciers, c'est à ceux-ci à être prévenus.

Les termes »Bottomry« et »Respondentia« s'appliquent aussi, à une somme prêtée sur les chances d'un voyage, par exemple, si l'on prête 10,000 francs pour une opération maritime et commerciale, à la condition qu'elle sera remboursée, avec des intérêts considérables, si le voyage de tel navire s'effectue heureusement, c'est-à-dire si tel navire revient à bon port à son lieu de départ.

La division de l'Amirauté de la Haute cour de justice est seule compétente pour les actions intentées sur les prêts dont il s'agit.

C'est sur son ordre que s'opère, s'il y a lieu, la vente du navire hypothéqué, pour le prix en être distribué aux ayants-droit.

Lorsqu'il y a plusieurs créanciers, le dernier inscrit a la priorité, s'il a prêté à cause de la situation désespérée où se trouvait le navire et de l'impossibilité où était le capitaine d'emprunter sur sa simple signature ou celle de son armateur.

CHAPITRE XIII.

DES CONTRATS D'AFFRÊTEMENT.

Ce sont les chartes-parties et les connaissements.

§ I. — CHARTES-PARTIES.

La charte-partie est le contrat en vertu duquel un navire est loué, en totalité ou presque en totalité, à un négociant pour le transport de ses marchandises à un ou plusieurs endroits, et pour un voyage déterminé.

On peut le faire par acte sous sceau ou par acte simple, mais les termes n'en peuvent être changés verbalement, quoique l'usage du commerce serve à les expliquer.

Il doit être exécuté par le propriétaire du vaisseau ou par son capitaine.

Celui qui loue un navire s'oblige ordinairement à le charger et décharger dans un temps fixé, ou sinon à payer, en plus, tant par jour de retard (*demurrage*, erme qui s'applique tant au retard lui-même qu'au supplément de prix).

S'il n'y a pas de convention expresse à cet égard, le délai doit être raisonnable, et le propriétaire du bâtiment supporte seul la perte provenant d'un retard causé par un événement imprévu.

Par jour, on entend à Londres, les jours ouvrables; à défaut d'usage, c'est le jour courant; il est bon d'indiquer quel jour on a en vue dans un contrat.

Lorsqu'un certain nombre de jours est accordé pour le déchargement, on les compte du jour de l'arrivée du navire, non dans le port, mais au lieu ordinaire de déchargement.

Si le négociant n'embarque pas dans le temps stipulé, le capitaine peut partir, et la cargaison qui a été chargée, quoique n'étant pas celle convenue, sert de garantie du frêt. Si une somme a été fixée à titre de forfait pour le cas où le négociant manquerait à envoyer ses marchandises à bord, le propriétaire du navire a droit non seulement au forfait, mais au frêt nouveau qu'il a pu retirer de son vaisseau, alors même qu'il serait supérieur au premier frêt.

§ II. — DES CONNAISSEMENTS.

Le contrat en vertu duquel un capitaine ou propriétaire d'un vaisseau s'oblige envers différents négociants à transporter leurs marchandises à leur destination, est le connaissement (*Bill of Lading*). C'est un reçu par lequel le capitaine s'oblige vis-à-vis de celui qui embarque ses marchandises à son bord, à les remettre, contre paiement du frêt, à la personne y dénommée ou à l'ordre de laquelle ledit négociant l'endosse.

S'il est fait à ordre, c'est un acte négociable, auquel il faut appliquer les règles contenues dans le chapitre 6 ci-dessus.

S'il n'est pas à ordre, il n'est pas négociable.

D'après la loi de 1862 (25 et 26 Vic. c. 63) tout connaissement qui est entre les mains du destinataire des marchandises ou de celui à l'ordre de qui il a été passé, fait preuve par lui-même de l'embarquement des marchandises y décrites, tant contre le capitaine que contre tout autre signataire dudit acte, et ce, malgré qu'elles n'aient pu, en fait, être embarquées ou ne l'aient été qu'en partie.

Le porteur d'un connaissement ne pourra l'invoquer comme preuve si, en le recevant, il a été prévenu que les marchandises n'ont pu être embarquées.

Dans tous les cas, le capitaine et les endosseurs de cet acte sont déchargés de toute responsabilité vis-à-vis dudit porteur, s'ils prouvent que le non-embarquement ne provient pas de leur faute, mais entièrement de la fraude du frêteur ou de tout autre.

Lorsque des objets sont remis en ballots, le capitaine les décrit ainsi »contenu inconnu« ou »non responsable du poids« ou »tant de ballots«; de cette façon sa responsabilité est à couvert.

CHAPITRE XIV.

FAILLITE.

Nos anciennes lois sur la faillite partaient de cette idée: qu'une personne insolvable était criminelle.

Tout alors était en faveur du créancier et le malheureux failli était dépouillé de tout ce qu'il possédait.

La première loi relative à la faillite date de Henri VIII (1543). D'après elle les faillis sont ces gens qui »après avoir obtenu par »ruse de grandes quantités de marchandises appartenant à autrui »s'en vont subitement dans des contrées inconnues, ou se »cachent dans leurs maisons sans se soucier de payer ou de »revenir payer leurs créanciers, leurs dettes et faire honneur à »leurs engagements, mais au contraire à leur gré et à leur vo- »lonté consomment ce qu'ils ont obtenu à crédit d'autrui pour »leur propre plaisir et le raffinement de leur vie contre toute »raison, toute équité et toute conscience«.

Avant Henri VIII un débiteur insolvable était soumis à la »Common Law« qui ne s'occupait nullement de réaliser ses biens pour les distribuer à ses créanciers. Ceux-ci pouvaient prendre telles mesures qu'ils voulaient pour recouvrer leurs créances en suivant devant les cours la procédure ordinaire. Henri VIII mit la personne et les biens du failli à la disposition de son chance- lier. Sous Jacques I le failli fut traité plus durement encore.

»Ceux-là même«, dit Blackstone, »qui sont le plus opposés »à la peine de mort admettent que la faillite frauduleuse étant »une sorte de crime de faux devrait être mise au même rang

»que le crime de faux et de faux monnayage, et alors même
»qu'il n'y aurait pas de fraude actuelle, si le failli ne peut prou-
»ver qu'il ne peut payer ses dettes par suite de pertes impré-
»vues, il doit d'après la loi (21 James I c. 19) être mis au pi-
»lori pendant deux heures cloué par une de ses oreilles que
»l'on coupera ensuite«.

L'Angleterre seule n'a pas édicté de semblables lois: En France
autrefois tout débiteur qui avait demandé à se libérer au moyen
de la cession de ses biens était obligé par le jugement l'y autorisant à porter en public un bonnet vert que lui fournissaient ses
créanciers. Sous Anne la loi fut adoucie, et un commerçant failli
qui avait été forcé à abandonner tous ses biens et s'était con-
formé à la loi sur la faillite pouvait obtenir sa décharge. Différentes lois sur la faillite ont été faites entre 1543 et 1869 se modifiant les unes les autres, mais ne donnant aucune les résultats
attendus. En 1869, on fit une nouvelle loi qui devait mettre un
terme aux abus d'autrefois, et qui fut, comme les précedentes,
accueillie avec une grande satisfaction. On avait pensé qu'en ab-
rogeant une procédure coûteuse et en laissant les créanciers administrer eux-mêmes les biens du failli, soit sous la surveillance
immédiate de la cour des faillites, soit par la liquidation, les intérêts de ces créanciers seraient mieux protégés. La loi échoua
entièrement. L'expérience a prouvé que les créanciers ne s'occupent pas de leurs propres intérêts s'il doit en résulter pour eux
le moindre dérangement ou la moindre perte de temps. Ou ils
laissaient l'administration des biens du failli à de soi-disant comp-
tables (*accountants*) qui, munis de procurations obtenues de n'importe quelle manière, n'étaient que les prête-noms des débiteurs
et n'avaient, après le prélévement de leurs frais, aucun dividende
à distribuer à leurs mandants, ou, et c'est ce qui arrivait souvent,
qui préféraient entrer en arrangement avec le débiteur et accepter
ses propositions dérisoires les sachant même absolument fraudu-
leuses. Le commerce entier ne put s'empêcher de se récrier
contre les scandales auxquels donna lieu la mise en pratique de
la procédure de la faillite; et tous les efforts successifs de la législature pour y remédier furent vains. Ce n'est qu'au mois d'Août
1883 que l'on put enfin promulguer la nouvelle loi connue sous

le nom de »Bankruptcy act of 1883«. Cette loi a apporté aux anciennes de nombreux changements. La liquidation et la composition amiable ont été abolies dans leurs anciennes formes du moins. La procédure s'introduit par une demande en faillite suivie d'une ordonnance de la cour appelée *receiving order* dont le résultat est soit la composition amiable ou l'arrangement, soit la faillite. Les créanciers peuvent plus difficilement accorder au failli sa décharge: on a restreint l'emploi si dangereux et si facile des procurations; jusqu'à la nomination du syndic, des administrateurs officiels (*official receivers*) sont chargés de gérer les biens du failli, et, durant toutes les opérations de la faillite, assistent les créanciers et la cour de leurs avis. Aujourd'hui une résolution tendant à composition amiable ne peut être prise tant que les créanciers ne voient pas clair dans les affaires de leur débiteur; cette résolution ne peut produire aucun effet tant que les créanciers n'ont pas eu des détails complets et authentiques sur les affaires du failli et jusqu'à ce qu'ils aient pu avoir à cet égard l'opinion de l'»official receiver«; la cour a les pouvoirs discrétionnaires les plus larges pour refuser d'approuver une composition ou un arrangement.

Nous verrons par la pratique ce que vaudra le système nouvellement établi. Déjà on exprime son mécontentement au sujet de ces »official receivers« imposés par la loi et des dépenses qu'ils occasionnent, et l'on prétend que le résultat a été nombre de faillites non constatées par suite d'arrangements particuliers pris en dehors des termes de la loi, au moyen desquels les créanciers recouvrent de plus forts dividendes et en même temps se soustraient aux longueurs interminables des délais fixés par la loi.

SECTION I. — DE LA FAILLITE.

§ I. — QUI PEUT ÊTRE MIS EN FAILLITE.

Toute personne, commerçante ou non, peut être déclarée en faillite si elle était capable de contracter la dette pour laquelle elle est poursuivie.

Le mineur commerçant ne peut être mis en faillite, même s'il a expressément dit qu'il était majeur. Toutefois on prétend

que si une action est intentée contre un mineur pour préjudice
par lui causé et qu'un jugement l'ait condamné à réparer ce préjudice, ce jugement, formant créance pour celui qui l'a obtenu, peut
former la base d'une poursuite en faillite. Il en serait de même
si la dette avait été contractée par le mineur pour aliments.

Avant la loi de 1882 sur la propriété des biens des femmes
mariées, une femme mariée ne pouvait être mise en faillite que
si elle exerçait un commerce en dehors de son mari d'après la
coutume de la cité de Londres, ou si son mari était mort civile-
ment ou avait été condamné pour félonie. Le paragraphe 5 de
l'article premier de cette loi déclare expressément que toute femme
mariée exerçant un commerce en dehors de son mari est, quant
à ses biens personnels, soumise à la loi sur les faillites comme
si elle était non mariée.

La faillite peut être demandée par le débiteur, ou par un ou
plusieurs créanciers conjointement, pourvu que le chiffre de la
dette réclamée soit de 50 L. st. au moins, que la dette soit une
somme liquide payable, soit immédiatement soit à une certaine
époque et que le débiteur soit domicilié en Angleterre, ou ait eu
dans l'année qui a précédé l'assignation en faillite sa résidence
ordinaire, ou son habitation, ou son commerce en Angleterre.

Le débiteur doit, en outre, avoir commis depuis la création
de la dette et dans les trois mois de la demande de paiement,
l'un des actes suivants appelés »acts of bankruptcy« actes de faillite savoir:

1° Qu'il ait, en Angleterre ou ailleurs, fait une cession de ses
biens à une ou plusieurs personnes de confiance (*trustees*) en
faveur de tous ses créanciers;

2° Qu'il ait, en Angleterre ou ailleurs, cédé ou donné tout
ou partie de ses biens en fraude de ses créanciers;

3° Qu'il ait, en Angleterre ou ailleurs, fait cession ou transfert de tout ou partie de ses biens, ou les ait grevés de charges
qui, d'après la loi sur les faillites ou toute autre, seraient nulles
comme créant un droit de préférence frauduleux si la faillite était
prononcée;

4° Que dans le but de tromper ses créanciers, de ne pas
les payer ou de les faire attendre, il ait quitté l'Angleterre et ne

veuille plus y retourner, s'absente, ou commence à se cacher dans sa maison;

5° Qu'il ait été saisi et vendu en exécution d'un jugement rendu contre lui par une cour quelconque;

.6° Qu'il ait fait à la cour une déclaration qu'il ne peut payer ses dettes ou qu'il ait présenté une requête à fin de déclaration de sa propre faillite;

7° Qu'un créancier ait obtenu contre lui un jugement définitif et qu'un sursis, à l'exécution n'ayant pas été ordonné, i lui ait, enl Angleterre ou avec l'autorisation de la cour partout ailleurs, donné un avis de faillite conformément à la loi sur la matière (*bankruptcy notice*) lui demandant le paiement de ce à quoi il a été condamné, ou d'en garantir le montant ou d'entrer en arrangement à la satisfaction du créancier ou de la cour. Et si dans les sept jours de la réception de cet avis, s'il est donné en Angleterre ou dans le délai fixé par la cour, s'il est donné ailleurs, le débiteur n'a pas satisfait son créancier, ou prouvé à la cour qu'il a une demande reconventionnelle à exercer, ou une compensation à opposer qui est égale ou supérieure aux causes du jugement et qu'il n'a pu faire valoir lors de sa condamnation, l'»act of bankruptcy« est commis, et cet acte suffit à lui seul pour faire prononcer la faillite. C'est sur lui qu'à défaut d'autres, le créancier devra fonder sa demande;

8° Qu'il ait donné avis à l'un de ses créanciers qu'il a suspendu ou qu'il est sur le point de suspendre ses paiements. Il n'est pas nécessaire que cet avis soit donné par écrit, il peut être verbal seulement s'il est donné d'une façon formelle et voulue. Si un débiteur se contente de dire qu'il ne peut payer entièrement ses dettes, il n'y a pas dans ce fait avis d'après l'esprit de la loi.

Lorsque le débiteur présente lui-même sa requête, il allègue qu'il est dans l'impossibilité de payer ses dettes. La présentation de la requête est réputée acte de faillite et la cour par suite rend son »receiving order« et à ce moment le débiteur peut, à sa propre demande, être déclaré en faillite.

D'après la loi allemande le débiteur, pour être déclaré en faillite, doit être incapable de se procurer les moyens de payer ses dettes, abstraction faite de son état actuel d'insolvabilité et la cour doit en avoir la justification. Mais ce n'est pas nécessaire si des poursuites à fin de déclaration de faillite ont déjà été commencées à l'étranger.

En France le commerçant seul peut être mis en faillite et il doit, pour ce, avoir suspendu ses paiements: il n'est pas nécessaire qu'il soit insolvable, la simple suspension de paiement suffit, si elle a coupé son crédit commercial.

La faillite d'office n'existe pas en Angleterre comme en France, la cour ne saurait la prononcer *proprio motu*.

L'étranger qui n'a pas son domicile en Angleterre, peut être déclaré en faillite en ce pays-ci, s'il y commet un »act of bankruptcy« et quoiqu'il ait quitté l'Angleterre lors de la demande en faillite.

Cela résulte, par *a contrario* d'un arrêt de la cour d'appel du 14 mars 1872 (affaire Crispin). Dans l'espèce, le débiteur, sujet portugais, domicilié en Portugal, avait contracté des dettes en Angleterre où il résidait momentanément. Assigné devant la cour de l'Échiquier, il comparut sur la sommation et retourna en Portugal dès le lendemain, alléguant qu'il n'avait pas reçu l'argent sur lequel il complait, et qu'il lui était impossible de continuer à vivre en Angleterre. Plus tard, il prétendit avoir quitté ce dernier pays par suite des poursuites intentées contre lui. Son créancier l'assigna en déclaration de faillite prétendant qu'en quittant l'Angleterre, il avait commis un »act of bankruptcy«. La faillite fut prononcée, mais sur l'appel il a été jugé qu'il n'y avait pas là une preuve suffisante qu'il avait quitté l'Angleterre pour frauder ses créanciers et qu'aucun acte de faillite n'avait été commis.

Nos cours peuvent mettre une compagnie en liquidation quoique toutes les opérations de cette compagnie se fassent à l'étranger, si la direction se trouve en Angleterre et que les affaires y soient réellement traitées. Mais elles n'ont aucune juridiction sur cette compagnie lorsqu'elle n'a aucune succursale en Angleterre quoique y ayant traité des affaires par des agents et y ayant contracté des obligations. L'étranger qui exerce un commerce en France peut y être déclaré en faillite comme un citoyen français. La cour d'appel de Paris a même jugé qu'un étranger qui suspend ses paiements peut être mis en faillite à la requête de ses créanciers français quand bien même il ne réside pas en France. En Allemagne, un étranger peut être déclaré en faillite pourvu qu'il y fasse le commerce ou y ait sa résidence, ou une habitation, ou une ferme.

§ II. — PROCÉDURE DE LA FAILLITE.

Lorsque le débiteur se trouve avoir commis l'un des six premiers »acts of bankruptcy« ou le dernier »act of bankruptcy«, enoncés plus haut, le créancier présente de suite sa requête à fin de déclaration de faillite, de la manière indiquée ci-après.

Mais si le créancier veut se servir du »bankruptcy notice« qui est une demande de paiement, il demande à la cour l'autorisation de sommer ainsi son débiteur, à fin de placer celui-ci dans le cas prévu par le No. 7 du paragraphe ci-dessus.

La cour donne l'autorisation, et copie du »bankruptcy notice« est remis dans un mois de la date, au débiteur en personne avec avis que si (dans les 7 jours) il ne donne pas satisfaction, il aura commis un »act of bankruptcy« et des poursuites de faillite pourraient être intenté contre lui.

A l'avis de faillite est joint un autre avis avertissant le débiteur que s'il a une demande reconventionnelle ou autre demande à opposer égale ou supérieure au montant de la condamnation prononcée contre lui et qu'il n'a pu opposer lors du jugement, il peut, dans le délai y indiqué, déposer un »affidavit« à cet effet à la cour.

Si cet avis (*notice*) ne peut être remis dans le délai d'un mois, la cour en accorde un plus long; mais si le débiteur se cache ou bien a quitté sa demeure, la cour en autorise la remise à une personne habitant son dernier domicile connu, ou par lettre enrégistrée, ou en ordonne l'insertion dans la »London Gazette«.

Le créancier qui habite à l'étranger peut faire déclarer en faillite de cette façon, c'est-à-dire par le »bankruptcy notice« son débiteur qui a son domicile à l'étranger, mais réside en Angleterre au moment où le »bankruptcy notice« lui est remis, lorsque la dette n'a pas été contractée en ce pays?

L'affirmative résulte d'un arrêt de la cour d'appel du 13 janvier 1876 rendu dans les circonstances suivantes (affaire Pascal et Lacasse contre Meyer): Un joailler de Lima (Pérou) devait à des négociants de Paris une somme considérable. En 1875, il vint, pour raison de santé, à Londres, chez son beau-père; ses créanciers lui firent remettre une »debtor's summons« (une sommation spéciale qui avait pour but la mise en faillite du débiteur et qui a été remplacée dans le présent acte par le »bankruptcy notice«) et l'assignèrent en faillite devant la cour de Londres. Le débiteur demanda au Registrar l'annulation de cette assignation, attendu que les demandeurs étaient étrangers, et que la dette avait été contractée à l'étranger, où le défendeur avait son domicile, et que, par conséquent, il n'y avait lieu à lui délivrer une »debtors summons«.

L'assignation fut en effet annulée par ce motif que le défendeur étant l'hôte de son beau-père, et ne payant ni son logement ni sa nourriture, ne pouvait être considéré comme ayant une résidence suffisante en Angleterre pour le rendre justiciable de la cour des faillites.

Sur l'appel, cette décision fut réformée.

»Il est admis«, dit Lord Justice Mellish, »que si un étranger
»vient en Angleterre, y fait des dettes et y commet un ,act of
»bankruptcy' il peut être assigné en déclaration de faillite, et il
»n'y a pas de différence entre une dette contractée à l'étranger,
»si l'étranger débiteur commet l'acte de faillite pendant qu'il est
»en Angleterre. S'il a quitté ce pays sans s'être rendu coupable
»de cet acte, alors seulement il échappe à la juridiction de la
»cour. Dans le cas présent, le débiteur était en Angleterre, et
»je ne vois pas pourquoi on ne pourrait l'assigner par la ,deb-
»tors summons' seul moyen pour le créancier de recouvrer sa
»dette, et celui qui est tenu au paiement d'une dette ne peut
»échapper à la responsabilité qui lui incombe en disant qu'il
»n'habite pas l'endroit où il est assigné«.

Sur le »bankruptcy notice« le débiteur peut payer ou entrer en arrangement avec son créancier.

S'il conteste la dette, il doit, dans un délai mentionné (3 jours au moins) déposer un affidavit à la cour dans lequel il déclare qu'il a à opposer une demande reconventionnelle ou autre demande égale ou supérieure au montant de la condamnation obtenue contre lui et qu'il n'a pu faire valoir lors du jugement. Le Registrar indique alors le jour où la cause sera appelée devant la cour et avis en est donné aux parties trois jours avant l'audience.

Le règle en matière de faillite est que le jugement est présomptif d'une dette; mais si certaines circonstances font naître un doute sur ce jugement, la cour peut admettre le plaignant à faire sa preuve.

Si la cour juge non fondée l'opposition du débiteur elle l'en déboute et autorise le créancier à continuer ses poursuites.

La dette établie, l'»act of bankruptcy« existant, le créancier doit, avant l'expiration du délai de trois mois, à partir de l'»act of bankruptcy« présenter à la cour sa requête à fin de déclaration de faillite.

Cette requête est déposée entre les mains du Registrar; elle doit être revêtue de la signature du créancier, légalisée par son solicitor ou le Registrar; s'il habite à l'étranger, la signature est légalisée de la façon qui sera indiquée plus bas (voir affidavits).

La requête peut être signée par un fondé de pouvoir, si sa procuration l'autorise à le faire.

La requête doit énoncer les »acts of bankruptcy« sur lesquels elle s'appuie; le créancier y joint un affidavit affirmant la vérité des faits qu'il allègue, et s'il ne peut faire lui-même cette affirmation, il y supplée par celle, en la même forme, des témoins qu'il produit.

Le Registrar examine avec le plus grand soin les motifs allégués et peut ordonner la comparution de témoins.

Deux copies, scellées du sceau de la cour, sont alors délivrées, portant la date du jour où la cause sera entendue, l'une pour le débiteur, et l'autre pour être annexée à l'affidavit du créancier constatant la remise faite au débiteur. Cette seconde copie et cet affidavit sont déposés à la cour.

Le débiteur doit recevoir sa copie huit jours au moins avant l'audience, sauf à la cour à proroger ce délai.

Si le débiteur se cache, ou s'il est à l'étranger, la cour ordonne que la copie sera laissée à son domicile habituel ou dernier connu, ou sera envoyée par lettre enregistrée, ou qu'insertion en sera faite dans la »London Gazette«.

Le débiteur qui veut s'opposer à la demande de mise en faillite, doit déclarer par acte devant le Registrar les faits qu'il entend contester et en donner avis par lettre au poursuivant trois jours au moins avant l'audience, et c'est au créancier à faire la preuve de ce qu'il a avancé.

Lorsque cette preuve est faite, la cour peut rendre un »receiving order« (voir page 154) ou demander un supplément de preuve, et si les faits ne paraissent pas concluants, débouter le demandeur et le condamner aux dépens.

La cour peut ordonner la discontinuation des poursuites en faillite, si la dette réclamée était déjà l'objet d'une contestation judiciaire, ou, si le débiteur offre de fournir caution pour le principal et les accessoires, surseoir jusqu'à ce que l'existence de la dette ait été établie.

Lorsque le débiteur est admis à fournir caution, il doit présenter deux personnes solvables garantissant la dette, ou déposer la somme réclamée ès-mains du Registrar, ou se faire cautionner par une compagnie ou société.

Le »receiving order« est immédiatement inséré dans la »London Gazette« et en outre, pour le ressort de la Haute cour de justice dans un journal de Londres, et pour celui des autres cours dans un des journaux du lieu où siège cette cour.

La faillite d'un débiteur, qu'elle ait été obtenue à sa propre requête ou à celle d'un créancier, remonte au jour où a été commis l'acte de faillite au sujet duquel est intervenu le »receiving order«, ou s'il a été commis plus d'un de ces actes, au jour où a été commis le premier dans les trois mois qui ont précédé la date de la demande en faillite.

Est considérée comme frauduleuse et nulle vis-à-vis du syndic de la faillite toute vente ou cession des biens, ou toute charge dont on les grève, toute obligation contractée, toute action intentée ou subie par une personne se trouvant dans l'impossibilité de payer ses dettes et faisant les actes sus-énoncés en faveur d'un créancier pour lui donner un droit de préférence sur les autres, si le débiteur qui agit ainsi est déclaré en faillite sur une requête présentée à la cour dans les trois mois qui ont suivi ces actes.

Les transactions faites avec le failli avant le »receiving order«, sont valables, si elles ont une cause juste, même lorsque le débiteur a commis un »act of bankruptcy« pourvu que son co-contractant ait ignoré cet »act of bankruptcy«.

Le »receiving order« profite à tous les créanciers, mais lorsque plusieurs d'entre eux ont formé une demande séparée la cour n'admet ordinairement que la première et déboute les autres créanciers avec ou sans dépens.

Si un débiteur par qui ou contre qui a été formée la demande en faillite vient à décéder, la procédure continue à moins que la cour n'en ordonne autrement.

Tout créancier d'une personne décédée insolvable peut présenter une requête à fin d'administrer les biens du décédé en cour de faillites. L'ordonnance ne peut néanmoins être répondue favorablement que deux mois après le décès, à moins que l'exécuteur testamentaire ou l'administrateur n'y consente, ou que le débiteur n'ait commis un »act of bankruptcy« dans les trois mois qui ont précédé son décès. L'ordonnance ne sera pas rendue si déjà une autre cour a nommé un administrateur, cette cour pouvant d'ailleurs renvoyer devant celles des faillites. En France (art. 437 code com.) la déclaration de la faillite d'une personne commerçante décédée ne peut être prononcée d'office ou demandée par les créanciers que dans l'année qui suit le décès.

La cour peut ordonner, lorsque la demande a été formée, la cessation complète ou pour un certain temps des poursuites intentées contre le débiteur.

C'est au demandeur à avancer les frais à faire jusqu'au »receiving order« et la première assemblée des créanciers convoquée; ils lui sont plus tard remboursés par privilège sur les fonds libres de la faillite.

Observons ici que l'on peut ordonner caution pour les frais, de la part d'un créancier résidant à l'étranger qui demande la faillite, ou de celui dont les biens sont sous la main mise d'un syndic en vertu des lois relatives à la faillite, ou de celui contre lequel a été formé une demande en faillite, ou qui n'a pas payé au débiteur des frais mis à sa charge.

En France les premiers frais de la faillite sont avancés, s'il y a lieu, par le trésor sauf privilége sur les premiers fonds de la faillite. En Allemagne ces frais sont supportés par le demandeur.

Sur l'»affidavit« du demandeur constatant qu'il y a nécessité, la cour peut, sur requête à elle présentée, nommer un administrateur provisoire des biens du débiteur. Ceci est absolument différent du »receiving order«. De même la cour peut ordonner l'arrestation du débiteur et la saisie de ses biens dans certains cas, si, par exemple, après l'assignation ou la demande en faillite, il y a lieu de supposer que le débiteur est sur le point de s'en aller pour éviter de payer ses dettes ou de recevoir l'assignation ou s'il tente d'enlever ses meubles ou marchandises. Les lois française et allemande édictent de semblables mesures conservatoires.

§ III. — EFFETS DU »RECEIVING ORDER«.

Ainsi qu'il a déjà été dit; dès que la demande en faillite a été admise, la cour rend une ordonnance »receiving order« pour sauvegarder les biens du débiteur. Ce sont là les préliminaires obligatoires de la faillite. L'effet de ce »receiving order« n'est pas de mettre le débiteur en état de faillite, mais d'instituer une personne appelée »official receiver« administrateur des biens du débiteur, et, sauf dans les cas indiqués par la loi, aucun créancier non garanti n'a aucun recours en ce qui concerne sa créance, et ne peut intenter aucune action sans autorisation de la cour. Les droits donnés par la loi au créancier non garanti comprennent ceux d'affirmer sa créance, de voter, de recevoir les dividendes, de donner son concours pour la découverte et la réalisation des biens du débiteur. Les créanciers garantis ne sont nullement atteints par le »receiving order« et ils peuvent exercer tous les droits que leur confèrent leurs garanties.

Il en est ainsi en France. L'art. 117 de la loi allemande sur la faillite limite à ce point le pouvoir du créancier qui a une garantie sur la propriété mobilière d'un débiteur que l'administrateur des biens est autorisé à vendre tout, bien que le créancier ait le droit de faire procéder à cette vente à concurrence de ce qui lui est dû.

Un créancier qui exécute un jugement sur les biens d'un débiteur pour une somme exédant 20 L. St. (ce qui comprend les frais du shériff) ou saisit arrête les sommes dues à son débiteur, ne peut bénéficier de cette exécution ou de la saisie-arrêt, à moins que ces actes ne soient définitifs, avant la date du »receiving order« et l'avis de la présentation de la requête à fin de faillite par le débiteur ou l'un de ses créanciers, ou l'accomplissement d'un acte de faillite, par saisie et vente en cas d'exécution et par l'acquit de la dette en cas de saisie-arrêt. L'exécution du jugement, en ce qui concerne les immeubles, est achevée par la saisie, et dans le cas où il y a un intérêt d'équité (*Equitable interest*) par la nomination d'un séquestre de la propriété.

Le Shériff lors de l'exécution est tenu de conserver le produit de la vente pendant quatorze jours. Si pendant ce temps il reçoit avis qu'une demande en faillite a été formée par ou contre le débiteur en vertu de laquelle celui-ci est ensuite déclaré en faillite, ces produits sont remis au syndic; s'il n'y a pas faillite au créancier.

La première conséquence de ce »receiving order«, à part la main mise sur les biens du débiteur, est la réunion des créanciers dans laquelle la majorité de ces créanciers telle qu'elle est fixée par la loi a le droit non seulement de décider ce que doivent devenir ces biens, mais aussi si l'on acceptera un concordat amiable ou un arrangement quelconque, en vertu duquel on permettra au débiteur de se libérer en payant moins de 20 s.

Lorsque le »receiving order« est fait le »Registrar« en donne l'avis à l'»Official Receiver« et au ministère de commerce (*Board of Trade*) et l'»official receiver« en envoie avis aux journaux paraissants dans la région où habite le débiteur, d'après les indications du »Board of Trade« ou à défaut de ces indications, à son choix.

§ IV. — DE L'»OFFICIAL RECEIVER«.

C'est une personne à qui la loi a donné des pouvoirs très étendus. Il est nommé par le »Board of Trade« agit sous sa direction, est révoqué par lui et lui rend tous ses comptes. Il est l'un des fonctionnaires de la cour à laquelle il est attaché. Le nombre et les circonscriptions dans lesquelles ils peuvent instrumenter sont fixés par le »Board of Trade« conjointement avec le Trésor.

Les fonctions de l'»official receiver« sont de deux sortes.

En ce qui concerne le débiteur, ce fonctionnaire doit examiner sa conduite, et en rendre compte à la cour, en lui faisant savoir s'il a commis quelque infraction à la loi de 1869 sur les débiteurs (qui édicte des peines contre les débiteurs frauduleux) ou à la loi sur la faillite ou tout autre acte autorisant la cour à refuser, suspendre ou modifier l'ordonnance de décharge. De même, il doit, d'après les instructions du »Board of Trade« faire tels rapports sur la conduite du débiteur, prendre telles mesures lors de l'examen public de celui-ci et donner telle assistance pour la poursuite de tout débiteur frauduleux, par lui jugés nécessaires.

En ce qui concerne les biens du débiteur, il doit immédiatement en prendre possession en attendant la nomination du syndic et agir comme administrateur s'il n'en doit pas être nommé un spécial. De même il est le syndic de droit si une vacance se produit dans cette fonction. Il doit de suite donner au débiteur ses instructions pour établir sa situation et si ce dernier ne le peut, ledit fonctionnaire peut, aux frais de la faillite, se faire aider par tout autre à cet effet. C'est à lui que le débiteur remet son état, et lui-même, par ses entretiens avec le débiteur ou ses représentants, prend toutes ses informations à l'effet de faire décider, si les biens doivent être administrés d'après les dispositions de l'article 21 de la loi relative aux faillites de peu d'importance (voir page 170). Il a le droit de conférer le serment et d'obtenir tous renseignements du syndic lorsqu'il est nommé, et il peut à tout moment vérifier les livres et papiers du débiteur.

Dans les quatorze jours de sa nomination, l'»official receiver« doit convoquer une première assemblée des créanciers, à moins qu'un plus long délai n'ait été accordé par la cour pour une raison particulière, par exemple, dans le cas où l'état de situation des affaires du débiteur ne peut être établi en temps, ou si une partie des plus forts créanciers habite le continent ou les colonies et ne peut par conséquent assister à cette reunion dans ce délai de

quatorze jours, car il doit donner avis de la réunion sept jours
au moins à l'avance. C'est lui ou son représentant qui préside
l'assemblée; il peut accepter les pouvoirs de créanciers. Il envoie
à chaque créancier un état sommaire de la situation du failli,
avec les causes de sa déconfiture et les observations qu'il juge
convenable de faire, et il y joint un modèle de la procuration à
signer par le créancier dans le cas où celui-ci voudrait se faire
représenter par lui. C'est ce fonctionnaire qui vérifie et admet
les créances, et il peut prendre telles mesures qui lui semblent
nécessaires avant de convoquer les créanciers. Autant que possible, il doit prendre en considération les vœux des créanciers pour
l'administration des biens du débiteur et à cet effet convoquer,
s'il le juge à propos, toutes assemblées de créanciers, mais il ne
peut, sans l'autorisation du »Board of Trade«, faire aucune dépense
dont le but ne serait pas de sauvegarder les biens du débiteur
ou de tirer un profit de marchandises sujettes à se perdre. Il
peut nommer et révoquer un administrateur spécial de ces biens,
et approuver les avances faites par ce dernier pour continuer les
affaires du failli et exécuter ses engagements, quoique son propre
droit de faire des avances soit limité, lorsqu'il agit lui-même
comme administrateur ainsi que nous l'avons vu, à moins qu'il
n'ait une autorisation spéciale du »Board of Trade«.

L'»official receiver« peut, lorsqu'il est en possession des biens
du débiteur et en se conformant aux instructions générales ou
spéciales du »Board of Trade« donner, sur les biens, au débiteur
pour sa famille et pour lui-même telle provision qu'il croit juste.

Dans tous les cas d'urgence où il n'y a aucun »official receiver«, ses droits et pouvoirs passent au »Registrar«.

Les fonctions de l'»official receiver« ressemblent beaucoup à
celles du juge commissaire de la faillite d'après ce code de commerce
français, sauf différences bien entendu, car ce dernier est membre du
tribunal de commerce et ses ordonnances peuvent être réformées.

§ V. — PREMIÈRE ASSEMBLÉE DES CRÉANCIERS. EXAMEN PUBLIC DU DÉBITEUR.

La première assemblée des créanciers a pour but d'examiner
si l'on peut entrer en composition ou en arrangement avec le

débiteur, ou si celui-ci doit être déclaré en faillite, et, en général, de prendre une décision sur l'administration des biens du débiteur. Ce dernier doit assister à cette assemblée, mais s'il n'y paraît pas, l'assemblée a lieu à l'heure indiquée et, à défaut d'un état de situation des affaires du débiteur ou d'une excuse plausible pour sa non-production, le débiteur est déclaré en faillite.

Ont seuls le droit d'assister à cette assemblée, les créanciers qui ont produit leurs titres de la manière ci-après indiquée.

La résolution des créanciers acceptant une composition ou un arrangement ne peut être prise avant que le débiteur n'ait été examiné publiquement, que cet examen ne soit terminé, et que les créanciers n'aient reçu avis des propositions d'arrangement avec le rapport de l'»official receiver« à ce sujet.

L'examen public du débiteur devant la cour et après serment par lui prêté roule sur ses agissements et ses biens. Il a lieu aussitôt que possible après que l'»official receiver« a entre ses mains l'état de situation et la date en est fixée par le »receiving order«. L'»official receiver« assiste à l'examen et tout créancier qui a affirmé sa créance peut adresser au débiteur des questions sur ses affaires et les causes de sa faillite. Si le débiteur ne paraît pas devant la cour, l'examen est ajourné au premier jour et la faillite peut être déclarée de suite.

§ VI. — DE LA PRODUCTION.

Les créanciers produisent à leurs frais au moyen d'un affidavit signé par eux ou leur mandataire et énonçant le montant, la nature et les causes de la somme réclamée, les garanties qui ont pu être données, la date et l'échéance des billets qui ont pu être souscrits par le failli. On doit aussi énumérer les titres, s'il y en a, des dettes, car l'»official receiver« ou le syndic peut en demander la production à tout époque. On déduit des dettes les escomptes commerciaux, mais non l'escompte du comptant qui n'excède pas cinq pour cent sur le montant net de la réclamation. Lorsqu'il y a eu compte entre le débiteur et l'un de ses créanciers, on établit la balance de ce qui peut être dû pour opérer une compensation à due concurrence en faveur de l'une ou l'autre des parties.

On ne peut réclamer le bénéfice d'une compensation ou produire à la faillite si l'on a eu avis d'un acte de faillite commis par le débiteur et à lui opposable à l'époque où il lui a été donné crédit et c'est au créancier à prouver qu'il n'a pas eu cet avis.

La production se fait entre les mains de l'»official receiver« ou du syndic s'il en a été nommé un.

Tout créancier qui a prouvé sa créance a le droit de voir et d'examiner les preuves des autres créances avant la première assemblée.

Si un créancier garanti cède sa garantie pour un prix spécifié, il peut prouver sa dette pour le surplus de ce qui lui est dû, déduction faite de ce qu'il a touché par cette opération. S'il remet sa garantie à l'»official receiver« ou au syndic dans l'intérêt des créanciers il peut produire pour le montant de sa créance. S'il ne cède ou ne rend pas sa garantie, il doit, dans sa production, donner tous renseignements sur la nature de cette garantie, la date à laquelle elle a été faite, la valeur à laquelle il l'estime, et il n'a droit qu'à un dividende sur la différence entre le montant de la dette et la garantie. Le syndic peut toutefois racheter à toute époque cette garantie en payant au créancier la valeur estimative, et si le syndic n'admet pas cette estimation de la garantie, la cour peut en ordonner là vente en laissant, si la vente est publique, la faculté au syndic et au créancier de porter des enchères. D'un autre côté le créancier peut, par avis écrit, mettre le syndic en demeure de déclarer s'il veut ou non racheter, et si dans les six mois il n'a pas usé de ce droit, il le perd absolument. Le créancier peut aussi à toute époque, changer le prix de son évaluation, si toutefois il n'a pas aliéné d'une façon quelconque sa garantie, en montrant qu'il a de bonne foi commis une erreur ou que sa garantie a diminué ou augmenté de valeur depuis sa première évaluation.

Un créancier qui a une lettre de change comme garantie ne peut sans la produire prouver sa dette à la première assemblée.

Le syndic admet ou rejette les créances, et, s'il ne donne

avis du rejet dans les 14 jours qu'il en a reçu, il est réputé les avoir admises.

Si après l'admission d'une créance, il s'aperçoit qu'il a fait erreur, il doit demander à la cour de faire toutes rectifications nécessaires.

Tout créancier dont la créance a été rejetée doit se pourvoir contre la décision du syndic dans les 21 jours de l'avis qu'il en a reçu.

Sont admises au passif de la faillite, toutes dettes échues ou non, liquidées ou non, sauf celles de la nature de dommages-intérêts non liquidés ne provenant pas d'un contrat ou d'une promesse dont le failli était tenu lors du jugement déclaratif de faillite, ou dont il peut être tenu, depuis, si la cause en était antérieure à cette époque.

La production peut être faite tant qu'il reste un dividende à distribuer, et le créancier n'a alors que le droit de participer à la distribution de ce qui reste, à ce moment, entre les mains du syndic au pro rata de sa créance, sans pouvoir réclamer sa part dans les dividendes déjà payés.

Il est alloué aux créanciers un intérêt de quatre pour cent à partir de la date du »receiving order« lorsque toutes les dettes solidaires ont été payées intégralement.

§ VII. — PROCURATIONS ET ASSEMBLÉES DE CRÉANCIERS.

Un créancier peut voter aux assemblées en personne ou par mandataire.

La procuration, comme il a été dit, est fournie par l'»official receiver« ou le syndic s'il en a été nommé un, les blancs en doivent être remplis par la personne qui la donne ou son fondé de procuration. Un créancier peut donner son pouvoir général à son gérant ou à toute autre personne à son service, et dans ce cas il doit y spécifier en quelle qualité le mandataire agit. On peut donner un pouvoir spécial pour se faire représenter à telle ou telle assemblée, ou pour la faire ajourner, ou pour voter telle résolution, ou pour ou contre telle personne comme syndic ou membre du comité d'inspection.

Un créancier qui n'est pas sur les lieux peut, pour s'éviter de se déranger à chaque assemblée, donner un pouvoir d'»attorney« autorisant son mandataire à se substituer quelqu'un. On ne peut se servir de la procuration qu'autant qu'elle a été déposée entre les mains de l'»official receiver« ou du syndic avant l'assemblée pour laquelle elle a été donnée.

Le créancier peut constituer l'»official receiver« son mandataire général ou spécial.

Sauf s'il s'agit de l'élection du président, de la production des créances ou de l'ajournement, une assemblée ne peut délibérer valablement s'il n'y a présent ou représentés au moins trois des créanciers et tous les créanciers s'il ne sont que trois.

L'»official receiver« ou le syndic peut toujours convoquer l'assemblée des créanciers et il doit le faire lorsque la cour l'ordonne ou sur la réquisition écrite de créanciers représentant un quart des créanciers.

§ VIII. — COMPOSITION OU PROJET D'ARRANGEMENT.

Ainsi que nous l'avons vu, les créanciers peuvent à leur première assemblée décider, par une résolution spéciale, qu'il y a lieu d'accepter une proposition de composition amiable ou projet d'arrangement.

La résolution spéciale est celle prise à la majorité en nombre et représentant les trois quarts en valeur des créanciers présents ou représentés.

La proposition d'arrangement amiable ne peut être acceptée que par une seconde résolution prise dans une assemblée postérieure, après l'examen public du failli, à la majorité des créanciers représentant les trois quarts des créances.

Le créancier qui a produit ne peut pas assister à cette assemblée, mais il a le droit d'approuver ou de rejeter le projet d'arrangement par lettre adressée à l'»official receiver«.

Les créanciers qui n'ont pas produit à la première assemblée peuvent le faire avant la seconde et dans ce cas prendre part aux votes de celle-ci.

Lorsque l'arrangement amiable a été accepté, la cour peut

l'approuver sur le rapport de l'»official receiver« et après avoir entendu tout créancier, mais elle refuse sa sanction s'il ne lui paraît pas raisonnable ou non dans l'intérêt général des créanciers ou si le débiteur a contrevenu à la loi sur la faillite ou à celle de 1869 sur les débiteurs. De même la cour peut, si elle le juge à propos refuser sa sanction, si le débiteur s'est rendu coupable de faits l'autorisant à ne pas lui donner sa décharge, à la suspendre ou à l'ajourner.

Par l'arrangement intervenu tous les biens du débiteur deviennent la propriété des créanciers et dès qu'ils sont réalisés le débiteur se trouve libéré.

La cour, en décidant si la composition ou l'arrangement est fait dans les conditions raisonnables, a toute latitude, mais elle tient compte de ce fait que les créanciers ont le plus grand intérêt à son acceptation.

La composition ou l'arrangement accepté par les créanciers et approuvé par la cour est opposable à tous les créanciers pour ce qui peut leur être dû et qui pouvait être admis à la faillite.

Les conditions de cet arrangement peuvent être rendues obligatoires par la cour sur la réquisition de tout intéressé et quiconque ne s'y soumet pas peut être poursuivi pour mépris des arrêts de la cour (contempt of court).

Si le débiteur ne remplit pas les conditions de cet arrangement, ou si la cour estime qu'il ne peut être exécuté ou que l'approbation des créanciers a été obtenue par fraude, la cour, à la requête de tout créancier, peut prononcer la faillite en annulant l'acte dont il s'agit.

Cette composition amiable ou arrangement répond au concordat en France et à l'arrangement obligatoire en Allemagne. Nous pensons qu'il est intéressant de dire ici quelles sont les conditions nécessaires pour arriver à un compromis d'après les lois des deux pays.

En France le concordat s'établit par le concours d'un nombre de créanciers formant la majorité et représentant en outre les trois quarts de la totalité des créances vérifiées et affirmées ou admises par provision. Les créanciers garantis par privilège, hypothèque, ou gage n'ont pas voix au concordat et n'y concourent qu'à la condition de renoncer à leur garantie (art. 507 et 508 code de commerce).

En Allemagne (art. 169 de la loi sur les faillites) pour arriver à un concordat, il faut la majorité des créanciers non-privilégiés ou non-garantis représentant les trois quarts des créances affirmées. Les créanciers privilégiés sont l'État pour le recouvrement des sommes dues au Trésor pour impôts etc., et ceux dont la créance a pour cause des gages ou salaires qui doivent être payés intégralement.

Dans les deux pays, le tribunal doit homologuer ce concordat et tout créancier a le droit d'y former opposition.

D'après le code de commerce français, le tribunal doit refuser l'homologation, soit dans l'intérêt public, si le failli a, par exemple, commis de graves erreurs, s'il a fait des dépenses exagérées, fait des emprunts ruineux ou eu recours à des billets de complaisance, soit dans l'intérêt des créanciers, si par exemple, les dividendes promis ou les garanties offertes ne paraissent pas en rapport avec la situation du débiteur. Si le débiteur a été condamné pour banqueroute frauduleuse, il ne peut y avoir de concordat. Il en est de même, sur ces différents points, de la loi allemande.

En France le concordat après son homologation est obligatoire pour tous les créanciers portés ou non au bilan vérifié ou non-vérifié (art. 516 cod. com.) En Allemagne le concordat est obligatoire pour tous les créanciers non-privilégiés, vérifiés ou non.

§ IX. — DÉCLARATION DE LA FAILLITE. NOMINATION DU SYNDIC ET DU COMITÉ D'INSPECTION.

Si les créanciers lors de leur première assemblée résolvent que le débiteur soit déclaré en faillite, ou ne passent aucune résolution à ce sujet, ou ne sont pas en nombre suffisant, ou bien lorsqu'un concordat n'est pas intervenu dans les quatorze jours qui suivent l'examen public du débiteur, la cour déclare celui-ci en faillite, ses biens deviennent la propriété des créanciers et l'administration en passe à un syndic.

Si le débiteur est déclaré en faillite ou que les créanciers aient conclu à sa mise en faillite, ceux-ci peuvent nommer un syndic ou décider qu'il sera nommé par le comité d'inspection.

Le syndic doit donner caution pour sa gestion et la faire agréer par le »Board of Trade« et ce dernier peut, sauf appel à la Haute Cour, s'opposer à la nomination de ce syndic s'il estime qu'elle n'a pas été faite de bonne foi par la majorité en valeurs des créanciers, ou que le syndic est incapable de remplir ses fonctions ou ne les remplira pas dans l'intérêt des créanciers en général.

Le »Board of Trade« délivre le certificat de nomination.

Si les créanciers ne nomment pas un syndic dans les quatre semaines de la déclaration de faillite ou dans un délai plus grand s'il y a des pourparlers pour un concordat, le »Board of Trade« peut le nommer, sauf le droit réservé aux créanciers d'en nommer un plus tard. Dès que le syndic est entré en fonctions, l'»official receiver« cesse les siennes, tout en continuant à surveiller les affaires de la faillite et à agir, s'il est nécessaire, dans l'intérêt de la justice.

Les créanciers ayant le droit de voter peuvent à leur première assemblée ou à toute autre nommer un comité d'inspection composé de trois personnes au moins et cinq au plus prises parmi les créanciers pouvant voter ou les mandataires de ces mêmes créanciers. Toute vacance survenant dans ce comité est remplie par lesdits créanciers. A défaut de comité le »Board of Trade« surveille le syndic et lui donne ses instructions dans les cas où il doit prendre celles du comité.

A toute époque après la déclaration de faillite les créanciers peuvent par une résolution spéciale accepter un concordat, auquel cas il est procédé comme en matière de concordat avant la mise en faillite. Si la cour approuve ce concordat, elle annule la faillite.

Le défaut d'exécution des clauses du concordat fait revivre la faillite.

Une seule assemblée est nécessaire, après la déclaration de faillite, pour passer une résolution acceptant le concordat.

§ X. — DU SYNDIC DÉFINITIF.

Le syndic définitif aussitôt nommé doit envoyer au »Registrar« son certificat de nomination et dès lors il entre en fonction. Le

»Board of Trade« fait insérer dans la London Gazette et le syndic dans l'un des journaux locaux, la date de cette nomination.

Le syndic doit ensuite prendre toutes mesures pour rechercher, s'il y a lieu, l'actif du failli, en prendre possession, le réaliser et en faire la distribution.

Le failli doit aider son syndic, ne lui rien cacher de sa situation, assister à toutes assemblées de créanciers, signer tous actes, en un mot mettre son syndic à même de réaliser et de distribuer son actif. S'il n'agissait pas ainsi ou s'il dissimulait tout ou partie de son avoir, il se rendrait passible de peines très sévères.

En règle générale, le syndic doit déposer toutes sommes dépassant 50 &. st. à la Banque d'Angleterre au crédit du »Board of Trade« qui fait les paiements. Mais, dans certains cas spécifiés, le comité d'inspection peut demander au »Board of Trade« d'autoriser le syndic à faire ses versements à une banque du pays de la faillite et à faire faire les paiements par cette banque.

Les comptes des syndics sont examinés au moins deux fois l'an par le »Board of Trade« et une fois vérifiés, déposés au »Board of Trade« et à la cour à la disposition des créanciers.

Le syndic doit suivre les instructions que lui ont données les créanciers en assemblée générale, ou le comité, en se conformant d'abord à celles des créanciers. Il reste néanmoins juge de la manière dont il doit administrer les biens et les distribuer.

Il réunit, lorsqu'il le juge à propos, son comité ou l'assemblée générale des créanciers, et s'adresse à la cour s'il s'élève quelque difficulté à trancher.

Il doit au moins une fois par an durant la faillite transmettre un état de la procédure de faillite au »Board of Trade« qui l'examine et lui en signale les erreurs ou les défauts.

Les créanciers peuvent, par une résolution ordinaire révoquer le syndic dans une assemblée convoquée à cet effet et lui donner un successeur. Ils peuvent aussi en nommer plusieurs à la fois.

Le syndic ou son clerc, solicitor ou clerc de celui-ci ne peut comme créancier ou mandataire prendre part à un vote relatif à sa gestion.

Le »Board of Trade« a le contrôle sur la conduite du syndic

et peut le révoquer pour mauvaise gestion, sauf appel à la Haute
Cour.

   Les honoraires du syndic (autre que l'»official receiver«) sont
fixés par les créanciers ou le comité d'inspection: ces honoraires
sont d'un tant pour cent, partie sur l'actif net réalisé et partie sur
les dividendes distribués. Si un quart (en nombre et en valeur)
des créanciers s'oppose au taux d'honoraires, c'est le »Board of
Trade« qui le fixe.

                § XI. — DES DIVIDENDES.

   Le syndic doit, aussitôt que possible, distribuer des dividendes aux créanciers vérifiés et affirmés. Sauf circonstances spéciales, le premier dividende doit être annoncé et distribué dans
les quatre mois qui suivent la première assemblée des créanciers
et les autres à intervalles ne devant pas excéder six mois. Dans
le calcul des dividendes à distribuer, le syndic doit tenir compte
des créances connues mais qui, pour une cause quelconque, n'ont
pu être produites.

   Avant d'annoncer un dividende, le syndic doit donner avis
de son intention dans la Gazette de Londres et en avertir chaque
créancier. En suite, il doit envoyer à chaque créancier vérifié et
affirmé un nouvel avis indiquant le montant de ce dividende,
l'époque et le lieu du paiement et y joindre un état de situation
des biens et affaires du failli.

   Le dividende peut être envoyé par la poste au créancier qui
le demande.

   Lorsqu'après avoir réalisé l'actif, ou si, d'accord avec son
comité, il est d'avis que cet actif ne peut être réalisé sans préjudice pour la masse, le syndic doit donner avis d'un dernier dividende. Mais auparavant il doit en donner avis aux personnes
qui se prétendent créancières et n'ont pu jusqu'alors établir leurs droits.

   Si le syndic refuse de distribuer un dividende, les créanciers
n'ont que la ressource de s'adresser à la cour qui ordonne la
distribution.

   Il faut observer ici:

   Que les créanciers d'une société ne peuvent se faire colloquer

que sur l'actif de la société, et ne peuvent participer à la distribution de l'actif propre à chacun des associés qu'après que les
créanciers personnels de ces associés ont été complètement dés-
intéressés.

Et que, réciproquement, les créanciers personnels d'un associé n'ont aucun droit à la répartition de l'actif d'une société, tant
que les créanciers de celle-ci n'ont pas été entièrement payés.

Mais si la société n'a pas d'actif propre, ses créanciers peuvent produire à la faillite particulière de chacun de ses associés.

Enfin, si une personne est créancière tant de la société que
de l'un des associés séparément, elle peut produire conjointement
aux faillites de l'une et de l'autre et toucher un dividende distinct
dans chacune.

Le failli a le droit de toucher le surplus de l'actif, après le
désintéressement complet, principal et intérêts, de ses créanciers
et le paiement des frais.

§ XII. — RAPPORT DU JUGEMENT DE FAILLITE-EFFETS.

Lorsque le failli a proposé à ses créanciers une composition
ou arrangement sous la condition que sa faillite sera rapportée
(voir § IX) et que la cour a rendu un arrêt conforme, il rentre,
à partir de ce moment, en possession de ses biens et valeurs
dont le syndic n'a pas disposé, aux conditions que lui impose
la cour.

Quant aux actes faits par l'»official receiver«, le syndic, et la
cour, avant cette époque, ils sont absolument inattaquables.

La cour peut annuler la faillite lorsqu'elle est d'avis que la
faillite n'aurait pas due être prononcée ou sur la preuve que le
failli a payé toutes ses dettes. Si la cour estime qu'il n'y avait
pas lieu à faillite, elle l'annule purement et simplement sans nommer l'administrateur pour les biens, ou exiger une provision pour
les créanciers qui alors rentrent dans les droits qu'ils avaient avant
la déclaration de faillite.

§ XIII. — DE LA DÉCHARGE DU SYNDIC.

Lorsque le syndic a réalisé tous les biens du failli ou tout
ce qui dans son opinion pouvait être réalisé sans prolonger sans

nécessité ses fonctions de syndic, et qu'il a distribué, s'il y a lieu, un dernier dividende, ou s'il a cessé ses fonctions par suite d'un concordat approuvé, ou les a résiliées ou en a été destitué, le »Board of Trade«, sur sa demande, fait préparer ses comptes et, prenant en considération ces comptes et toutes réclamations faites par tout créancier ou toute personne ayant intérêt à ce que le syndic n'ait pas sa décharge, peut l'accorder ou la refuser, sauf appel de l'intéressé à la Haute Cour de justice.

Si la cour refuse la décharge elle peut, sur la demande de tout intéressé, rendre un arrêt rendant le syndic responsable de tout acte ou faute par lui commise.

Aussitôt qu'il a obtenu sa décharge, le syndic se trouve dégagé de toute responsabilité vis-à-vis de la faillite, mais l'ordonnance de décharge peut être rapportée s'il est prouvé qu'elle a été obtenue par fraude ou par manœuvres dolosives.

§ XIV. — DE LA DÉCHARGE DU FAILLI.

Le failli, après la déclaration de faillite, a toujours le droit de demander sa décharge à la cour, mais après son examen public seulement. Avis du jour où l'affaire vient en ordre utile est publié dans les journaux et adressé aux créanciers. A la cour, il est tenu compte du rapport de l'»official receiver« sur la conduite du failli et ses affaires, et la cour peut rendre un arrêt de décharge pure et simple, ou en suspendre l'effet pendant un temps déterminé, ou donner décharge au failli mais sous réserve de certaines conditions relatives aux gains ou revenus futurs du failli, ou aux biens dont par la suite ce dernier se rendrait acquéreur.

La cour est obligée de refuser la décharge si le failli a contrevenu à cette loi ou à la loi de 1869 sur les débiteurs.

S'il obtient un crédit de 20 £ st. ou au-dessus sans avoir déclaré qu'il est failli n'ayant pas sa décharge, le failli tombe sous l'application de la loi sur les faillites.

La cour peut refuser la décharge ou en suspendre l'effet pendant un temps déterminé, ou l'accorder sous les conditions ci-dessus énumérées;

1° Si le failli n'a pas tenu de livres de commerce.

2° S'il a fait le commerce en connaissance de son insolvabilité.

3° S'il a contracté une dette sans avoir un espoir raisonnable ou probable de l'acquitter, et c'est à lui à en faire la preuve.

4° S'il a été mis en faillite par suite de spéculations effrénées ou pour dépenses exagérées.

5° S'il a entraîné un ou plusieurs de ses créanciers à des dépenses inutiles en défendant sans raison à une action légitimement intentée contre lui.

6° Si dans les trois mois qui ont précédé le »receiving order« il a donné indûment une garantie privilégiée à l'un ou plusieurs de ses créanciers.

7° S'il a déjà été déclaré en faillite ou qu'il soit déjà entré en arrangement avec ses créanciers.

8° S'il s'est rendu coupable de fraude ou d'abus de confiance.

9° S'il a fait un contrat de mariage sans être en état, à cette époque, de payer toutes ses dettes alors exigibles et pouvant être payées sans les biens compris audit contrat, et si la cour est d'avis que ce contrat a été fait dans le but de frustrer les créanciers ou de différer le paiement, ou n'était pas en rapport avec la situation du débiteur à cette époque.

10° S'il a pris des arrangements ou fait des contrats pour passer sur la tête de sa femme ou celle de ses enfants les biens par lui acquis depuis son mariage (autres, bien entendu, que ceux de sa femme) et que la cour soit de cette opinion.

En refusant ou en accordant au failli sa décharge, la cour s'appuie sur le rapport de l'»official receiver« qui fait preuve, à priori, des faits y contenus. Ce rapport est en effet rédigé d'après l'examen public du failli, ses livres, ses papiers, les créances vérifiées et affirmées sous serment, et admises au passif de la faillite et par les dires des créanciers qui peuvent donner leur adhésion à la demande en décharge ou s'y opposer.

La cour peut, comme condition de la décharge, imposer au failli de consentir à ce que l'»official receiver« ou le syndic prenne jugement contre lui pour les dettes qui ont été déjà affirmées et n'ont pas encore été payées au moment de la décharge; mais ce jugement ne peut être rendu exécutoire sans l'autorisation de la cour.

Dans une affaire récente, le failli avait été entraîné à des spéculations hasardeuses, la cour rendit un arrêt de décharge, mais à la condition seule que tous les ans le failli ferait un état de ses gains et revenus, et qu'après avoir prélevé une somme déterminée pour son entretien et celui de sa famille, il verserait le surplus à ses créanciers jusqu'a ce qu'il leur ait payé un dividende de cinquante pour cent.

Lorsqu'un failli n'ayant pas obtenu sa décharge la demande aprés une seconde faillite, la cour ne la lui accorde pas jusqu'à ce qu'il ait obtenu décharge pour sa première faillite.

L'arrêt de décharge ne libère pas le failli des dettes par lui contractées frauduleusement ou par abus de confiance, mais seulement de toutes dettes légitimes, qu'il ait été ou non produit à sa faillite pour elles, autres que les sommes qu'il peut devoir à l'État, soit pour amendes ou pour toute autre cause, soit parce qu'il s'est porté caution de la comparution en justice de personnes accusées de crimes ou délits, les agents seuls du Trésor ayant le pouvoir de lui en donner décharge.

Le failli acquiert la propriété des biens qui peuvent lui échoir par la suite dès qu'il a obtenu sa décharge.

Le failli qui a obtenu sa décharge, doit, malgré cette décharge, donner à son syndic tout son aide pour que celui-ci puisse arriver à réaliser ses biens et à en faire la distribution et s'il refuse, il se rend coupable du délit de mépris de la cour et la cour peut aussi annuler son arrêt de décharge, mais sans préjudice de la validité de toute vente ou de tout paiement fait ou réputé fait après la décharge obtenue et avant qu'elle n'ait été annulée.

Observons que la cour a le droit d'envoyer aux assises le failli ou toute autre personne qu'elle croit coupable de crime ou délit prévu par la loi sur la faillite, et le directeur des poursuites publiques doit de son chef exercer toutes poursuites. On ne peut opposer à une action criminelle le fait que le débiteur a sa décharge ou a obtenu son concordat.

§ XV. — FAILLITES DE PEU D'IMPORTANCE.

Dans le cas où l'actif d'une faillite est inférieur à 300 £ st., la cour peut ordonner que les biens du failli seront administrés sans grands frais. L'»official receiver« agit alors comme syndic (à moins que les créanciers ne prennent une résolution spéciale pour en nommer un de leur choix), et il réalise l'actif aussi vite que possible.

Si un débiteur ne peut payer les causes d'un jugement de »County Court« et déclare que son passif n'excède pas 50 ₤ st. la »County Court« peut rendre une ordonnance pour faire administrer ses biens ou ses revenus et payer ses dettes, en partie ou en totalité, par à compte ou autrement. Cette ordonnance met le débiteur à l'abri de ses créanciers. Le coût de cette administration ne peut excéder dix pour cent du montant des dettes, non compris les frais de réalisation des biens s'il est nécessaire.

SECTION II. — DES LETTRES DE RÉPIT ET DU CONCORDAT AMIABLE.

Souvent un débiteur, actuellement dans l'impossibilité de payer ses dettes, pourrait faire face à ses engagements s'il lui était accordé terme et délai pour se libérer. Dans ce cas ses créanciers, s'ils sont tous d'accord, peuvent lui donner ce qu'on appelle *des lettres de répit* »letters of license« c'est-à-dire un acte signé d'eux, par lequel ils l'autorisent à continuer ses affaires et s'engagent, à ne pas le poursuivre avant une certaine époque qu'ils fixent.

Les créanciers peuvent aussi, s'ils sont également tous d'accord, accepter une partie de ce qui leur est dû pour solde de tout compte. C'est un concordat amiable qui les dispense de la procédure judiciaire relatée dans la section précédente.

Cet arrangement est effectué ordinairement au moyen d'un »deed« et ne lie que les parties à l'acte.

Cet acte a donc pour effet d'empêcher le débiteur d'être poursuivi et il a sa cause dans la bonne foi de ce dernier; s'il a été obtenu par fraude et que cette fraude vienne à être découverte et prouvée, il est nul et, par conséquent, les créanciers qui l'avaient signé rentrent dans la plénitude de leurs droits. Il serait également nul à l'égard d'un créancier dont la signature aurait été surprise par un moyen frauduleux, si, par exemple, on lui avait fait croire que tous les créanciers du débiteur étaient d'accord pour lui accorder terme et délai, et qu'on lui ait présenté un acte recouvert de fausses signatures.

Observons aussi que l'essence d'un arrangement semblable est l'égalité entre tous les créanciers et que, si un créancier qui signe le contrat est acheté par le débiteur ou toute autre personne avec la connaissance du débiteur, pour accepter cet arrangement, chaque créancier qui a donné son assentement a le droit de se retirer.

Tant que le délai accordé ne s'est pas écoulé, le débiteur est à l'abri de toutes poursuites, mais si, à l'époque stipulée, il ne s'est pas libéré, ses créanciers ont le droit de recouvrer ce qui leur est dû par tous les moyens et voies de droit.

En outre on peut, en dehors des dispositions de la loi sur les faillites, entrer en arrangement de la manière suivante. On convoque les créanciers, le débiteur est invité à se présenter avec un état de ses affaires, préparé par un »accountant« et dûment affirmé comme correct. On l'interroge et alors un ami offre d'acheter immédiatement à chaque créancier le montant de ce qui lui est dû à raison de tant pour cent. Les créanciers qui acceptent lui remettent leurs titres, reçoivent la somme convenue et tout est terminé à l'amiable.

CHAPITRE XV.

DES BREVETS.

Le droit d'accorder un brevet (*Patent*) c'est-à-dire de con-férer, par lettres-patentes du souverain, revêtues du sceau de l'État, à un inventeur le privilège exclusif de son invention, est l'une des plus anciennes prérogatives de la Royauté. Les abus qu'on en fit devinrent bientôt énormes, et, sous Elisabeth et Jacques I, quelques personnes avaient pu arriver, par ce moyen, à mono-poliser la vente du sel, du fer et du charbon.

Aussi en 1623, sous le règne de ce dernier monarque, la loi dite »des monopoles« vint-elle apporter un remède à un état de choses si préjudiciable à l'intérêt général. Elle déclara contraire à la constitution du pays, toute concession de monopole, mais en excepta les lettres-patentes accordées pour quatorze ans au plus, au premier inventeur de tout article nouveau, à la con-dition toutefois que l'invention ne fut pas contraire à la loi et n'eut pas pour effet d'augmenter, à l'intérieur, le prix des choses nécessaires à l'existence ou d'entraver le commerce.

Tel est le principe sur lequel reposent les lois rendues depuis cette époque sur cette matière.

Aujourd'hui, comme autrefois, le brevet ne peut être concédé que par le souverain, mais, quoique toute invention nouvelle puisse toujours, en fait, être protégée par un brevet, l'obtention de celui-ci n'est pas un droit, mais une faveur.

Depuis Jacques I plusieurs lois se sont occupées des brevets. Elles viennent toutes d'être abrogées par l'»act« de 1883 sur les brevets, dessins et marques de fabrique lequel a lui-même été modifié par le »Patent Act« de 1886 (49 et 50 Vic. c. 37). Cette

loi est devenue exécutoire depuis le 31 Décembre 1883. Elle a
co-ordonné celles déjà existantes sur la matière. Elle ne modifie
nullement les brevets concédés avant sa promulgation et ne porte
aucune atteinte aux droits ou privilèges accordés au breveté avant
cette époque. Toutefois, elle s'applique aux anciens brevets en ce
qui concerne les spécifications, extensions, révocations et autres
formalités y relatives, et les frais dès aujourd'hui sur les anciens brevets sont différents de ceux payés autrefois.

§ I. — DE CE QUI PEUT ÊTRE BREVETÉ.

Nous ne pouvons indiquer exactement ce qui peut faire l'objet
d'un brevet, cela se comprend aisément; nous dirons seulement
avec Lord Tenterden »que par le mot article (*manufacture*) la loi
»a entendu un objet utile et vendable, comme un médicament,
»un poêle, un télescope, une machine, un instrument, ou des
»parties de ces objets que l'on puisse employer, soit pour fabri-
»quer un objet déjà connu, soit pour un besoin usuel, comme
»une machine à vapeur pour enlever l'eau des mines. Il peut
»aussi s'appliquer à un procédé nouveau obtenu au moyen
»d'ingrédients déjà connus, agissant sur des matières connues
»aussi, mais donnant des résultats meilleurs, plus prompts, plus
»utiles que ceux obtenus jusqu'alors ou d'un prix inférieur.
»Mais un *principe abstrait* ne saurait être compris dans le mot
»‚article' il faut quelque chose de palpable, quelque chose que
»l'homme puisse produire avec la matière, par son intelligence
»et son habileté«.

Toutefois l'application d'un principe abstrait est susceptible
d'être brevetée.

Ne peut être brevetée l'invention qui vient à être connue du
public, d'une façon quelconque (à moins que ce ne soit par suite
d'une fraude) et alors même qu'elle n'aurait pas été utilisée déjà
(voir page 186 expositions aux expositions industrielles ou internationales).

Il est bien évident que la divulgation d'un secret faite confi-
dentiellement à un tiers, n'empêche pas l'inventeur de prendre
un brevet.

Enfin, outre le caractère absolu de nouveauté que doit avoir toute invention, il faut qu'elle soit utile, sinon le brevet obtenu serait nul. Et il en sera de même si l'on prouve que l'une des parties essentielles de l'invention est sans utilité ou n'est pas nouvelle.

§ II. — QUI A DROIT AU BREVET.

L'inventeur réel et qui le premier a fait la découverte a seul droit au brevet.

Par suite, celui qui achète le secret d'une invention ne peut se faire breveter. Ceci ne s'applique qu'au cas d'une invention faite en Angleterre et communiquée par un sujet anglais à un autre; car si le secret est acheté à l'étranger par une personne quelconque qui l'importe dans le Royaume-Uni, celle-ci est con-considérée comme l'inventeur réel.

La nouvelle loi n'a rien changé à cette théorie (voir aussi, conventions internationales et coloniales page 218).

L'ancienne loi n'accordait de brevet qu'à l'inventeur actuel seulement; aujourd'hui le brevet peut être concédé à l'inventeur actuel conjointement avec autre personne qui s'associe avec lui pour l'exploiter et le brevet est alors accordé audit inventeur et à son associé conjointement et par parts égales.

Toutefois, avant de demander un brevet de cette nature, l'inventeur fera bien de définir, par écrit, les droits de chacun, car la cour d'appel a jugé que tout co-breveté a le droit de se servir de l'invention pour son propre bénéfice sans le concours de ses co-intéressés qui ne peuvent le forcer à partager avec eux le profit qu'il a pu retirer de son exploitation personnelle du brevet (aff. Mather contre Green).

Le brevet sera refusé si l'invention est contraire aux lois ou aux bonnes mœurs. Il en est de même en France (art 30 Loi de 1844).

§ III. — OBTENTION ET DURÉE DES BREVETS.

Celui qui désire obtenir un brevet doit présenter une requêt au bureau des brevets dans laquelle, en énonçant le titre, la nature, et l'objet de son invention, il déclare qu'il en est le premier inventeur, qu'à sa connaissance personne ne s'en sert et qu'en conséquence il demande pour son invention des lettres-patentes.

Il y est joint une déclaration écrite affirmant la vérité de ce qui est contenu dans la requête et un mémoire appelé »spécification provisoire« signé du demandeur ou de son fondé de pouvoir dans lequel l'invention est décrite soigneusement d'une manière intelligible.

Cette spécification provisoire n'a pas pour effet de donner au public une description complète de l'invention, mais seulement d'indiquer, autant et aussi bien que possible, en quoi elle consiste et par suite de protéger, dès alors, l'inventeur jusqu'à l'entier accomplissment des formalités.

On doit y annexer des dessins si on les demande. Ces dessins doivent être faits sur des moitiés de feuilles ou sur des feuilles de papier impérial de la dimension de dix-neuf pouces sur douze ou de vingt sept sur dix-neuf avec une marge d'un demi pouce tout autour. Copie de ces dessins doit être faite sur papier impérial en rouleau ou sur bristol léger de dimensions semblables au dessin original. Toutes les lignes doivent être absolument noires, on ne doit employer que l'encre de chine et tout le dessin doit être de la même encre. Toute nuance doit être indiquée en lignes claires et distinctes et aussi nettes que possible pour rendre l'effet demandé. Les lignes de profil ne doivent pas être tirées trop près les unes des autres. Aucune couleur ne doit être employée. Les lettres et les chiffres d'indication doivent être très apparents. La bordure doit être très petite. Les dessins ne doivent pas être pliés; on doit les remettre au bureau des brevets soit dans leur état complet de netteté, soit roulés sur un rouleau afin de les preserver de toute cassure.

Toutes les pièces doivent être écrites ou imprimées en gros caractères bien lisibles, en langue anglaise, sur papier rayé large sur le recto seul, le papier doit avoir 13 pouces sur 8, avec une marge de deux pouces à gauche et la signature du demandeur ou de son représentant doit être très lisible.

On dépose le tout au bureau des brevets; le jour du dépôt est inscrit et il en est délivré un certificat au déposant.

Les parties peuvent rédiger elles-mêmes ces diverses pièces; mais le soin à y apporter est si minutieux, les formalités à remplir si grandes et d'une rigueur telle que nous ne saurions trop engager les étrangers à consulter, à Londres, un solicitor ou un agent de brevets avant de demander une protection provisoire.

Toute demande ne peut s'appliquer qu'à une seule et même invention à peine d'être rejetée.

Quoique on ne puisse donner un brevet que pour une seule invention, il peut néanmoins contenir plus d'une revendication d'un droit à une invention. En d'autres termes, un brevet peut être obtenu pour une invention consistant en plusieurs parties, si leur application simultanée ou séparée a pour but de produire un résultat jusque-là inconnu.

En cas de procès, on ne peut invoquer la nullité d'un brevet sous prétexte qu'il s'applique à plus d'une invention.

La demande et les pièces à l'appui sont soumises par le contrôleur général des brevets, dessins et marques de fabrique, fonctionnaire qui agit d'après les instructions du »Board of Trade«, à l'examen d'un autre fonctionnaire chargé de faire connaître au contrôleur si la nature de l'invention a été bien et dûment décrite, si la demande, la spécification et les dessins ont été faits dans la forme voulue, et si le titre indique suffisamment l'objet principal de l'invention. Un titre vague, comme, par exemple, amélioration dans les machines, serait refusé. On doit employer des mots indiquant les parties de la machine ou à quoi s'appliquent les améliorations.

Si le contrôleur sur le rapport à lui fait exige un changement dans la demande, la spécification ou les dessins, le demandeur peut porter appel de cette décision devant »l'Attorney« ou le »Solicitor« général, dans les quatorze jours de la notification de la décision. »L'Attorney« ou le »Solicitor« général entend les deux parties et juge en dernier ressort.

Le contrôleur ne peut exercer son pouvoir discrétionnaire sans que le demandeur ait pu par lui-même ou son représentant présenter ses observations. Il doit, à cet effet, donner à celui qui demande un brevet avis de son intention, et le demandeur, dans les cinq jours qui suivent ou dans tel délai autre indiqué par le contrôleur, doit présenter par lui-même ou son représentant ses observations que le contrôleur doit accueillir.

Si après la demande de brevet, mais avant que le sceau de l'État ait été opposé sur ce brevet, une demande est faite ayant le même titre ou un titre semblable, le fonctionnaire chargé de l'examen de cette demande, doit en référer au contrôleur qui donne avis à chacun des demandeurs, et décide si, en fait, l'invention énumérée dans chacune des demandes est semblable ou non et par suite ordonne ou refuse le sceau au brevet. Sauf appel à l'Attorney général ou au Solicitor général dont la décision est suprême.

Si le contrôleur trouve la demande et les pièces à l'appui régulières, il approuve le tout et en délivre un certificat. Dès ce moment, l'inventeur peut mettre son invention au jour, s'en servir pendant 9 mois qui courent du jour de la demande, sans perdre son droit au brevet. C'est ce que l'on appelle la *protection provisoire*.

On peut de suite, au lieu de la spécification provisoire, faire la spécification complète dont nous parlerons plus bas, mais ce n'est guère l'usage de la pratique.

Lorsque la demande a été acceptée et la protection provisoire accordée, le contrôleur fait insérer le tout dans le journal officiel des brevets (voir clause 5 du protocole de la convention internationale sur la matière).

Dans les neuf mois de sa demande, le demandeur doit déposer au bureau des brevets une description ou spécification complète de son invention et l'accompagner des dessins à l'appui qui auront pu être exigés, avec une réduction du dessin, de la manière indiquée pour la copie du dessin original, pour être insérée dans le journal des brevets, et à la condition qu'ils n'excéderont pas six pouces carrés.

Comme la spécification provisoire, la spécification définitive commence par le titre de l'invention et finit par un énoncé distinct de l'invention dont on réclame la priorité; c'est ce qu'on appelle la revendication de l'invention. Ce document doit être fait avec le plus grand soin, car la plus grande importance est attachée à cet énoncé de l'invention qui doit être aussi complet et clair que possible.

La spécification est examinée par qui de droit. Toutefois on ne recherche pas en Angleterre, comme on le fait en Allemagne, si l'invention est nouvelle. C'est à la Cour à décider lorsqu'il a procès sur cette spécification.

Le contrôleur soumet les deux spécifications à un examinateur chargé de vérifier si la spécification complète a été faite dans la forme voulue et si l'invention qui y est décrite est la même que celle définie dans la spécification provisoire et, s'il y a lieu de l'amender, on suit les mêmes formalités que pour cette dernière.

Si cette spécification n'est pas admise dans les douze mois du jour de la demande et qu'il n'y ait pas eu appel contre le refus d'acceptation, la demande est nulle et non avenue à l'expiration de ce délai.

Nous conseillons à quiconque veut prendre un brevet de présenter sa spécification définitive au bureau des brevets dès qu'il est en mesure de donner une description complète de son invention et de bien établir ce qu'il réclame (voir page 190 en ce qui concerne les droits d'un demandeur qui a déposé sa spécification définitive).

Lorsque la spécification définitive a été acceptée, le contrôleur le fait connaître par insertion dans le journal officiel des brevets, et cette spécification avec les dessins à l'appui sont à la disposition du public.

L'acceptation une fois faite, le demandeur a tous les droits d'un breveté, mais il ne peut poursuivre en contrefaçon qu'après la délivrance du brevet. Lorsqu'il a en mains son brevet, il peut intenter toutes actions et demander tous dommages-intérêts pour contrefaçon commise à toute époque depuis l'acceptation de sa spécification définitive et son insertion dans le journal officiel des brevets.

Après l'accomplissement de toutes les formalités et s'il n'y a pas eu d'opposition à la délivrance du brevet, le contrôleur fait apposer sur le brevet le sceau légal.

Un brevet ne peut être revêtu de ce sceau lorsque quinze mois se sont écoulés depuis le jour de la demande, à moins que l'apposition du sceau n'ait été retardée par suite d'appel à l'Attorney général ou au Solicitor général ou qu'une opposition y ait été formée.

Si l'inventeur décède avant cette époque, le brevet est délivré à ses ayant-droits, soit après l'accomplissement des formalités, soit dans les douze mois du décès.

Lorsqu'une personne, possédant une invention, meurt sans avoir demandé un brevet, le brevet peut être accordé dans les six mois du décès, à son héritier, si celui-ci peut déclarer qu'il croit que le décédé était bien le réel et premier inventeur de l'invention dont il s'agit (voir page 218 conventions internationales sur la matière).

Les brevets portent la date du jour de la demande sauf les exceptions contenues dans les conventions internationales.

Lorsqu'il y a plus d'un demandeur de brevet pour la même invention, la délivrance d'un brevet sur l'une des demandes n'empêche pas qu'un autre brevet ne soit accordé sur une demande antérieure. Ainsi, par exemple, si A, le premier inventeur et en même temps le premier demandeur, est devancé dans l'obtention du brevet par B qui a rempli plus vite que lui les formalités requises, A pourra néanmoins se faire délivrer le brevet.

Le brevet a une durée de quatorze ans.

Mais si un objet d'abord breveté à l'étranger l'est ensuite en Angleterre, le brevet anglais n'a que la durée de celui pris à l'étranger (voir page 216 conventions internationales sur la matière).

Le brevet est valable pour le Royaume-Uni, et l'Ile de Man; il ne l'est pas pour le reste des possessions anglaises.

Lorsque le brevet est perdu ou détruit, on peut en obtenir un nouveau aux conditions imposées par le contrôleur.

Un brevet n'est jamais accordé qu'à la condition expresse pour l'inventeur de payer un droit de timbre de 50 £ st. avant l'expiration de la quatrième année et de 100 £ st. avant la huitième du jour de la demande.

Toutefois on peut payer ces 150 £ st. en dix ans par annuités (voir page 188).

Quoique le brevet cesse d'avoir son effet si le breveté néglige de payer en temps utile les droits dus, néanmoins en payant une amende qui ne peut excéder 10 £ st. il peut obtenir du contrôleur un nouveau sursis de trois mois pour s'acquitter. En France, en pareil cas, le brevet tombe dans le domaine public.

§ IV. — REGISTRE DES BREVETS.

Un registre est tenu au bureau des brevets à la disposition de toute personne qui peut en prendre communication moyennant paiement d'un shilling.

Ce registre contient les noms et adresses des titulaires des brevets, les notifications des cessions et permissions d'user de ces brevets (*Licenses*) leurs additions, modifications, annulations, en un mot tous les renseignements pouvant affecter la propriété d'un brevet.

On peut se faire délivrer, moyennant paiement des frais, copie certifiée de chacune des inscriptions faites sur le registre; ces copies font foi devant nos tribunaux.

§ V. — DES CESSIONS DE BREVETS etc.

Le titulaire d'un brevet peut le céder en tout ou en partie.

La cession doit être faite par acte sous sceau (*deed*) et revêtue du timbre proportionnel.

Cette cession doit être enregistrée sur le registre des propriétaires (voir plus haut).

Quant aux autorisations (*licenses*) de se servir d'une invention, elles peuvent être faites par acte ordinaire et sont soumises à l'enregistrement.

Si cette autorisation est donnée en paiement d'une somme due, elle doit être rédigée sur papier timbré.

La personne qui a reçu cette autorisation à la charge par elle de payer à l'inventeur une redevance (*royalty*) ne peut, pour se soustraire à son obligation, invoquer la nullité du brevet, mais elle a le droit de prouver que ce qu'elle a fabriqué n'est en aucune façon une des applications du brevet.

Toute personne intéressée peut, sur demande, obtenir du »Board of Trade« une ordonnance enjoignant à un breveté d'accorder, sous certaines conditions, au demandeur une autorisation de se servir du brevet.

Pour obtenir cette ordonnance, le demandeur doit démontrer que;

1° Le brevet n'est pas exploité dans le Royaume-Uni:

2° Ou que les demandes raisonnables du public, en ce qui concerne l'invention, ne peuvent être satisfaites

3° Ou que quelqu'un est empêché d'appliquer ou d'employer, pour le plus grand avantage de tous une invention dont il est le propriétaire.

Le »Board of Trade« a reçu ce pouvoir pour empêcher le préjudice sérieux qui pourrait être causé au commerce par l'exploitation exclusivement à l'étranger d'une invention, et aussi pour empêcher que l'auteur d'une amélioration apportée à un brevet (amélioration dont il ne peut se servir sans contrefaire le brevet) ne puisse être obligé à attendre l'expiration du premier brevet (voir page 189) pour tirer parti de cette amélioration.

§ VI. — DES OPPOSITIONS ET REVOCATIONS.

Dans les deux mois de l'insertion dont il est question page 179 ci-dessus, toute personne qui a intérêt doit former opposition au bureau des brevets à la déliverance du brevet, et fournir ses moyens.

Copie en est adressée de suite au demandeur et l'affaire est jugée par le contrôleur, au plus tôt.

Les seuls motifs sur lesquels on peut s'appuyer pour former opposition à la délivrance d'un brevet sont les suivantes:

1° Que le demandeur ait connu l'invention par l'opposant ou son ayant-cause,

2° Que l'invention soit déjà brevetée en Angleterre,

3° Que le rapporteur chargé de l'examiner ait consigné dans son rapport au contrôleur que la prétendue invention est la même que celle comprise dans une spécification portant le même titre ou un titre similaire à l'appui d'une demande antérieure.

Si l'opposition est admise le demandeur ne peut continuer ses démarches; si elle est rejetée, les frais en sont à la charge de l'opposant. Appel de la décision peut être formé devant l'Attorney général ou le Solicitor général qui peut demander à l'opposant de lui justifier de son droit à l'opposition.

De même quiconque se prétend lésé par une inscription sur

le registre des brevets doit s'adresser à la division de Chancery de la Haute Cour de justice pour sauvegarder ses droits.

On peut obtenir l'annulation d'un brevet, lorsqu'il y a lieu, au moyen d'une requête présentée à la Haute Cour de justice par l'Attorney général (ou toute autre personne autorisée par lui) en Angleterre ou en Irlande, et en Écosse par le Lord Avocat (ou celui qu'il a autorisé). Une requête, à cet effet, peut également être présentée par toute personne pour les raisons suivantes, savoir :

1º Que le brevet attaqué a été obtenu en fraude des droits du demandeur ou de son auteur,

2º Que ledit demandeur ou son auteur était l'inventeur de ce qui a été réclamé par le breveté comme étant sa propre invention,

3º Que le demandeur ou son auteur avait publiquement, et avant la date du brevet, fait ou vendu ce que le breveté a réclamé comme étant son invention ou en avait fait usage.

Lorsqu'un brevet est annulé pour cause de fraude, l'inventeur réel peut en obtenir un, aux lieu et place du premier, à la condition d'en faire la demande dans les formes légales, et la délivrance en est faite à la date de la révocation et pour le temps pour lequel le premier brevet avait été concédé.

Nous ferons observer ici que le brevet accordé au réel et premier inventeur n'est pas annulé par une demande faite par une autre personne en fraude de ses droits ou par une protection provisoire qui aurait pu être obtenue, ou parce que, pendant la période de la protection provisoire, on aurait exploité ou fait connaître l'invention après cette demande.

§ VII. — DES CHANGEMENTS APPORTÉS AUX BREVETS.

Un breveté a le droit de changer sa spécification par renonciation, correction ou explication. Pour cela il doit déposer sa demande écrite au bureau des brevets.

Par la renonciation (*disclaimer*) l'inventeur déclare ne réclamer aucun privilège sur l'invention qui vicie son brevet.

Il n'est pas permis de faire un changement qui aurait pour but de rendre l'invention que l'on réclame plus large substantiellement que celle de la spécification primitive ou différente de celle-ci.

La demande d'autorisation de changer une spécification est insérée dans le journal officiel des brevets et chacun peut, dans le mois, y former opposition.

C'est au contrôleur et en cas d'appel à l'Attorney général ou au Solicitor général qu'il faut s'adresser pour les changements comme pour l'opposition.

Une fois approuvé le changement, devient partie intégrante du brevet et de sa spécification.

On ne peut former de droit une demande de changement s'il y a procès pendant pour contrefaçon. La cour peut, toutefois, aux conditions qu'elle impose, autoriser le breveté à changer sa spécification par voie de renonciation et surseoir pendant ce temps au jugement.

Lorsque le breveté a été autorisé à changer son brevet par renonciation, correction ou explication, il peut lui être alloué des dommages-intérêts pour contrefaçon avant cette époque s'il prouve à la cour que sa demande originaire avait été formée de bonne foi et en juste raisonnable connaissance de cause.

Ajoutons que le contrôleur a le droit, sur demande écrite à lui adressée accompagnée du montant des frais, de corriger toute erreur de rédaction faite dans une demande de brevet ou dans l'adresse du propriétaire désigné sur le registre des brevets.

§ VIII. — PROLONGATION DES BREVETS.

Avant l'expiration des quatorze années de son brevet, l'inventeur ou ses ayant-droits peuvent demander au souverain en conseil privé, une prolongation de son privilège.

Elle lui sera accordée, si le comité judiciaire du conseil est d'avis, sur le vu des pièces justificatives, que, durant les 14 années qui se sont écoulées, l'inventeur n'a pu retirer de son invention un bénéfice capable de compenser les dépenses qu'elle lui a occasionnées.

Le délai concédé à nouveau est de sept années et le souverain peut, à l'expiration, accorder un nouveau délai qui n'excède pas sept nouvelles années; mais il est rare que l'on obtienne plus de sept ans en tout.

Le breveté qui demande une prolongation de son brevet est obligé de prouver d'une façon irréfutable qu'il n'en a pas tiré un bénéfice suffisant. Si le brevet est exploité dans une industrie quelconque, on doit tenir compte de tous les profits ou pertes provenant de l'emploi de ce brevet.

Si le demandeur a obtenu des brevets à l'étranger on doit mentionner le fait au conseil privé et produire un état des produits de ces brevets.

La production de ces états de produits est la condition première pour obtenir une prolongation.

On peut renouveler un brevet anglais quoiqu'il y en ait déjà un obtenu à l'étranger et expiré.

Le breveté doit donner avis de sa demande et du jour où elle doit être examinée par trois insertions à jours différents, dans la London Gazette, trois autres journaux de Londres, à son choix, et dans l'un des journaux de son domicile ou de la localité où son invention est exploitée.

Sa demande ne peut être examinée que quatre semaines au moins après la troisième insertion dans la »London Gazette«.

Pendant ce temps, les tiers peuvent former leurs oppositions devant le comité judiciaire dudit conseil (c'est ce qu'on appelle »caveat«).

Huit jours au moins avant celui fixé pour l'examen de la demande, on dépose au bureau du comité six copies imprimées de la spécification et quatre copies des recettes faites avec le brevet et des dépenses qu'il a nécessitées. Ces recettes et dépenses sont affirmées sous serment devant le comité.

Quand le pétitionnaire demeure à l'étranger et ne fabrique pas en Angleterre l'objet breveté, il lui suffit de faire les trois insertions dans la »London Gazette« et, s'il a donné des autorisations de se servir de son invention, dans les journaux du pays où habitent les personnes ainsi autorisées.

La demande doit être présentée au plus tard dans les six mois qui précèdent l'expiration des quatorze années du privilège, sauf audit comité judiciaire à accorder un délai plus long, s'il y a lieu.

§ IX. — EXPOSITIONS AUX EXPOSITIONS INDUSTRIELLES OU INTERNATIONALES.

L'exposition d'une invention à une exposition industrielle ou internationale, admise comme telle par le »Board of Trade«, la publication de toute description de l'invention pendant la durée de l'exposition, l'usage fait de cette invention pour les besoins de l'exposition dans les lieux où celle-ci se tient ou par toute autre personne durant l'exposition à l'insu et sans le consentement de l'inventeur, ne portent aucun préjudice aux droits de celui-ci ou de son ayant-cause de demander et d'obtenir la protection provisoire et un brevet ou à la validité du brevet déjà obtenu, à la condition que l'exposant avant d'exposer son invention, donne au contrôleur l'avis prescrit par la loi de prendre un brevet et fasse sa demande à cet effet avant ou dans les six mois de l'ouverture de l'exposition.

L'exposant ou celui qui se sert de son invention ou la rend publique doit obtenir du »Board of Trade« un certificat constatant que l'exposition est industrielle ou internationale et donner au contrôleur, sept jours à l'avance, avis de son intention d'exposer, de publier son invention ou d'en faire usage, selon le cas.

Afin de bien faire constater son invention et pour le cas où postérieurement il serait fait une demande de brevet pour semblable invention, le demandeur doit en donner une description brève au contrôleur et y joindre, s'il est nécessaire, des dessins ou toutes autres pièces à l'appui que le contrôleur peut réclamer.

La loi de 1886 (49 et 50 Vic 37) a amendé les dispositions de celle de 1883 relatives aux expositions industrielles et internationales faites en dehors du Royaume-Uni. Elle décide ce qui suit:

La Reine peut, par ordonnance rendue en conseil privé de temps en temps déclarer que les articles de la loi de 1883 relatifs à la protection des brevets et dessins aux expositions internationales, certifiés comme tels par le »Board of Trade« pourront s'appliquer à toute exposition spécifiée dans ladite ordonnance comme si c'était une exposition industrielle ou internationale certifiée par le »Board of Trade«, et décider que l'exposant pourra être dispensé des conditions à lui imposées par ce même acte de donner avis au contrôleur de son intention d'exposer et qu'il pourra en être dispensé soit absolument soit dans les conditions qui lui seront imposées par la Reine en conseil.

§ X. — DES PERFECTIONNEMENTS APPORTÉS AUX INSTRUMENTS OU CHOSES DE LA GUERRE.

En ce qui concerne les perfectionnements apportés aux instruments ou choses de la guerre, l'inventeur, ou ses ayant-droits, qui veut les breveter peut aviser le ministre de la guerre de sa découverte, lui en dire le secret et lui céder tous ses droits au brevet à prendre.

Le ministre, s'il le juge utile au service public, délivre au contrôleur des brevets un certificat constatant que l'invention doit être tenue secrète, et, par suite, tous documents relatifs à l'obtention du brevet sont livrés au contrôleur, sous pli cacheté revêtu du sceau du ministre.

Le brevet s'obtient comme il a été dit précédemment en énonçant qu'il s'agit d'une invention tombant sous le coup de l'article de la loi dont nous nous occupons, et, tant qu'il est en vigueur, les documents cachetés sont tenus à la disposition du ministre.

Le ministre peut rendre publique ladite invention, et dans ce cas, les divers documents et pièces du brevet sont déposés dans la forme ordinaire.

Enfin, tant que le ministre croit utile de garder le secret, aucune action ne peut être intentée en ce qui touche la validité du brevet.

§ XI. — DROITS A PAYER POUR LES BREVETS.

Les frais à payer, y compris ceux de l'agent, si l'on en prend un, sont les suivants:

Pour obtenir la protection provisoire (ce qui comprend la demande et la première spécification, environ	£ st.	4.	10. 0
Spécification complète et délivrance du brevet environ	£ -	10.	10. 0
Soit au total pour les quatre premières années environ	£ -	15.	—. 0

Ces frais ne comprennent pas le coût des dessins lorsqu'ils sont demandés ni ceux d'opposition ou appel.

Nous rappelons que le breveté doit, en outre (voir page 180) payer au Trésor :

Avant l'expiration des quartre premières années   £ st. 50. 0. 0

Et avant celle des sept premières ou avant
celle des huit premières années si le
brevet a été obtenu sous la nouvelle loi   £ st. 100. 0. 0

Toutefois, on peut, en donnant avis au contrôleur sept jours au moins avant l'expiration de la quatrième année et de chacune des années suivantes pendant lesquelles le brevet a cours, payer cette somme de £ 150 de la manière suivante :

Avant l'expiration de la	4^e	année depuis l'obtention du brevet	£ 10
— — —	5^e	— —	— 10
— — —	6^e	— —	— 10
— — —	7^e	— —	— 10
— — —	8^e	— —	— 15
— — —	9^e	— —	— 15
— — —	10^e	— —	— 20
— — —	11^e	— —	— 20
— — —	12^e	— —	— 20
— — —	13	— —	— 20

Le breveté qui, à l'expiration de la quatrième ou de la huitième année (la septième dans le cas de brevets accordés sous le régime de l'ancienne loi), a l'intention de conserver son effet à son brevet, doit en donner avis au contrôleur sept jours au moins à l'avance.

CHAPITRE XVI.

DE LA CONTREFAÇON DES BREVETS.

La loi répute contrefaçon (*infringement*):

La vente d'objets brevetés, fabriqués en Angleterre ou y importés par une autre personne que le titulaire ou possesseur du brevet.

La fabrication, même faite de bonne foi, si elle a lieu en vue d'en retirer un bénéfice quelconque par la vente ou autrement.

N'est pas contrefacteur celui qui, de bonne foi, et pour faire des expériences, fabrique sans autorisation un objet breveté.

Breveter le perfectionnement d'un objet déjà breveté n'est pas une contrefaçon, mais le brevet de perfectionnement ne pourra être employé pendant toute la durée du premier, sauf conventions contraires entre les parties (voir page 182). Il a été jugé qu'il n'y a pas de contrefaçon dans l'usage fait d'une partie seulement de ces perfectionements.

On ne peut se servir d'un objet fabriqué à l'étranger et y breveté, sans être contrefacteur.

Si les objets sont également brevetés à l'étranger et en Angleterre, la vente qui en est faite dans l'un des deux pays, implique l'autorisation de s'en servir dans l'autre, sans qu'il y ait contrefaçon et sous réserve des droits du cessionnaire du brevet.

N'est pas contrefacteur:

Celui qui fait usage d'une invention brevetée en Angleterre, s'appliquant à un vaisseau étranger se trouvant dans les eaux anglaises, s'il n'a pas l'intention de fabriquer pour vendre dans le Royaume-Uni ou l'Ile de Man ou exporter.

Le gouvernement n'a pas le droit, de se servir, sans compensation de sa part, du brevet qu'il a donné sous la nouvelle loi.

Celui qui a obtenu un brevet sous l'empire de la présente loi ne peut empêcher un fonctionnaire du gouvernement ou les fournisseurs de celui-ci de se servir de son invention.

Tout ce qu'il peut exiger c'est qu'on signe un traité avec lui pour le paiement d'indemnités (*royalties*) ou toute autre compensation.

Les brevets concédés avant le 1er Janvier 1884 ne sont pas atteints par la présente loi, et le gouvernement a le droit de se servir sans compensation de ces brevets.

Mais si le gouvernement traite pour la fourniture d'un objet breveté (avant le 1er Janvier 1884) avec un fabricant, ce dernier n'a pas le droit de fabriquer sans l'autorisation du propriétaire de ce brevet, car il n'agit pas comme agent direct du gouvernement, mais comme simple particulier agissant à ses risques et périls. Ceci résulte d'ailleurs d'un arrêt de la chambre des Lords du 11 Juillet 1876.

En cas de contrefaçon le breveté doit s'adresser à l'une des divisions de la haute cour de justice et obtenir d'elle un »Writ of injunction« ou ordre interdisant au contrefacteur de continuer à contrefaire l'invention.

Il peut aussi obtenir une ordonnance l'autorisant à vérifier les procédés employés, s'il prouve que cette vérification est indispensable.

En outre, il a le choix de demander, ou les profits retirés de la contrefaçon ou des dommages-intérêts, mais il ne peut avoir à la fois les profits et une indemnité.

Enfin dans le cas d'urgence, la cour peut rendre une ordonnance exécutoire par provision (*interim injunction*), si la validité du brevet n'est pas contestée et si la contrefaçon est bien établie.

La cour ne rendra pas cette ordonnance si le propriétaire du brevet en fait usage depuis longtemps ou a négligé de sauvegarder ses droits; l'ordonnance sera rapportée, si elle a été obtenue par des moyens frauduleux.

Bien qu'il n'y ait pas encore eu de contrefaçon, le breveté peut demander »l'injunction« contre celui qui prétend avoir droit de contrefaire.

Si l'action est intentée tant contre le fabricant-contrefacteur que contre le vendeur, la cour peut allouer au breveté non seulement les profits réalisés par le fabricant, mais aussi des dommages-intérêts contre le vendeur.

Souvent des brevetés, peu rassurés sur la validité de leurs brevets, essaient d'intimider les autres et de leur persuader de ne pas exploiter leurs inventions dûment brevetées et les menacent de procès. Pour obvier à cet inconvénient, la présente loi déclare que si un breveté par insertions dans les journaux, avis ou autrement menace une autre personne de poursuites pour contrefaçon par suite de fabrication, emploi, vente ou achat de la chose inventée, toute personne lésée peut intenter une action, obtenir un ordre de la cour et obtenir des dommages-intérêts, en prouvant la menace qui lui a été faite et le préjudice qui lui a été causé et qu'il n'y a eu aucune contrefaçon de l'invention du breveté. L'action pourtant ne peut être intentée que si le breveté qui a fait les menaces dont nous parlons n'a pas de son côté, immédiatement et avec toute diligence possible introduit lui-même son action en contrefaçon.

Dans un procès récent, il a été jugé que le demandeur doit, comme condition absolue pour obtenir un ordre de la cour (*Injunction*) prouver qu'il n'y a pas eu contrefaçon de sa part, et que si le défendeur prétend qu'il y a eu, au contraire, contrefaçon de la part du demandeur, la demande doit être rejetée quoique le défendeur refuse de poursuivre en contrefaçon (Barney contre la Compagnie Unie de Téléphone).

Quiconque prétend que tout article vendu par lui est breveté, quoique aucun brevet n'ait été obtenu pour cet objet, est passible pour chaque contravention d'une amende de 5 £ st. La contravention résulte suffisamment de la vente d'un article portant les mots »brevet« ou »breveté«.

Si, sans autorisation, quelqu'un se sert des armoiries du souverain ou les imite à l'effet de tromper les autres et de leur faire croire qu'il exerce son commerce ou sa profession par ou avec l'autorité du souverain ou du gouvernement, il se rend passible d'une amende de 20 £ st.

CHAPITRE XVII.

DESSINS D'ORNEMENTATION ET D'UTILITÉ USUELLE.

L'inventeur ou propriétaire, sujet britannique ou étranger, de tout dessin nouveau ou original non encore mis dans le commerce dans le Royaume-Uni et non réputé dessin de sculpture aux termes de la loi sur la propriété des objets de sculpture, soit qu'il veuille en faire usage pour l'ornementation, ou les choses d'utilité ou pour tel objet manuel, mécanique ou chimique pour lequel la demande est faite, peut faire enregistrer son dessin dans les conditions exigées par la loi de 1883 dans toute classe spéciale ou toutes autres classes auxquelles il veut l'appliquer. Du jour de l'enregistrement l'inventeur ou propriétaire a seul droit à la propriété du dessin pendant cinq ans, c'est-à-dire que seul, il a le droit de l'appliquer à tout objet fabriqué ou à toute substance de la classe pour laquelle il est enregistré.

Pour faire enregistrer un dessin, il faut présenter au contrôleur général des brevets une demande relatant aussi succinctement que possible la nature du dessin en en donnant une description générale et en désignant la classe ou les classes d'objets dans lesquelles on veut la faire enregistrer.

Cette demande doit être accompagnée d'un croquis ou dessin exact ou d'une photographie ou du calque du dessin (sur papier à décalquer ou papier fort) en trois exemplaires ou de trois spécimens du dessin n'ayant pas plus de douze pouces sur vingt et un. Le tout doit être sur fort papier ministre de treize pouces sur huit, sur un seul côté du papier et avec une marge au moins d'un pouce et demi à gauche.

Ces croquis, dessins ou décalques doivent être attachés, et si l'article auquel ils s'appliquent ne peut être susceptible d'être réuni en un volume, des photographies ou décalques de ce dessin doivent être donnés au contrôleur. Dans la désignation du dessin, la demande doit dire s'il est applicable à l'échantillon ou les moyens de l'employer, et si l'on doit l'appliquer à une série de dessins ou croquis; chacun d'eux doit indiquer les diverses manières dont on veut l'appliquer.

Si le demandeur donne des croquis qui ne sont pas la représentation exacte de son dessin, il doit, avant la vente de chaque article d'après son enregistrement, donner au contrôleur, comme supplément des modèles déjà fournis, la représentation exacte ou des spécimens de son dessin d'après la classe à laquelle il s'applique; à défaut de quoi, le contrôleur peut rayer son nom du registre et le droit de propriété n'existe plus.

Le contrôleur examine la demande et, s'il accorde l'enregistrement, en délivre un certificat et inscrit sur le registre des dessins les nom, adresse et profession du propriétaire et la date de la réception de la demande qui forme celle de l'enregistrement.

Le contrôleur peut refuser l'enregistrement, sauf appel au »Board of Trade« qui entend les deux parties.

Avant d'exercer ce pouvoir discrétionnaire que lui confère la loi de rejeter la demande, le contrôleur doit entendre le demandeur en ses explications et lui faire connaître son intention par avis donné dix jours à l'avance. Dans les cinq jours de la réception de cet avis, le demandeur doit notifier au contrôleur son désir d'être ou non entendu par lui. En cas d'appel, le demandeur doit dans le mois de la décision du contrôleur, donner avis de son appel au bureau des brevets avec les motifs sur lesquels il fonde son appel et les pièces à l'appui et il adresse copie de cet avis au »Board of Trade« qui à son tour convoque le contrôleur et l'appelant.

Le même dessin peut être enregistré dans plusieurs classes, et en cas de doute sur la classe à laquelle il s'applique, le contrôleur décide. Lorsque l'on croit devoir appliquer le dessin à tous articles d'une classe autre que celle primitivement demandée, on doit donner d'autres copies ou spécimens du dessin pour chacune des autres classes.

Avant de vendre un article sur lequel a été mis un dessin enregistré, le propriétaire du dessin doit, si cet article est compris dans l'une des classes une à douze (voir page 195) marquer chaque article de l'abréviation »R^d« (*registered*, enregistré) avec le numéro de l'enregistrement, et s'il est compris dans les classes 13 et 14, chaque article doit porter l'abréviation »Reg^d«. A défaut de quoi, il perd son droit à la propriété du dessin, à moins qu'il ne puisse prouver qu'il a pris toutes les mesures nécessaires pour assurer la marque de l'article.

Le propriétaire seul ou la personne dûment autorisée par lui par écrit, ou par le contrôleur, ou la cour a le droit de voir les dessins ou les spécimens déposés au Bureau des brevets, tant que la protection dure; mais toute personne en donnant au contrôleur le spécimen ou le croquis d'un dessin enregistré et moyennant le paiement de cinq shillings peut obtenir des renseignements sur toute marque ou tout article marqué enregistré. Le contrôleur doit, dans ce cas, donner tous renseignements sur l'existence et la durée de la protection, les classes auxquelles s'applique l'enregistrement, le nom et l'adresse du propriétaire et dire si le dessin produit n'est pas semblable à un dessin déjà enregistré pour même objet ou n'en est pas l'imitation.

Lorsque le temps de la protection est expiré toute personne peut consulter le registre en payant un shilling.

Le propriétaire d'un dessin enregistré doit en faire un usage réel dans les six mois, passé ce délai le droit à la propriété est périmé.

Celui qui achète le droit à la propriété d'un dessin ou le droit exclusif ou non de l'appliquer à un objet, ou devient possesseur par testament ou autrement est enregistré comme propriétaire.

La cession de ce droit doit se faire par écrit, mais il n'est pas besoin d'un »deed«, et le cessionnaire doit se faire enregistrer comme propriétaire actuel. Comme lorsqu'il s'agit de brevets, le contrôleur peut rectifier les erreurs de rédaction faites dans les demandes et sur le registre, et toute personne qui se prétend lésée par une inscription sur ce registre peut s'adresser à la division de

Chancery de la Haute Cour à fin de rectification (voir page 182 chapitre des brevets).

Est passible d'une amende qui ne peut excéder 50 £ st. toute personne qui, sans autorisation, applique ou fait appliquer un dessin enregistré ou toute imitation frauduleuse ou patente de ce dessin à un article fabriqué pour le vendre, qu'elle sache ou non que le dessin était enregistré. De même pour toute personne qui, sachant que le consentement du propriétaire du dessin enregistré n'a pas été obtenu, vend ou met en vente un article fabriqué auquel un dessin enregistré ou son imitation frauduleuse ou patente a été appliquée. Cette amende peut être recouvrée par le propriétaire du dessin en la manière ordinaire, sans préjudice du droit pour lui de demander des dommages-intérêts et d'obtenir de la Haute Cour une défense de se servir du dessin.

L'exposition faite à une exposition reconnue par le »Board of Trade« ou ailleurs pendant cette exposition sans le consentement et à l'insu du propriétaire, d'un dessin ou d'un objet sur lequel il s'applique, ou la publication de la description d'un dessin pendant la durée d'une exposition, n'en empêche pas ou n'en invalide pas l'enregistrement, si la demande d'enregistrement a été faite dans les six mois de l'exposition et les formalités pour ce requises remplies (voir page 186).

TABLEAU DES CLASSES.

Classes:

1° Articles composés entièrement ou en partie en métal.
2° Bijouterie.
3° Articles composés entièrement ou en partie en bois, os, ivoire, papier mâché ou autres substances solides non comprises dans les autres classes.
4° Verres, faïences ou porcelaines, briques, tuiles ou ciment.
5° Papier (sauf papier peint).
6° Cuirs comprenant la reliure de tous matériaux.
7° Papiers peints.
8° Tapis et paillassons dans tous les matériaux et toiles cirées.

9° Dentelles, bonneterie.

10° Modes et vêtements comprenant bottes et souliers.

11° Ouvrages d'ornements à l'aiguille, ou en mousseline ou en tissus.

12° Objets non compris dans d'autres classes.

13° Dessins imprimés ou brodés sur toile.

14° Dessins imprimés ou brodés sur mouchoirs et châles.

FRAIS D'ENREGISTREMENT ETC.

	£	s.	d.
Enregistrement d'un dessin devant être appliqué sur de simples articles dans chaque classe les 13ᵉ et 14ᵉ exceptées	0	10	0
Pour un dessin devant être appliqué à ces articles classes 13 et 14	0	1	0
Dessin devant être appliqué à une série d'articles pour chaque classe	1	0	0
Avis d'appel au »Board of Trade« contre le refus d'enregistrer de la part du contrôleur	1	0	0
Copie du certificat (chacune)	0	1	0
Certificat du contrôleur pour procès ou autre cas spécial	0	5	0
Substitution de propriétaire — mêmes droits que pour l'enregistrement.			
Avis au contrôleur d'exposition d'un dessin	0	5	0
Requête au contrôleur de faire des recherches sur le registre	0	5	0
Inscription sur le registre de nouvelle adresse du propriétaire	0	5	0

CHAPITRE XVIII.

DES MARQUES DE FABRIQUE.

La loi de 1883 sur les brevets, dessins et marques de fabrique a apporté peu de modifications à celle de 1875 qui a été abrogée avec les lois de 1876 et 1877.

La loi relative aux marques de fabrique est basée sur les décisions de nos cours de Chancery reposant elles-mêmes sur la »common law« et les principes d'équité.

Avant 1875 il n'y avait pas de propriété pour les marques de fabrique et lorsque nos cours étaient appelées à empêcher l'usage d'une marque de fabrique appartenant à autrui, elles partaient de ce principe que le défendeur avait imité la marque du demandeur pour passer frauduleusement les marchandises comme étant celles de celui-ci.

Ce droit si juste qu'a une personne d'en poursuivre une autre lorsque celle-ci vend ses propres marchandises comme étant celles du poursuivant n'a pas été aboli par la présente loi.

Aujourd'hui la marque enregistrée est une véritable propriété, en ce sens que le propriétaire peut non seulement en interdire l'emploi, mais aussi obtenir des dommages-intérêts de la part du contrefacteur.

§ I. — CE QUE DOIT CONTENIR UNE MARQUE DE FABRIQUE.

D'après notre loi la marque de fabrique doit contenir une ou plusieurs des indications suivantes, essentielles à sa validité, savoir:

Le nom d'un individu, ou d'une société, ou compagnie, imprimé, gravé ou tissé d'une forme particulière et distinctive;

La signature ou copie de la signature de l'individu ou maison demandant l'enregistrement de la marque.

Des emblêmes, empreintes, marque, vignettes, cachets, mots de fantaisie ou d'un usage peu usité, lettres, mots, chiffres ou des combinaisons de ces lettres, mots ou chiffres.

Tout mot spécial ou distinct, lettre, chiffre ou leur combinaison employés comme marques de fabrique antérieurement à la loi de 1875 peuvent être enregistrés comme une ancienne marque.

§ II. — DE CE QUI PEUT ÊTRE PRIS COMME MARQUE DE FABRIQUE.

On ne peut prendre comme marque de fabrique:

Les objets d'ornementation ou coloriés, à moins qu'ils ne soient entourés de bords ou lignes d'une forme particulière décrite spécialement dans la marque.

Les portraits de la Reine ou des membres de la famille Royale;

Représentations de la couronne Royale;

Les armes et drapeaux nationaux;

Les médailles obtenues aux expositions;

Les mots »Enregistré« droit de propriété »Brevet« »Breveté« etc. écrits en anglais ou en langue étrangère.

On ne peut prendre une marque s'appliquant à des marchandises portant déjà cette même marque ou une marque tellement identique qu'il pourrait y avoir confusion.

L'inventeur d'un nouveau procédé pour faire un nouvel article qui en même temps invente un nouveau nom pour décrire cet article ne peut ensuite, lorsque cet article est connu sous ce nom seulement et que chacun peut le fabriquer, réclamer le monopole de ce nom.

Par mot spécial et distinct la loi intend un mot qui a pour but de distinguer des objets fabriqués par une personne d'objets semblables faits par d'autres et non un mot donnant la description des objets eux-mêmes.

On peut enregistrer un terme ou symbole commun à un commerce comme pour le fer les mots »Charbon de bois«, coke etc., et la représentation d'une couronne ou d'un fer à cheval, si on s'en est servi comme marque de fabrique avant le 13 Août 1875 ; et si on ne s'en est pas déjà servi ainsi, des marques usuelles consistant en un mot ou combinaison de mots. Mais pour que l'enregistrement puisse avoir lieu, il faut consigner sur le registre une déclaration constatant que l'on ne réclame pas le droit exclusif à l'ancienne marque usuelle.

Ces termes ou symboles sont réputés usuels lorsqu'ils ont été employés dans un commerce par plus de trois personnes.

Certaines marques de fabrique qui quoique se ressemblant dans leurs parties matérielles, diffèrent cependant les unes des autres en ce qui concerne :

1° L'énonciation des objets auxquelles elles s'appliquent,

2° Les numéros,

3° Les prix,

4° La qualité,

5° Les noms des lieux

peuvent être enregistrées en une seule fois comme formant une série.

Une série de marques de fabrique peut seulement se céder en entier, mais pour tous autres objets, chacune de ces marques composant la série est regardée comme enregistrée séparément.

La marque de fabrique peut être enregistrée avec la couleur dont se sert habituellement le propriétaire qui acquiert ainsi le droit de se servir de sa marque avec cette couleur et avec toute autre couleur.

§ III. — DE L'ENREGISTREMENT — SES EFFETS.

L'enregistrement a pour but de conférer au propriétaire d'une marque la propriété exclusive de cette marque pendant quatorze années à partir du jour où cette formalité est remplie.

Toute personne, anglaise ou étrangère (à condition, en ce qui concerne l'étranger, que des conventions diplomatiques aient établi la réciprocité avec son propre pays) peut déposer sa marque de fabrique au bureau des brevets, et en demander l'enregistrement, en acquittant les droits du trésor.

Elle doit, pour cela, adresser au contrôleur un mémoire contenant :

1° Ses noms, prénoms, qualités, domicile et profession;

2° La description exacte et minutieuse de sa marque;

3° La classe de marchandises à laquelle cette marque s'applique;

4° Si cette marque était déjà dans le commerce avant le 13 Août 1875, le temps depuis lequel on s'en servait et les marchandises pour lesquelles on l'employait.

Ce mémoire doit être écrit sur papier d'un format de treize pouces sur huit, avec une marge d'un pouce et demi au moins et être daté et signé par le demandeur ou son agent.

Il faut y joindre deux dessins ou spécimens de la marque, ayant chacun trois pouces carrés au moins, absolument semblables et chacun sur une feuille de papier séparé du format indiqué ci-dessus avec une marge à gauche d'un pouce et demi. Si le dessin est d'une dimension plus grande que le papier, il doit être sur toile. En aucun cas il ne peut être fait au crayon. Il doit, au contraire, être exécuté de manière à ne pouvoir se détériorer et à être placé dans les recueils.

Lorsque la demande est faite pour une série de marques de fabrique (voir page 216) on doit envoyer au contrôleur un dessin de chacune de ces marques.

Si la marque consiste en mots imprimés, en caractères autres que les caractères romains, on en donne une traduction signée par le demandeur ou son agent, au bas ou au dos du dessin.

Dans le cas de marques de fabrique s'appliquant aux classes 23, 24 ou 25, le demandeur doit indiquer sous quel nom chaque marque réclamée figurera dans ses factures. Si la demande est faite pour une marque s'appliquant sur des objets en métal autres que la coutellerie, la taillanderie et l'acier brut, elle devra dire avec quel métal sont fabriqués ces objets.

Dans le cas où les dessins ne peuvent être donnés dans la forme indiquée, on envoie soit la marque elle-même, soit sa réduction, en se conformant à cet égard aux instructions du contrôleur.

La marque est copiée sur le registre à ce destiné, et dans les cas exceptionnels, le contrôleur peut la déposer au bureau des brevets, en l'indiquant sur son registre.

La demande doit être signée par le demandeur ou son agent

Si la demande est faite par une société ou une compagnie, elle est signée, soit par l'un des associés, soit par le directeur ou le secrétaire de la compagnie en justifiant au contrôleur de pouvoirs réguliers. Si elle doit être faite par un incapable, celui-ci est remplacé par son tuteur, ou à défaut par la personne désignée à cet effet par la cour du domicile de l'incapable.

Enfin à l'étranger elle est reçue par le Ministre anglais, ou les agents consulaires anglais, ou par un notaire, juge ou magistrat.

Reçu du dépôt de la marque et des documents est donné par le contrôleur, et avis en est inséré dans le »Trade marks journal« journal spécial publié à cet effet par le Board of Trade, avec un spécimen bien exact et très net sur bois ou métal, de la marque par classe à laquelle elle s'applique (sauf pour les marques de coton classes 23 à 25 ci-après) alors même que cette marque ne consisterait qu'en un seul mot ou en quelques mots. Ce spécimen ne doit pas avoir plus de deux pouces de hauteur, à moins qu'il ne soit nécessaire d'une dimension plus grande pour bien faire ressortir la marque; dans ce cas les frais d'impression sont augmentés deux shillings par chaque pouce ou fraction de pouce en plus.

Sur cette insertion, toute personne qui se croit lésée a le droit de former opposition ès-mains du contrôleur à l'enregistrement de ladite marque, en envoyant dans les deux mois de la première insertion par écrit, sur papier de la forme décrite plus haut, avis au demandeur qui, dans les deux mois, doit fournir ses explications à peine de voir sa demande rejetée. S'il les fournit, le contrôleur fait déposer à l'opposant caution pour les frais et renvoie les parties à se pourvoir. Si la caution n'est pas déposée dans les quatorze jours il est passé outre à l'opposition.

Deux mois après l'insertion ci-dessus, s'il n'y pas eu d'opposition pendant ce laps de temps, ou après le rejet de l'opposition, la marque est enregistrée, et dès ce moment la propriété en appartient exclusivement à celui que l'a déposée à partir du jour du dépôt pendant quatorze années, ainsi que nous l'avons vu.

Le contrôleur avertit alors le demandeur que les formalités sont remplies et lui en délivre un certificat.

Si l'enregistrement d'une marque de fabrique n'est pas fait

dans les douze mois de la demande, par la faute du demandeur, cette demande est reputée abandonnée.

Lorsque plusieurs personnes prétendent droit à la même marque, ou à une marque presque identique s'appliquant aux mêmes objets ou à la-même classe, le contrôleur peut refuser l'enregistrement et renvoyer les parties à se pourvoir.

Lorsque deux ou plusieurs personnes sont désignées sur le registre d'enregistrement, comme co-propriétaires de la même marque, ces personnes sont seules reconnues comme ayant droit à cette marque.

Si plusieurs personnes prétendent avoir conjointement droit à une marque de fabrique, chacune d'elles peut se faire inscrire séparément comme propriétaire de la marque, avec le consentement de ses co-intéressés; en cas de désaccord, cette inscription ne peut être faite qu'en vertu d'un arrêt de la cour.

L'enregistrement d'une personne comme propriétaire d'une marque de fabrique est une grave présomption de son droit à l'usage exclusif de la marque, et lorsque cinq années se sont écoulées depuis la date de l'enregistrement, c'est une preuve indéniable du droit exclusif de cette personne à la marque en question pourvu que ladite marque puisse être de celles dont la loi permet l'enregistrement.

Quiconque n'a pas fait dûment enregistrer sa marque ou n'a pas fait une demande à fin d'enregistrement ou dont la demande a été refusée, ne peut intenter un procès au sujet de cette marque ou s'opposer par ordre de la cour à contrefaçon. Le contrôleur sur requête à lui présentée et après paiement des frais, délivre à la partie intéressée un certificat constatant que la demande d'enregistrement a été rejetée.

Si le demandeur vient à décéder après sa demande, mais avant l'enregistrement de sa marque, le contrôleur peut, sur justification du décès, enregistrer le nom du successeur à ladite marque.

Ajoutons que toute personne qui indique comme enregistrée une marque ou dessin vendu par lui, alors que cette formalité n'a pas été remplie, est passible d'une amende de 5 £ st. Il n'est pas nécessaire pour que l'amende soit encourue qu'il crie ou écrit que l'objet était enregistré; la vente seule avec le mot »Enregistré« ou tout autre terme équivalent suffit.

§ IV. — FORMALITÉS A REMPLIR EN CAS DE TRANSMISSION DE LA PROPRIÉTÉ D'UNE MARQUE DE FABRIQUE.

Celui qui devient propriétaire d'une marque de fabrique enregistrée, peut se faire inscrire comme y ayant seul droit dorénavant en justifiant au contrôleur de ses titres.

On peut avoir droit à la propriété d'une marque:

Soit par suite d'un legs ou d'une donation, ou à titre d'héritier légitime du propriétaire de cette marque. Il faut alors produire le testament dûment régulier ou tous actes établissant la qualité d'héritier.

Soit en vertu d'un acte sous sceau ou d'une acquisition faite dans une faillite. Les actes sont produits.

Si les marchandises protégées par la marque sont revendues à l'étranger, le nouveau propriétaire de cette marque doit prouver que l'acquisition, si elle a eu lieu en dehors de la Grande-Bretagne, a été faite conformément aux lois du pays.

Cependant le nouveau propriétaire actuel quoique n'ayant pas fait enregistrer son nom, peut néanmoins céder son droit à ladite propriété.

Une marque enregistrée peut être transmise seulement en ce qui concerne le fond d'un commerce pour certains articles ou classes d'articles pour lesquelles elle a été enregistrée.

§ V. — RECTIFICATION DU REGISTRE.

Tout propriétaire d'une marque de fabrique enregistrée peut, avec l'autorisation de la cour, changer ou ajouter à sa marque, pourvu que ce ne soit pas dans une de ses parties essentielles, et faire radier sa marque du registre, en faisant une demande à cet effet et en acquittant les droits.

Le contrôleur opère ces changements et s'il le fait en vertu d'un arrêt de la cour, copie de cet arrêt lui est remise.

Le contrôleur peut rectifier les erreurs faites dans la demande et annuler tout ou partie de l'enregistrement.

La personne qui se prétend lésée par une inscription quelconque sur le registre des propriétaires doit s'adresser à la division de Chancery de la Haute Cour de justice pour la sauvegarde de ses droits.

Si le propriétaire d'une marque donne avis de son changement d'adresse au contrôleur, celui-ci en fait mention sur son registre.

Dans tous les cas le contrôleur peut, s'il le juge convenable, rendre publics tous changements faits par lui sur ce registre, et les tiers ont le droit d'y former toutes oppositions, de la manière déjà indiquée.

§ VI. — EXAMEN DU REGISTRE.

Le registre des marques de fabrique est à la disposition du public tous les jours, de 10 à 4^h, excepté certains jours indiqués, au bureau des brevets, mais toujours moyennant le paiement des droits (voir page 217).

Pour ce qui concerne les articles faits de coton, il a été ouvert à Manchester un bureau spécial où moyennant 1 shilling par quart d'heure chacun peut prendre les renseignements sur les marques des marchandises classes 23 à 35.

§ VII. — CERTIFICATS D'ENREGISTREMENT.

Outre le certificat dont nous avons déjà parlé, le contrôleur délivre, sur demande, pour procès ou autre cas spécial, un certificat constatant l'enregistrement de la marque, et annote en marge le motif de cette délivrance.

§ VIII. — RECOURS CONTRE LES DÉCISIONS DU CONTRÔLEUR.

Avant d'exercer son pouvoir discrétionnaire de refuser l'enregistrement, le contrôleur doit entendre le demandeur en ses explications et le prevenir de son intention dix jours à l'avance. Dans les cinq jours de la réception de cet avis, le demandeur doit notifier au contrôleur son désir d'être entendu ou non.

Le demandeur peut se pourvoir devant le »Board of Trade« contre la décision du contrôleur et pour ce, donner, dans le mois, avis de son appel au bureau des brevets avec ses moyens à l'appui dont il envoie copie au »Board of Trade«. Ce dernier donne à l'appelant et au contrôleur avis du jour où l'appel sera entendu.

Le »Board of Trade« peut déclarer si l'enregistrement peut être autorisé et à quelle condition; il peut également renvoyer les parties devant la division de »Chancery« de la Haute Cour de justice.

§ IX. — PROROGATION DES MARQUES DE FABRIQUE.

Trois mois au plus et deux mois au moins avant l'expiration des quatorze années, le contrôleur avertit le propriétaire connu de la marque qu'à défaut par lui de payer le frais de renouvellement, son nom sera rayé du registre et sa marque tombera dans le domaine public.

Un mois après ce premier avis, un second est donné et si, dans le délai ci-dessus, les droits nouveaux n'ont pas été acquittés, la radiation est opérée.

Toutefois, le contrôleur peut, après les trois mois, relever le propriétaire de la marque de la déchéance par lui encourue moyennant l'acquit des droits.

On pense que le renouvellement assure le droit exclusif à la propriété de la marque pour toujours.

Quoique la loi n'accorde plus sa protection à une marque non renouvelée, elle défend néanmoins de faire enregistrer la même marque avant cinq ans.

§ X. — DE LA CONTREFAÇON DES MARQUES DE FABRIQUE.

Depuis le 23 Août 1887, la loi sur les marques de fabrique mises frauduleusement sur les marchandises a été amendée par une nouvelle (50 et 51 Vic. c. 28) qui a abrogé celle de 1862.

D'après la loi actuelle sont considérés comme délits:

1º La falsification de toute marque de fabrique enregistrée ou de toute marque de fabrique qui enregistrée ou non est protégée par la loi dans toute possession anglaise ou tout état étranger auquel s'appliquent, en vertu d'une ordonnance rendue en conseil, les dispositions de la loi de 1883 sur les brevets, dessins et marques de fabrique.

2° L'application frauduleuse sur des marchandises de toute marque de fabrique ou de toute marque ressemblant à une marque de fabrique avec l'intention arrêtée d'établir une confusion.

3° La fabrication de tout poinçon, matrice, machine ou autre instrument à l'effet de contrefaire une marque de fabrique ou de s'en servir à cet effet.

4° L'application sur des marchandises de toute fausse description de marque, c'est-à-dire toute description, tout avis ou toute autre indication directe ou indirecte :

(a) quant au nombre, à la quantité, la mesure jauge ou poids de toute marchandise,

(b) ou au lieu du pays de fabrication ou de production de ces marchandises,

(c) ou au mode de fabrication ou de production des marchandises,

(d) ou aux matières dont elles se composent,

(e) ou s'appliquant à des marchandises objet d'un brevet, d'un privilège ou d'un droit de propriété existant alors.

Et tout emploi d'une figure, d'un mot ou d'une marque qui, d'après l'usage de commerce, est considérée comme une indication dont il s'agit, est réputé une description de marque de fabrique dans le sens de la présente loi.

L'expression »fausse description de marque« signifie une description de marque qui est fausse matériellement en ce qui concerne les marchandises auxquelles elle s'applique et comprend toute altération d'une description de marque, soit par addition, changement ou autrement, qui rend cette description fausse matériellement, et le fait qu'une description de marque est une marque de fabrique n'empêche pas que ladite description ne soit une fausse description de marque dans le sens de la présente loi.

5° Disposer ou être en possession de tout poinçon, matrice, machine ou autre instrument à l'effet de contrefaire une marque de fabrique.

6° Ou autoriser à faire faire l'un des actes plus haut mentionnés.

Toute personne qui vend ou met en vente ou a en sa possession pour vendre ou pour tout autre objet de commerce ou de fabrication, toutes marchandises ou autres choses auxquelles on a affixé une marque de fabrique falsifiée ou une description fausse de cette marque, ou sur lesquelles on a appliqué tout marque de fabrique ou toute marque ressemblant assez à une marque de fabrique pour causer une confusion, commet un délit d'après la présente loi, à moins qu'il ne prouve :

(a) qu'ayant pris toutes précautions raisonnables pour ne pas commettre un délit, il n'avait au moment où il aurait commis le prétendu délit, aucune raison pour suspecter la validité absolue de la marque de fabrique, marque ou description de marque,

(b) et que sur la demande à lui faite par le poursuivant ou au nom de ce dernier, il a donné tous renseignements en sa possession sur les personnes qui lui avaient fourni ces marchandises ou objets,

(c) ou qu'il a agi avec entière bonne foi.

Celui qui commet l'un des délits ci-dessus spécifiés se rend passible

(1) S'il est traduit devant un jury, d'un emprisonnement, avec ou sans travail forcé qui ne peut excéder deux ans, ou d'une amende, ou des deux à la fois.

(2) Et s'il est traduit devant un magistrat ou un juge de paix, d'un emprisonnement, avec ou sans travail forcé, de quatre mois au plus ou d'une amende de 20 £ st. au plus, et dans le cas d'un second délit, d'un emprisonnement, avec ou sans travail forcé, de six mois au plus ou d'une amende de 50 £ st. au plus.

(3) Dans tous les cas tout article, instrument ou objet ayant servi à commettre le délit est confisqué au profit de la Reine.

Le tout indépendamment de l'action en dommages-intérêts qui appartient à la partie lésée.

Tout délit prévu par cette loi ne peut être poursuivi après l'expiration des trois années du jour où il a été commis ou un an après la découverte du délit par le poursuivant.

Les caisses de montres présentées à l'essai du gouvernement doivent être accompagnées d'une déclaration constatant si elles sont d'origine anglaise ou étrangère. Les caisses d'origine étrangère sont frappées d'un timbre différent de celui appliqué sur les caisses d'origine anglaise.

Les personnes qui font de fausses déclarations relativement à ces caisses peuvent être poursuivies pour parjure.

La loi donne le pouvoir aux agents de la douane de confisquer toutes marchandises arrivant à un port de Royaume-Uni et qui, si on les met en vente, sont réputées avoir été faussement déclarées dans le sens de la présente loi.

Une loi de 1876 sur les droits de douane et les impôts décide que l'importation est absolument interdite en Angleterre, même en transit, de tout article de manufacture étrangère portant un nom, une bande ou une marque impliquant que cet objet a été fabriqué dans le Royaume-Uni, et que dans le cas où il aurait été fabriqué dans une ville ayant un nom semblabe à une ville de l'Angleterre, il ne pourra être importé qu'à la condition expresse que le nom du pays d'origine sera joint à celui de la ville.

CHAPITRE XIX.

CLASSIFICATION DES OBJETS POUR LES MARQUES DE FABRIQUE. — DROITS A PAYER. — CONVENTIONS INTERNATIONALES ET COLONIALES.

§ I. — CLASSIFICATION DES OBJETS.

Par cette classification nos lecteurs verront à quelle classe appartient l'objet qu'ils veulent protéger par la marque de fabrique.

Les indications faites en regard de chaque classe sont nécessairement incomplètes par suite de l'impossibilité ou de la difficulté où l'on se trouve de faire une nomenclature absolument exacte.

Tout objet fabriqué avec différentes matières, par exemple, avec de la soie et du coton, doit être placé dans la classe que lui assigne le contrôleur.

CLASSE 1.	DÉTAIL.
Substances chimiques, employées dans les manufactures ou pour la photographie ou les expériences de physique.	*Acides, alcalis, couleurs pour peintres.*
Substances anti-corrosives.	*Mordants quelconques. Teintures minérales.*
CLASSE 2.	
Substances chimiques pour l'agriculture, l'horticulture, les objets sanitaires et pour les vétérinaires.	*Engrais artificiel. Eaux pour laver les bestiaux. Désinfectants. Poudres insecticides.*

CLASSE 3.

Substances chimiques non comprises dans la classe 1e employées en pharmacie et en médecine.

Huile de foie morue, médicaments brevetés, emplâtres. Rhubarbe.

CLASSE 4.

Végétal non travaillé ou préparé en partie, substances animales et minérales, employées dans les fabriques et non comprises dans d'autres classes.

Résines, huiles employées dans la fabrication non comprises dans d'autres classes. Teintures autres que minérales. Substances tanniques. Substances fibreuses (coton, chanvre, jute, lin, laine filée). Laine, soie, soies de cochon, crins, plumes, semences, briquettes, os, éponge, liége.

CLASSE 5.

Métaux pour manufactures, non travaillés ou travaillés en partie.

Fer ou acier, en saumons ou fonte, brut, en barres ou rails. Rails de chemins de fer, tringles, feuilles, chaudières, armures, plaques, cercles, fil, boulons etc. Plomb en saumon, rouleau ou feuille, cuivre, zinc, or en lingots.

CLASSE 6.

Machines de toutes sortes ou parties, sauf celles comprises dans la classe 7.

Machines à vapeur, pneumatiques, hydrauliques, à coudre, à peser, pour usines, locomotives, chaudières, pompes à feu.

CLASSE 7.

Machines pour l'agriculture et l'horticulture ou parties de ces machines.

Charrues, machines à percer, à moissonner, à battre; barattes, presses à cidre. Hâche paille.

CLASSE 8.

Instruments de physique. Instruments scientifiques et appareils, pour objets utiles. Instruments et appareils pour instruction.

Pèse-liqueurs, lunettes instruments de mathématiques.

CLASSE 9.

Instruments de musique.

CLASSE 10.

Instruments d'horlogerie.

CLASSE 11.

Instruments, appareils de chirurgie, et objets n'étant pas employés pour la chirurgie ou pour opérations ou pour soigner les hommes ou les animaux.

Bandages, gants à frictions, lancettes. Injecteurs.

CLASSE 12.

Coutellerie et instruments tranchants.

Couteaux, fourchettes, ciseaux, limes, scies, cisailles.

CLASSE 13.

Objets en métal non compris dans les classes ci-dessus.

Enclumes, clefs, bassins en métal aiguilles, troncs, pelles, tire-bouchons.

CLASSE 14.

Objets en métal précieux (compris l'aluminium et le britannia métal, nickel) joaillerie et imitations de ces objets et de bijouterie.

Vaisselle plate. Étuis à pendules ou à crayons faits avec ces métaux. Objets en plaqué ou en métaux blancs, dorés, etc.

CLASSE 15.

Verres.

Carreaux, glaces, verres peints, mosaïques, grains de verre.

CLASSE 16.

Porcelaines et faïences.

Terres cuites, objets en pierre, statuettes en porcelaine, tuiles, briques.

CLASSE 17.

Objets fabriqués avec des substances minérales ou autres pour bâtisses ou décors.

Ciments, plâtres, simili-marbre, asphalte.

CLASSE 18.

Objets mécaniques, d'architecture et pour bâtiments.

Appareils à plonger, de chauffage, d'éclairage, de filtrage, de ventilation, conduits, sonnettes électriques et pneumatiques.

CLASSE 19.

Armes, objets d'équipements militaires et munitions autres que celles comprises, classe 20.

Canons, fusils de chasse, pistolets, épées, balles et projectiles, objets de campement et d'équipement.

CLASSE 20.

Matières explosives.

Poudre, fulmi-coton, dynamite, cartouches, pétards, capsules.

CLASSE 21.

Objets maritimes.

Bateaux, ancres, chaînes, câbles, cabestans, agrès et appareaux.

CLASSE 22.

Voitures.

Waggons, camions, etc., bicycles, chaises roulantes.

CLASSE 23.

Coton filé et fil.

Coton à coudre en écheveaux ou en bobines ou non, — fil de coton teint.

CLASSE 24.

Objets en coton de toutes sortes.

Toile en coton pour chemises, madapolam.

CLASSE 25.

Objets en coton non compris, classes 23, 24 et 38.

Dentelle de coton, lacet de coton, ruban de coton.

CLASSE 26.

Lin, chanvre, filés et en fil.

CLASSE 27.

Objets en lin et chanvre.

CLASSE 28.

Objets en lin et chanvre non compris classes 26, 27 et 50.

CLASSE 29.

Laine filée et en tissus et autres articles faits en laine non compris dans la classe 50.

CLASSE 30.

Soie filée ou à coudre.

CLASSE 31.

Objets en soie.

CLASSE 32.

Objets en soie non compris dans les classes 30 et 31.

CLASSE 33.

Laine filée, laine ou crins.

CLASSE 34.

Draps et étoffes de laine, laine filée ou crins.

CLASSE 35.

Objets de laine, laine filée ou de crins non compris dans les classes 33 et 34.

CLASSE 36.

Tapis et toiles cirées.

Tapis en jonc, paillassons.

CLASSE 37.

Cuirs et peaux travaillés ou non.

Harnais, articles de bourrellerie, valises, fourrures.

CLASSE 38.

Articles d'habillement.

Chapeaux de toutes sortes, bonneterie, ganterie, cordonnerie, articles de confection.

CLASSE 39.

Papier (sauf papier peint) librairie, imprimerie, reliure.

Enveloppes, cire à cacheter, plumes sauf celles en or, encre, cartes à jouer, presses à copier, papier buvard.

CLASSE 40.

Objets fabriqués avec le caoutchouc ou la gutta-percha, non compris dans d'autres classes.

CLASSE 41.

Meubles et tapisserie.

Papiers peints, papier mâché, glaces, matelas.

CLASSE 42.

Substances alimentaires.

Céréales, plantes légumineuses, huiles, houblons, drèches, fruits secs, thé, sagou, sel, sucre, viandes conservées, pâtisseries, vinaigre, cornichons, oignons, etc., confits, substances à clarifier la bière.

CLASSE 43.

Liqueurs fermentées et esprits.

Bières, cidres, vins, wisky, liqueurs.

CLASSE 44.

Eaux minérales, naturelles, artificielles y compris le »Ginger-beer«.

CLASSE 45.

Tabacs.

CLASSE 46.

Semences.

CLASSE 47.

Chandelles, bougies, savon ordinaire, huiles à éclairer, à chauffer ou pour machines, allumettes, amidons, bleu et autres ingrédients pour blanchissage et nettoyage.

Poudres insecticides, benzines.

CLASSE 48.

Parfumerie et objets de toilette.

CLASSE 49.

Joujoux, et articles de sport non compris dans d'autres classes de toutes sortes, lignes à pêcher, arbalètes.

Billards, patins à roulettes, nasses, jouets.

CLASSE 50.

S'appliquant à divers non classés déjà et comprenant:
Objets fabriqués avec l'ivoire, l'os, le bois, la paille, les substances animales et végétales;

Objets de tonnellerie.

Pipes à fumer, parapluies, cannes, peignes, brosses à cheveux et à habits;

Enduits pour meubles, poudres à reluire;

Bâches, tentes, ficelles;

Boutons de toutes sortes autres que ceux en métal précieux ou imitation;

Objets servant à l'emballage, tuyaux de toutes sortes et généralement tous objets qui n'appartiennent à aucune classe spéciale.

§ II. — DROITS A PAYER POUR LES MARQUES DE FABRIQUE.

		£	s.	d.
1°	Demande d'enregistrement d'une seule marque pour un ou plusieurs articles de la même classe	0	5	0
	Enregistrement	1	0	0
2°	Enregistrement d'une série de marques en sus des frais du N° 1 ci-dessus pour chaque classe à laquelle s'appliquera la marque	0	5	0
3°	Appel au »Board of Trade« contre le refus du contrôleur d'enregistrer	1	0	0
4°	Opposition, s'il en est formé une, pour chaque marque	1	0	0
5°	Enregistrement du nouveau propriétaire en cas de cession ou transmission de la marque, pour la première marque	1	0	0
6°	Pour chaque autre marque	0	2	0
7°	Certificat de refus d'enregistrer (voir page 202)	1	0	0
8°	Même certificat applicable à plusieurs pour chaque marque en plus	0	10	0
9°	Renouvellement de la marque à l'expiration des quatorze années	1	0	0
10°	Droit supplémentaire, si le renouvellement n'a lieu que dans les trois mois après ce délai	0	10	0

		£	s.	d.
11°	Droit supplémentaire pour réintégration sur le registre d'une marque rayée par suite de non paiement des droits	1	0	0
12°	Changement d'adresse sur le registre	0	5	0
13°	Changement quelconque sur le registre	0	10	0
14°	Demande de radiation d'une marque ou d'une partie d'une marque par son propriétaire	0	5	0
15°	Requête au contrôleur à fin de rectification d'une erreur de rédaction	0	5	0
16°	Certificat délivré pour procès	0	10	0
17°	Certificat d'enregistrement pour faire enregistrer la marque à l'étranger	0	5	0
18°	Copie de la notification de l'enregistrement	0	2	0
19°	Rédaction par le contrôleur d'un »spécial case«	2	0	0
20°	Inspection du registre par quart d'heure	0	1	0
21°	Recherche parmi les marques de fabrique, par chaque quart d'heure	0	1	0
22°	Copie de pièces pour chaque 100 mots, mais jamais moins de	0	1	0
23°	Certificat de l'office des manuscrits ou Imprimés	0	1	0
24°	Certificat quelconque du contrôleur	0	5	0

CHAPITRE XX.

CONVENTIONS INTERNATIONALES ET AVEC LES COLO-NIES POUR LA PROTECTION DES INVENTIONS, DESSINS, ET MARQUES DE FABRIQUE.

Toute convention passée entre la Grande-Bretagne et un gouvernement étranger pour la protection réciproque entre les deux États des inventions, dessins et marques de fabrique donne droit au sujet de cet État qui a demandé la protection pour une invention, un dessin ou une marque à un brevet pour son invention ou à un enregistrement de son dessin ou de sa marque selon le cas, dans la Grande-Bretagne et l'Ile de Man, avant tout autre demandeur et la date de ce brevet ou de cet enregistrement est celle du brevet ou de l'enregistrement obtenu à l'étranger.

La demande doit être faite, s'il s'agit d'un brevet dans les sept mois et pour un dessin ou une marque dans les quatre mois de celle faite à l'étranger et on ne peut intenter une action en dommages-intérêts pour contrefaçon avant la date de l'acceptation de la spécification définitive ou l'enregistrement du dessin ou de la marque de fabrique en Angleterre.

Toutefois la publicité donnée, en ce pays-ci, à la description ou à l'emploi ou à l'exposition d'une invention, d'un dessin, ou d'une marque durant le temps ci-dessus indiqué, ne rend pas nul le brevet anglais ou l'enregistrement du dessin ou de la marque.

Une union internationale fort importante pour la protection des brevets, dessins, modèles, marques de fabrique ou noms a été faite à Paris entre la Belgique, le Brésil, l'Espagne, la France, le Guatemala, l'Italie, la Hollande, le Portugal, la République de Sal-

vador, la Serbie et la Suisse le 20 mars 1883. L'Angleterre n'y
prit part d'abord, mais à la date du 2 avril 1884 elle a déclaré y
adhérer et les ratifications ont été échangées à Paris le 6 Juin
suivant.

Voici les termes de la Convention:

Art. I. Les Gouvernements de la Belgique, du Brésil, de
l'Espagne, de la France, du Guatemala, de l'Italie, des Pays-Bas,
du Portugal, du Salvador, de la Serbie et de la Suisse sont constitués à l'état d'Union pour la protection de la Propriété Industrielle.

Art. II. Les sujets ou citoyens de chacun des États Contractants jouiront, dans tous les autres États de l'Union, en ce qui
concerne les brevets d'invention, les dessins ou modèles industriels,
les marques de fabrique ou de commerce et le nom commercial,
des avantages que les lois respectives accordent actuellement ou
accorderont par la suite aux nationaux.

En conséquence, ils auront la même protection que ceux-ci et
le même recours légal contre toute atteinte portée à leurs droits,
sous réserve de l'accomplissement des formalités et des conditions
imposées aux nationaux par la législation intérieure de chaque État.

Art. III. Sont assimilés aux sujets ou citoyens des États Contractants les sujets ou citoyens des États ne faisant pas partie de
l'Union qui sont domiciliés ou ont des établissements industriels
ou commerciaux sur le territoire de l'un des États de l'Union.

Art. IV. Celui qui aura régulièrement fait le dépôt d'une demande de brevet d'invention, d'un dessin ou modèle industriel, d'une
marque de fabrique ou de commerce, dans l'un des États Contractants, jouira, pour effectuer de dépôt dans les autres États, et
sous réserve des droits des tiers, d'un droit de priorité pendant les
délais déterminés ci-après.

En conséquence, le dépôt ultérieurement opéré dans l'un des
autres États de l'Union avant l'expiration de ces délais ne pourra
être invalidé par des faits accomplis dans l'intervalle, soit, notamment,
par un autre dépôt, par la publication de l'invention ou son exploitation par un tiers, par la mise en vente d'exemplaires du dessin
ou du modèle, par l'emploi de la marque.

Les délais de priorité mentionnés ci-dessus seront de six mois
pour les brevets d'invention, et de trois mois pour les dessins ou

modèles industriels, ainsi que pour les marques de fabrique ou de commerce. Ils seront augmentés d'un mois pour les pays d'outre-mer.

Art. V. L'introduction par le breveté, dans le pays où le brevet a été délivré, d'objets fabriqués dans l'un ou l'autre des États de l'Union, n'entraînera pas la déchéance.

Toutefois le breveté restera soumis à l'obligation d'exploiter son brevet conformément aux lois du pays où il introduit les objets brevetés.

Art. VI. Toute marque de fabrique ou de commerce régulièrement déposée dans le pays d'origine sera admise au dépôt et protégée telle quelle est dans tous les autres pays de l'Union.

Sera considéré comme pays d'origine le pays où le déposant a son principal établissement.

Si ce principal établissement n'est point situé dans un des pays de l'Union, sera considéré comme pays d'origine celui auquel appartient le déposant.

Le dépôt pourra être refusé, si l'objet pour lequel il est demandé est considéré comme contraire à la morale ou à l'ordre public.

Art. VII. La nature du produit sur lequel la marque de fabrique ou de commerce doit être apposée ne peut, dans aucun cas, faire obstacle au dépôt de la marque.

Art. VIII. Le nom commercial sera protégé dans tous les pays de l'Union sans obligation de dépôt, qu'il fasse ou non partie d'une marque de fabrique ou de commerce.

Art. IX. Tout produit portant illicitement une marque de fabrique ou de commerce, ou un nom commercial, pourra être saisi à l'importation dans ceux des États de l'Union dans lesquels cette marque ou ce nom commercial ont droit à la protection légale.

La saisie aura lieu à la requête soit du Ministère Public, soit de la partie intéressée, conformément à la législation intérieure de chaque État.

Art. X. Les dispositions de l'Article précédent seront applicables à tout produit portant faussement, comme indication de provenance, le nom d'une localité déterminée, lorsque cette indication sera jointe à un nom commercial fictif ou emprunté dans une intention frauduleuse.

Est réputé partie intéressée tout fabricant ou commerçant engagé dans la fabrication ou le commerce de ce produit, et établi dans la localité faussement indiquée comme provenance.

Art. XI.   Les Hautes Parties Contractantes s'engagent à accorder une protection temporaire aux inventions brevetables, aux dessins ou modèles industriels, ainsi qu'aux marques de fabrique ou de commerce, pour les produits que figureront aux Expositions Internationales officielles ou officiellement reconnues.

Art. XII.   Chacune des Hautes Parties Contractantes s'engage à établir un service spécial de la Propriété Industrielle et un dépôt central, pour la communication au public des brevets d'invention, des dessins ou modèles industriels et des marques de fabrique ou de commerce.

Art. XIII.   Un office international sera organisé sous le titre de »Bureau International de l'Union pour la Protection de la Propriété Industrielle«.

Ce bureau, dont les frais seront supportés par les Administrations de tous les États Contractants, sera placé sous la haute autorité de l'Administration Supérieure de la Confédération suisse, et fonctionnera sous sa surveillance.   Les attributions en seront déterminées d'un commun accord entre les États d'Union.

Art. XIV.   La présente Convention sera soumise à des révisions périodiques en vue d'y introduire les améliorations de nature à perfectionner le système de l'Union.

A cet effet, des Conférences auront lieu successivement, dans l'un des États Contractants, entre les Délégués desdits États.

La prochaine réunion aura lieu en 1885, à Rome.

Art. XV.   Il est entendu que les Hautes Parties Contractantes se réservent respectivement le droit de prendre séparément, entre elles, des arrangements particuliers pour la protection de la Propriété Industrielle, en tant que ces arrangements ne contreviendraient point aux dispositions de la présente Convention.

Art. XVI.   Les États qui n'ont point pris part à la présente Convention seront admis à y adhérer sur leur demande.

Cette adhésion sera notifiée par la voie diplomatique au Gouvernement de la Confédération suisse, et par celui-ci à tous les autres.

Elle emportera, de plein droit, accession à toutes les clauses et admission à tous les avantages stipulés par la présente Convention.

Art. XVII. L'exécution des engagements réciproques contenus dans la présente Convention est subordonnée, en tant que de besoin, à l'accomplissement des formalités et règles établies par les lois constitutionnelles de celles des Hautes Parties Contractantes qui sont tenues d'en provoquer l'application, ce qu'elles s'obligent à faire dans le plus bref délai possible.

Art. XVIII. La présente Convention sera mise à exécution dans le délai d'un mois à partir de l'échange des ratifications et demeurera en vigueur pendant un temps indéterminé, jusqu'à l'expiration d'une année à partir du jour où la dénonciation en sera faite.

Cette dénonciation sera adressée au Gouvernement chargé de recevoir les adhésions. Elle ne produira son effet qu'à l'égard de l'État qui l'aura faite, la Convention restant exécutoire pour les autres Parties Contractantes.

Art. XIX. La présente Convention sera ratifiée, et les ratifications en seront échangées à Paris, dans le délai d'un an au plus tard.

En foi de quoi les Plénipotentiaires respectifs l'ont signée et y ont apposé leurs cachets.

Fait à Paris le 20 Mars, 1883.

(Suivent les signatures.)

PROTOCOLE.

Au moment de procéder à la signature de la Convention conclue, à la date de ce jour, entre les Gouvernements de la Belgique, du Brésil, de l'Espagne, de la France, du Guatemala, de l'Italie, des Pays-Bas, du Portugal, du Salvador, de la Serbie, et de la Suisse, pour la protection de la Propriété Industrielle, les Plénipotentiaires soussignés sont convenus de ce qui suit:

1. Les mots »Propriété Industrielle« doivent être entendus dans leur acception la plus large, en ce sens qu'ils s'appliquent non seulement aux produits de l'industrie proprement dite, mais également aux produits de l'agriculture (vins, grains, fruits, bestiaux, &c.), et aux produits minéraux livrés au commerce (eaux minérales, &c.).

2. Sous le nom de »Brevets d'Invention« sont comprises les

diverses espèces de brevets industriels admises par les législations des États Contractants, telles que brevets d'importation, brevets de perfectionnement, &c.

3. Il est entendu que la disposition finale de l'Article II de la Convention ne porte aucune atteinte à la législation de chacun des États Contractants, en ce qui concerne la procédure suivie devant les Tribunaux et la compétence de ces Tribunaux.

4. Le paragraphe 1er de l'Article VI doit être entendu en ce sens qu'aucune marque de fabrique ou de commerce ne pourra être exclue de la protection dans l'un des États de l'Union par le fait seul qu'elle ne satisferait pas, au point de vue des signes qui la composent aux conditions de la législation de cet État pourvu qu'elle satisfasse, sur ce point, à la législation du pays d'origine et qu'elle ait été, dans ce dernier pays, l'objet d'un dépôt régulier.   Sauf cette exception, qui ne concerne que la forme de la marque, et sous réserve des dispositions des autres Articles de la Convention, la législation intérieure de chacun des États recevra son application.

Pour éviter toute fausse interprétation, il est entendu que l'usage des armoiries publiques et des décorations peut être considéré comme contraire à l'ordre public, dans le sens du paragraphe final de l'Article VI.

5. L'organisation du service spécial de la Propriété Industrielle mentionné à l'Article XII comprendra, autant que possible, la publication, dans chaque État, d'une feuille officielle périodique.

6. [Ce paragraphe est relatif au bureau International de Berne, dont les frais sont partagés entre les divers États.]

7. Le présent Protocole de Clôture, qui sera ratifié en même temps que la Convention conclue à la date de ce jour, sera considéré comme faisant partie intégrante de cette Convention, et aura même force, valeur et durée.

En foi de quoi, les Plénipotentiaires soussignés ont dressé le présent Protocole.

Conventions encore existantes, relatives aux marques de fabrique, entre la Grande-Bretagne et les puissances qui n'ont pas signé la convention du 20 Mars 1883.

1^{ent} *Autriche.*

L'article 9 du traité de commerce du 16 décembre 1865 est
ainsi conçu:
»Les sujets de chacune des deux Hautes Puissances con-
»tractantes jouiront, dans les possessions de l'autre, de la même
»protection que les sujets indigènes en ce qui touche les droits
»de propriété des marques de fabrique et autres marques dis-
»tinctives, aussi bien que des modèles et dessins pour fabriques.«

2^{ent} *Zollverein.*

Le 30 mai 1865 a été conclu un traité de commerce dont
l'art. 6 accorde aux nationaux desdits pays la protection pour les
marques de fabrique, dessins, etc.

L'art. 7 étend la même protection aux colonies et autres possessions de la Grande-Bretagne.

3^{ent} *Allemagne.* — 14 avril 1875.

ARTICLE UNIQUE. Le gouvernement de Sa Majesté Britannique et le gouvernement de Sa Majesté l'Empereur d'Allemagne,
désirant que les stipulations existant entre la Grande-Bretagne et
le Zollverein pour la protection mutuelle des objets et des marques de fabrique soient étendues à tout l'Empire allemand, ont
convenu que les stipulations de l'art. 6 du traité de commerce
entre la Grande-Bretagne et le Zollverein ainsi conçu:
»En ce qui regarde les marques ou étiquettes d'objets ou
»de leurs paquets, et les échantillons et marques de fabrique,
»les sujets des États du Zollverein jouiront, dans le Royaume-
»Uni de la Grande-Bretagne et de l'Irlande, et les sujets de Sa
»Majesté Britannique jouiront, dans les États du Zollverein, de
»la même protection que les sujets nés dans lesdits pays.«

Seront désormais applicables à toute l'étendue de l'Empire
allemand.

4^{ent} *Russie.*

L'art. 20 du traité de commerce du 12 Janvier 1859 (31 Décembre 1858) contient cette disposition:

»Les Hautes Parties contractantes, désireuses d'assuser,
»chacune dans ses possessions, protection complète et effective
»contre la fraude pour les objets fabriqués par l'autre, sont con-
»venues que la contrefaçon ou l'imitation frauduleuse, dans l'un
»des deux pays, de marques de fabricants ou négociants origi-
»nairement apposées, de *bonne foi*, sur des objets produits dans
»l'autre, sur l'attestation de leur origine et qualité, seront stric-
»tement défendues et punies.«

Le 11 Juillet 1871 a été signée, à Saint-Pétersbourg, une déclaration relative à la protection accordée aux marques de fabriques anglaises et russes.

Elle est ainsi conçue:

Art. Ier. La mise en vente ou en circulation de produits revêtus de marques de fabrique anglaise ou russe, contrefaites en tout pays, sera considérée comme une opération frauduleuse, interdite sur le territoire des deux États et passible en Angleterre des peines portées par l'acte du Parlement de 1862; en Russie des peines édictées par les articles 173-176 et 181, infligées par les juges de paix, et les articles 1665-1669 et 1671-1675 du code pénal (édition de 1861).

Elle pourra donner lieu, devant les tribunaux et selon les lois du pays où ladite opération frauduleuse aura été constatée, à une action en dommages-intérêts valablement exercée par la partie lésée envers ceux qui s'en seront rendus coupables.

Art. II. Les sujets anglais qui voudront s'assurer en Russie la propriété de leurs marques de fabrique seront tenus de les déposer à Saint-Pétersbourg, au département du commerce et des manufactures.

Dans le cas où les marques de fabrique seraient, dans la suite, soumises à l'enregistrement, les mêmes règles seront applicables aux marques de fabrique, tant anglaises que russes.

Art. III. Les présents articles, immédiatement exécutoires, seront considérés comme faisant partie intégrante du traité du

31 Décembre 1852—12 Janvier 1859, et auront mêmes force et durée que ledit traité.

5ᵉⁿᵗ *Danemark*. — 28 Novembre 1879.

ARTICLE UNIQUE. Les sujets de chacune des parties contractantes auront dans les possessions de l'autre, les mêmes droits que les sujets qui y sont nés, tels que ces droits sont accordés actuellement ou le seront par la suite, aux sujets de la nation la plus favorisée dans tout ce qui touche à la propriété des marques de fabrique et étiquettes, aussi bien que pour les dessins industriels et les échantillons.

Il est entendu que toute personne qui désire obtenir cette protection doit remplir les formalités exigées par la loi de chacun des deux pays contractants.

CHAPITRE XXI.

DE LA PROPRIÉTÉ ARTISTIQUE ET LITTÉRAIRE.

La propriété littéraire et artistique (» *Copyright*«) est le droit qui appartient exclusivement à un auteur de reproduire son œuvre et d'en interdire la reproduction.

Reconnu par des lois déjà anciennes, ce droit a été consacré à nouveau sous Anne en 1709.

Mais cette dernière loi ne s'appliquait qu'aux œuvres littéraires; elle fut modifiée plusieurs fois sous Georges III, et enfin la loi de 1842 (5 et 6 Vic. c. 45) a définitivement réglé la législation sur cette matière.

Toute propriété littéraire est une propriété ordinaire et peut se vendre ou être léguée.

La cession n'en peut être faite que par écrit, mais il n'est point nécessaire qu'elle revête la forme d'un »deed«.

La loi n'accorde aucun droit de propriété littéraire à l'auteur d'un ouvrage immoral, irreligieux ou diffamatoire.

Elle reçoit son application dans toute l'étendue de l'Empire Britannique, tel qu'il existait au moment de sa promulgation, et s'applique à toutes les colonies qui ont pu ou pourront être acquises depuis.

§ I. — OUVRAGES.

Par ce mot »ouvrage« La loi de 1842 entend tout ou partie d'un volume, d'une brochure, article de journal, morceau de musique, carte ou plan.

C'est en ce sens que nous l'employons ici.

Durée du Droit.

L'auteur qui depuis le 1ᵉʳ Juillet 1842 a publié un ouvrage, en a la propriété pendant sa vie.

Après son décès, son droit passe à ses représentants qui le conservent pendant la période qui reste à courir, à cette époque, des quarante-deux ans depuis la première édition de l'ouvrage, sans que ce temps puisse être moindre de sept années, à partir dudit décès.

Si l'ouvrage a été publié depuis le 1ᵉʳ Juillet 1842, mais après le décès de l'auteur, ses représentants y ont seuls droits pendant quarante-deux ans depuis la première édition.

Les héritiers de l'auteur ont le droit de publier ou rééditer son œuvre, s'il ne le leur a pas interdit, et malgré cette interdiction, le comité judiciaire du Conseil Privé a le pouvoir, sur demande à lui faite, d'ordonner l'impression aux conditions qu'il impose.

A l'égard des ouvrages publiés avant le 1ᵉʳ Juillet 1842, la propriété en est régie par les anciennes lois ; si l'auteur ou ses ayants-droit veulent jouir du bénéfice de la présente loi, ils doivent, avant l'expiration de leurs droits, faire enregistrer leur œuvre de la manière ci-après indiquée.

Quant aux lettres ayant un caractère privé, la propriété n'en appartient pas absolument à celui qui les a reçues ; car la cour peut en interdire la publicité, si elle est faite sans le consentement de celui qui les a écrites.

Dépôt de l'ouvrage.

L'auteur qui veut se réserver la propriété de son ouvrage doit déposer un exemplaire de chaque édition à Londres, à la bibliothèque du British Museum dans le mois de la publication, s'il est édité à Londres, dans les trois mois, s'il l'est dans la Grande-Bretagne, et dans les douze mois, s'il l'est dans toute autre partie des possessions anglaises.

En outre, semblable dépôt doit être effectué dans le mois de la demande qui en est faite par écrit douze mois après la publication, à la bibliothèque »Bodleian« d'Oxford, à la bibliothèque publique de Cambridge, à celle de la Faculté des avocats d'Edimbourg et à celle du »Trinity College« de Dublin;

Le tout à peine de 5 L. st. d'amende pour chaque omission.

Enregistrement.

Un registre spécial est tenu au »Stationers' Hall« de Londres sur lequel sont inscrits les noms de l'ayant-droit à la propriété et ceux de ses cessionnaires.

Ce registre est mis à la disposition du public et chacun peut le consulter moyennant un shilling pour chaque recherche.

Certificat de l'inscription est délivrée à tout demandeur, moyennant cinq shillings; ce certificat sert de commencement de preuve du droit à la propriété de l'ouvrage pour celui qui le produit en justice.

Toute personne, auteur ou son ayant-cause, qui a droit à la propriété dont il s'agit, peut faire inscrire sur ce registre le titre de son ouvrage, l'époque de sa première publication, ses noms et domicile et ceux de ses concessionnaires et les noms et domicile (commercial) du premier éditeur.

Il suffit de faire inscrire le nom du propriétaire actuel de l'ouvrage.

Le cessionnaire qui a fait inscrire sa cession acquiert par-là, le droit de l'opposer à tous.

Enfin toutes ces diverses inscriptions ne donnent lieu qu'à la perception d'un simple droit de cinq shillings.

Toute fausse inscription est un délit prévu et réprimé par la loi.

Rectification du Registre.

Celui qui se prétend lésé par une inscription sur le registre dont nous avons parlé ci-dessus, doit s'adresser à l'une des divivions de la haute cour pour faire ordonner toute rectification qui est opérée sur le vu de l'arrêt.

Vente d'ouvrages non autorisée par l'auteur.

La loi interdit l'introduction, dans l'Empire Britannique, sans le consentement du propriétaire, de toute nouvelle édition d'un ouvrage édité pour la première fois en Angleterre, mais qui a été réimprimé à l'étranger.

Quiconque, sans autorisation, importe, vend ou loue cette édition, est condamné à une amende de 10 L. st. et au paiement du double de la valeur de chaque exemplaire importé, vendu ou loué.

Les volumes ainsi introduits en fraude sont confisqués par la douane, et le produit des amendes est partagé entre ses agents et le propriétaire.

En outre, ces volumes sont remis à ce dernier qui a le droit de demander des dommages-intérêts.

Mais il ne peut intenter une action, s'il ne s'est pas fait, au préalable, inscrire sur le registre du »Stationers' Hall«.

Toute action doit être intentée dans les douze mois du jour où le délit a été commis.

Droit des Étrangers.

D'après la loi de 1842, l'étranger, quoique auteur d'un ouvrage édité pour la première fois en Angleterre, n'est pas un auteur dans le sens de la loi, si, lors de la publication, il ne résidait pas en Angleterre; par suite, il n'a pas droit à la protection de sa propriété littéraire.

Mais une résidence même momentanée, à cette époque, suffit pour le protéger.

Cette partie de la loi se trouve abrogée pour les nationaux des pays étrangers avec lesquels ont été conclues des conventions diplomatiques.

§ II. — ŒUVRES DRAMATIQUES ET MUSICALES.

D'après l'ancienne loi, l'auteur d'une pièce dramatique ou d'un morceau de musique en avait la propriété exclusive pendant vingt-huit ans du jour de la première publication, si elle avait eu lieu dans les dix années ayant précédé la loi.

Si, après ces vingt-huit années, l'auteur vivait encore, il conservait son droit jusqu'à sa mort.

La loi de 1842 a modifié ces dispositions et déclaré que les droits de cet auteur auraient la même durée que celle accordée aux ouvrages, pourvu que ledit auteur ait eu soin de remplir les formalités d'inscription indiquées page 229.

La première représentation ou audition d'une pièce ou d'un morceau de musique équivaut à la première publication.

L'auteur doit donc faire inscrire, au »Stationers' Hall«, à Londres, le titre de son œuvre, ses noms et domicile, ceux de ses cessionnaires et l'endroit où a eu lieu la première audition.

Le cessionnaire ne peut, toutefois, faire représenter ou jouer avant d'avoir fait l'inscription.

L'auteur d'une œuvre représentée pour la première fois à l'étranger n'a pas la propriété exclusive de son œuvre en ce pays.

Ceci ne s'applique pas aux nationaux de pays étrangers avec lesquels ont été conclues des conventions (voir page 236).

La publication en Angleterre d'une pièce de théâtre ou de musique en livre avant qu'elle n'ait été jouée ou exécutée en public ne prive pas son propriétaire, auteur ou ayant-droit de celui-ci, du droit exclusif de la faire représenter ou exécuter.

La loi de 1882 sur le droit de propriété sur les compositions musicales dit que le propriétaire du droit à la propriété de toute composition musicale publiée pour la première fois après la promulgation de la loi, ou son ayant-droit, qui désire conserver le droit exclusif de la faire jouer en public, doit faire imprimer sur chacun des exemplaires un avis annonçant la réserve de son droit.

Si avant la publication d'une œuvre le droit de la faire représenter ou jouer et le »Copyright« deviennent la propriété distincte de personnes différentes et que celui qui a le droit de faire représenter ou jouer veuille réserver ce droit, il doit demander au possesseur du »Copyright«, par écrit, avant l'émission du premier exemplaire, d'imprimer sur chaque exemplaire mention de la réserve qu'il entend faire. Si le droit de faire représenter ou jouer une œuvre devient la propriété de différentes personnes après la première édition revêtue de la réserve dont nous parlons et que ces personnes veuillent conserver leurs droits, elles doivent

donner avis par écrit à celui qui a le »Copyright«. Si ce dernier
ne tient aucun compte de cet avis, il peut être condamné à
20 L. st. de dommages-intérêts au profit de qui de droit.

§ III. — CONFÉRENCES PUBLIQUES.

La loi de 1835 donne à l'auteur d'une conférence faite dans
un établissement d'instruction ordinaire ou ailleurs, ou à son cessionnaire, le droit exclusif de la publier.

Quiconque sténographie cette conférence ou en prend copie
d'une façon quelconque et la publie, ou celui qui la met en vente
sans le consentement de l'auteur, est condamné, pour chaque
feuillet de tout exemplaire trouvé en sa possession, à une amende
de 1d. (0,10 c.), dont la moitié pour l'État et la moitié pour l'auteur.

Mais, pour avoir droit à cette protection, l'auteur doit avertir
de son intention, au moins deux jours à l'avance, deux magistrats
résidant dans la ville ou dans les cinq milles de la ville où il
veut faire sa conférence.

Toutefois, il est permis de publier, sans le consentement de
l'auteur, les conférences faites en vertu de fondations, ou dans les
universités et les »Public schools« (Écoles de hautes études régies
par des lois spéciales).

Lorsqu'une conférence est faite sur des sujets tirés de
manuscrits devant un auditoire admis par billets seulement, il est
entendu entre le conférencier et ses auditeurs que, l'auditoire a
le droit de prendre toutes notes pour son usage personnel, mais
non pour les faire imprimer et publier et en retirer un profit.

§ IV. — PEINTURES. — DESSINS. — PHOTOGRAPHIES.

La loi relative à ces œuvres d'art est celle de 1862.

Avant elle, l'auteur n'avait aucun droit de propriété.

Aujourd'hui tout auteur, sujet anglais ou résidant dans les
possessions anglaises, d'une œuvre originale de peinture, dessin
ou photographie, quel que soit le lieu où elle ait été faite, et si
elle n'a point été vendue ou cédée avant la mise en vigueur de

la loi, a seul le droit de la reproduire pendant sa vie et à sa mort ses héritiers y ont seul droit pendant sept années, à partir du jour de son décès.

Lorsque deux ou plusieurs personnes sont enregistrées comme »auteurs« d'une peinture, d'un dessin ou d'une photographie, il n'est pas certain que le droit de propriété subsiste pendant la vie de tous les auteurs et sept ans après, ou qu'il subsiste pendant la vie de tous et du dernier vivant et sept ans après.

Si, depuis cette loi, l'auteur a vendu son œuvre ou l'a exécutée pour quelqu'un, moyennant un prix, il ne peut plus revendiquer son droit à la propriété, à moins qu'il ne l'ait expressément réservé par écrit.

D'un autre côté, on ne peut prétendre droit à cette propriété sans un acte écrit et signé de l'auteur ou son ayant-cause constatant la cession.

L'auteur qui veut sauvegarder ses droits doit faire inscrire, sur le registre spécial du »Stationers' Hall,« à Londres, son droit à la propriété, ses noms et domicile, la description de la nature et du sujet de son œuvre, et, s'il le désire, y joindre une esquisse ou photographie. Il doit également indiquer les noms et domicile de ses cessionnaires, et, jusqu'à l'accomplissement de ces formalités, il lui est impossible de poursuivre pour les contrefaçons qui auraient déjà été faites.

Il a été jugé cependant que le cessionnaire qui avait fait inscrire sa cession avait tous les droits à la protection de la loi, alors même que l'auteur avait négligé la formalité de l'inscription.

Les dispositions de la loi de 1842 relatives à l'inscription s'appliquent aux peintures, dessins et photographies, avec cette différence que le droit à payer pour chaque inscription n'est que d'un shilling.

L'auteur qui a déjà vendu son droit de propriété ou refait son œuvre, et la vend au préjudice de son acquéreur, ou quiconque, sans droit, copie, imite ou reproduit, d'une façon quelconque, une œuvre d'art pour la vendre, la louer ou l'exposer, ou la vend ou l'expose la sachant contrefaite, est condamné envers le propriétaire, à une amende de 10 L. st. au plus, sans préjudice des saisies opérées au profit de celui à qui appartient le droit à la propriété de cette œuvre.

Il est défendu sous les mêmes pénalités:

1° De contrefaire la signature d'un auteur sur tous dessins, peintures et photographies;

2° Et de vendre, copier ou exposer ces dessins, etc., revêtus d'une signature fausse.

Lorsqu'un auteur a cédé ses droits et que son œuvre a été, par suite, modifiée par autrui, cette œuvre ainsi modifiée ne peut pas être vendue ou publiée sans son consentement, sous les mêmes peines.

Ces pénalités ne sont encourues cependant que si l'auteur dont l'œuvre ou la signature ont été contrefaites vivait dans les vingt années qui ont précédé l'époque à laquelle le délit a été commis.

Le recouvrement des amendes et des objets saisis se fait en Angleterre et en Irlande, soit par une action civile, soit par une action correctionnelle; et en Écosse par action civile ou par action portée devant le shériff du comté dans lequel habite le délinquant.

En outre, la partie lésée a le droit de faire défendre la vente de son œuvre et d'intenter une action qui est ordinairement portée devant la division de Chancery de la Haute Cour de justice.

§ V. — ESTAMPES. — GRAVURES. — SCULPTURES.

Les lois relatives à la propriété des œuvres comprises sous ce paragraphe sont trop nombreuses pour que nous les analysions toutes.

Nous nous contenterons donc de dire:

Que le droit à la propriété appartient à tout auteur, anglais ou étranger, habitant l'Empire Britannique, et dure vingt-huit ans pour les estampes et gravures et quatorze ans pour les sculptures à partir du jour où ces œuvres ont été publiées pour la première fois.

Pour les sculptures, le délai ci-dessus est prorogé de quatorze nouvelles années, si, à l'expiration de la première période, l'auteur vit encore et pourvu qu'il n'ait pas cédé son droit à la propriété dans l'intervalle; car, en cas de cession déjà faite, il n'y a pas de prorogation.

L'auteur qui veut conserver son droit doit avoir le soin de graver ou imprimer son nom et la date du tirage, sur son œuvre. C'est la seule formalité requise.

La cession ne peut s'opérer que par un »deed« signé en présence de deux témoins.

La reproduction de ces œuvres par la photographie ou tout autre moyen est une contrefaçon qui donne le droit à l'auteur de demander des dommages-intérêts au contrefacteur, pourvu que l'action soit intentée dans les six mois du jour où le délit a été commis ou a été connu de l'auteur.

CHAPITRE XXII.

DROIT DE PROPRIÉTÉ SUR OUVRAGES ET ŒUVRES D'ART PUBLIÉS A L'ÉTRANGER — CONVENTIONS-DIPLOMATIQUES.

§ I. — RÈGLES-FORMALITÉS.

La loi de 1844. »The International copyright act« autorise le souverain à déclarer, par ordonnance — rendue en conseil, que les auteurs d'ouvrages littéraires ou dramatiques, ou d'œuvres d'art et les compositeurs de musique dont les œuvres auront été publiés ou représentées pour la première fois à l'étranger, auront seuls le droit de les publier faire représenter ou exécuter dans l'empire Britannique, pour le temps que fixera l'ordonnance.

L'auteur étranger qui veut jouir du bénéfice des dispositions de la loi, doit déposer un exemplaire de son œuvre au »Stationers' Hall« à Londres et faire inscrire sur le registre de cette compagnie, le titre de l'ouvrage, avec ses noms, prénoms et résidence, ceux des concessionaires de son droit, le lieu et l'époque de la première édition, représentation ou exécution. Si l'ouvrage est manuscrit, on remplit ces formalités en déposant un exemplaire.

Si l'œuvre est anonyme, il suffit de faire inscrire le nom et l'adresse du premier éditeur.

Il a été jugé que celui qui fait l'adaptation d'un opéra, pour le piano, est un compositeur dans le sens de la loi et peut par suite la faire enregistrer.

Les lois du 28 Mai 1852, du 13 Mai 1875, et 25 Juin 1886 ont complété et modifié celle de 1844. Ces lois sont connues sous la dénomination générale de »Lois Internationales sur la propriété littéraire«.

Par la loi du 28 Mai 1852 (15 Vic. c. 12). tout article de discussion politique ou autre, publié dans un journal ou recueil périodique paraissant à l'étranger, peut-être reproduit ou traduit dans tout journal ou recueil périodique anglais, en en indiquant la source, à moins que l'auteur n'ait expréssement réservé tous ses droits dans une partie bien visible du journal ou recueil.

Est interdite, dans tout l'empire Britannique, l'importation, sans le consentement de l'auteur, de tout ouvrage de littérature dramatique, ou toute œuvre d'art imprimée ou faite à l'étranger, à peine de saisie ou de destruction.

La loi n'interdit pas l'adaptation faite de bonne foi, pour la scène anglaise, d'une pièce de théâtre ou œuvre musicale représentée à l'étranger pour la première fois, mais le souverain peut, en vertu de la loi du 13 Mai 1875, par ordonnance rendue en conseil, interdire la représentation de cette œuvre.

La loi de 1886 (49 et 50 Vic. c. 33) a modifié les lois précédentes en ce qui concerne l'extension et effet des ordonnances rendues en conseil de façon à se mettre en harmonie avec la convention internationale du 9 September 1886 sur la propriété littéraire à laquelle la Grande-Bretagne accédé (voir page 242).

En voici les principaux articles:

Une ordonnance rendue en conseil peut exclure ou limiter les droits conférés par les lois internationales sur la propriété littéraire dans le cas où les auteurs ne sont pas sujets ou citoyens du pays étranger désignés dans cette ordonnance ou toute autre, et si l'ordonnance contient une semblable restriction et que l'auteur d'une œuvre littéraire ou artistique publiée pour la première fois dans un de ces pays étrangers ne soit pas un sujet anglais ou un citoyen ou sujet de l'un des pays désignés dans ladite ordonnance, l'éditeur de cette œuvre, sauf avis contraire de l'ordonnance, sera présumé, en ce qui concerne toutes poursuites dans le Royaume-Uni pour la protection du droit de propriété de cette œuvre, avoir droit à cette propriété comme s'il en était l'auteur, sans que cette présomption puisse nuire aux droits réciproques de l'auteur et de l'éditeur entre eux.

Les lois sur la propriété littéraire internationale et les ordonnances rendues en vertu de ces lois ne pourront conférer à qui que ce soit de droits plus grands ou une durée de droit plus longue à la propriété littéraire sur tout ouvrage que ceux conférés par la loi du pays étranger où l'ouvrage aura été publié pour la première fois.

Une ordonnance rendue en conseil peut décider en ce qui concerne le droit à la propriété littéraire le pays dans lequel une œuvre a été publiée pour la première fois lorsque cette œuvre littéraire ou artistique est publiée simultanément dans le Royaume-Uni et toute autre contrée ayant adhéré à la convention internationale sur la propriété littéraire.

Lorsqu'une œuvre produite simultanément dans le Royaume-Uni et dans un ou plusieurs pays étrangers est, en vertu d'une ordonnance rendue en conseil, réputée, pour le droit à la propriété littéraire, avoir été éditée pour la première fois dans l'un de ces pays étrangers et non dans le Royaume-Uni, le droit à la propriété littéraire dans le Royaume-Uni ne sera autre que celui de ce pays et aura la même portée que si l'œuvre avait été éditée pour la première fois dans la Royaume-Uni.

Dans le cas où une ordonnance relative à un pays étranger est rendue d'après les lois internationales sur la propriété littéraire, les prescriptions de ces lois, en ce qui touche l'enregistrement et la délivrance des copies des œuvres, ne s'appliqueront pas aux œuvres produites dans ce pays, à moins que l'ordonnance n'en décide autrement.

Lorsqu'une œuvre, livre ou pièce dramatique, est publiée pour la première fois dans un pays étranger auquel s'applique l'ordonnance, l'auteur ou l'éditeur, selon le cas, aura, à moins que l'ordonnance n'en décide autrement, le droit d'empêcher la production ou l'importation dans le Royaume-Uni de toute traduction non-autorisée par lui de cette œuvre comme il a le droit d'interdire la production ou l'importation de l'ouvrage original.

Le droit d'interdire la production et l'importation dans le Royaume-Uni d'une traduction non-autorisée d'un ouvrage cesse si, après l'expiration de dix ans ou de tout autre terme fixé par l'ordonnance après la fin de l'année dans laquelle l'ouvrage ou, en cas d'un livre publié par livraisons, chaque livraison a été publiée pour la première fois, une traduction autorisée en langue anglaise de cet ouvrage ou de cette livraison n'a pas été éditée.

La loi relative à la propriété littéraire s'applique à une traduction autorisée comme s'il s'agissait de l'ouvrage original.

Lorsqu'il s'agit de prouver l'existence ou la propriété du droit à la propriété littéraire d'un ouvrage publié pour la première fois dans un pays étranger auquel s'applique une ordonnance rendue en conseil en vertu des lois internationales sur la propriété littéraire, un extrait d'un registre, ou un certificat, ou toute autre pièce constatant l'existence du droit à cette propriété ou la personne qui a droit à cette propriété, ou est réputée pour tout procès à intenter dans le Royaume-Uni avoir droit à cette propriété, pourvu que ladite pièce soit légalisée par le Ministre d'État de ce pays étranger ou un agent diplomatique anglais, fera foi des faits y énoncés et tous tribunaux doivent admettre la validité des signatures desdits ministres ou agents diplomatiques et accepter, sans preuve, les documents légalisés par ces derniers.

Les lois sur la propriété littéraire, sauf les dispositions de la présente loi, sont applicables à toute œuvre littéraire ou artistique produite pour la première fois dans une possession anglaise de la même façon qu'elles s'appliquent à une œuvre publiée pour la première fois dans le Royaume-Uni. Mais les stipulations relatives à l'enregistrement du droit à la propriété de cette œuvre ne sont pas applicables, si sa loi de la possession exige l'enregistrement; et si l'œuvre est un livre il n'est point nécessaire de faire le dépôt d'un exemplaire.

Dans la loi en question, sauf preuve contraire résultant du texte, les mots »œuvre littéraire et artistique« comprennent tous livres imprimés, lithographies, sculptures, pièces dramatiques, compositions musicales, peintures, dessins photographies et autres œuvres de littérature et d'art, auxquelles s'appliquent les lois sur la propriété littéraire ou les lois internationales sur cette propriété.

L'expression »auteur« signifie l'auteur, l'inventeur, le dessinateur, le graveur ou celui qui a confectionné toute œuvre littéraire ou artistique et comprend toute personne se disant le représentant l'auteur et dans le cas d'une œuvre posthume, elle comprend le propriétaire du manuscrit de l'ouvrage ou toute personne se disant son représentant. S'il s'agit d'une encyclopédie, d'une revue mensuelle ou autre, ou d'un ouvrage publié en un ou plusieurs volumes, ce mot »auteur« s'applique au propriétaire ou éditeur.

Le mot »Traité« signifie toute convention ou arrangement.

Le mot »Possession anglaise« comprend toutes les parties de l'Empire Britannique, le Royaume-Uni excepté, et lorsque certaines de ces possessions sont régies à la fois par la législature de la métropole et la législature particulière, celles qui sont régies par la législature de la métropole sont réputées être une possession anglaise.

§ II. — CONVENTIONS DIPLOMATIQUES.

Des conventions relatives aux droits d'auteurs sur les ouvrages de littérature et d'art ont été conclues entre la Grande-Bretagne et divers pays du continent.

Ces conventions ont été remplacées par la convention internationale du 9 Septembre 1886 et sont par suite devenues inutiles, quelques-unes ont déjà été dénoncées. Nous donnons seulement les dates des signatures et des échanges de ratifications.

1ent *France.* — 3 Novembre 1851.

Ratifications échangées à Paris le 8 Janvier 1852.
Modifiée par une déclaration signée à Londres le 11 Août 1875.

2ent *Belgique.* — 12 Août 1854.

Ratifications échangées à Londres, le 24 Janvier 1855.
Cette convention a été dénoncée par la Grande-Bretagne le 17 Janvier 1887 et se terminera le 17 Janvier 1888.

3ent *Prusse.* — 13 Mai 1846.

Ratifications échangées à Berlin, 16 Juin 1846.
Convention additionnelle 14 Juin 1855.

Ratifications échangées à Londres 13 Août 1855.

Même durée fixée que celle-ci dessus.

L'article 8 de la convention du 13 Mai 1846 a donné le droit d'y accéder aux divers États allemands composant l'union de douane.

4ent Saxe.

Le 24 Août 1846, la Saxe a déclaré, par acte signé à Berlin, adhérer à la convention ci-dessus, à partir du 1er Septembre même année.

5ent Brunswick.

Par acte signé à Berlin le 30 Mars 1847, le Duc de Brunswick a adhéré à cette convention.

6ent Etats allemands divers.

1er Juillet 1847, adhésion des:

Grand Duc de Saxe-Weimar-Eisenach. Ducs de Saxe-Altenbourg, Saxe-Cobourg-Gotha, Saxe-Meiningen, Princes de Schwarzbourg-Rudolstadt et Schwarzbourg-Sonderhausen, de Reuss-Greitz, de Reuss-Lobenstein-Ebersdorf et Reuss-Schleitz.

8 Février 1853, adhésion des:

Ducs d'Anhalt, Dessau, et d'Anhalt Bernbourg.

19 Novembre 1861, adhésion du Grand Duc de Hesse.

7ent Ville libre de Hambourg. — 16 Août 1853.

Ratifications échangées à Hambourg le 15 Novembre 1853.

8ent Espagne. — 11 Août 1880.

Ratifications du 18 Septembre 1880.

Doit être dénoncée en donnant six mois d'avis.

9ent Allemagne. — 2 Juin 1886.

Ratifications échangées à Londres le 29 Juillet 1886.

Cette convention s'applique à toute l'Allemagne dans les mêmes termes que celles faites avec la Prusse le 13 Mai 1846 et 14 Juin 1855.

Une Union internationale pour la protection des œuvres littéraires et artistiques a été formée entre la Grande-Bretagne, la France, l'Allemagne, la Belgique, l'Espagne, l'Italie, Haïti, la Libéria, la Suisse et Tunis le 9 Septembre 1886.

En voici les termes:

Art. I. Les pays contractants sont constitués à l'état d'union pour la protection des droits des auteurs sur les œuvres littéraires et artistiques.

Art. II. Les auteurs ressortissant à l'un des pays de l'Union, ou leurs ayants-cause, jouissent dans les autres pays pour leurs œuvres, soit publiées dans un de ces pays, soit non publiées, des droits que les lois respectives accordent actuellement ou accorderont par la suite aux nationaux.

La jouissance de ces droits est subordonnée à l'accomplissement des conditions et formalités prescrites par la législation du pays d'origine de l'œuvre; elle ne peut excéder dans les autres pays la durée de la protection accordée dans ledit pays d'origine.

Est considéré comme pays d'origine de l'œuvre, celui de la première publication, ou, si cette publication a lieu simultanément dans plusieurs pays de l'Union, celui d'entre eux dont la législation accorde la durée de protection la plus courte.

Pour les œuvres non publiées le pays auquel appartient l'auteur est considéré comme pays d'origine de l'œuvre.

Art. III. Les stipulations de la présente Convention s'appliquent également aux éditeurs d'œuvres littéraires ou artistiques publiées dans un des pays de l'Union, et dont l'auteur appartient à un pays qui n'en fait pas partie.

Art. IV. L'expression »œuvres littéraires et artistiques« comprend les livres, brochures, ou tous autres écrits; les œuvres dramatiques ou dramatico-musicales, les compositions musicales avec ou sans paroles; les œuvres de dessin, de peinture, de sculpture, de gravure; les lithographies, les illustrations, les cartes géographiques; les plans, croquis, et ouvrages plastiques relatifs à la géographie, à la topographie, à l'architecture ou aux sciences en général; enfin toute production quelconque du domaine littéraire, scientifique, ou artistique, qui pourrait être publiée par n'importe quel mode d'impression ou de reproduction.

Art. V. Les auteurs ressortissant à l'un des pays de l'Union, ou leurs ayants-cause, jouissent, dans les autres pays, du droit exclusif de faire ou d'autoriser la traduction de leurs ouvrages jusqu'à l'expiration de dix années à partir de la publication de l'œuvre originale dans l'un des pays de l'Union.

Pour les ouvrages publiés par livraisons, le délai de dix années ne compte qu'à dater de la publication de la dernière livraison de l'œuvre originale.

Pour les ouvrages publiés par livraisons, le délai de dix années ne compte qu'à dater de la publication de la dernière livraison de l'œuvre originale.

Pour les œuvres composées de plusieurs volumes publiés par intervalles, ainsi que pour les bulletins ou cahiers publiés par des Sociétés littéraires ou savantes ou par des particuliers, chaque volume, bulletin, ou cahier est, en ce qui concerne le délai de dix années, considéré comme ouvrage séparé.

Dans les cas prévus au présent Article, est admis comme date de publication, pour le calcul des délais de protection, le 31 Décembre de l'année dans laquelle l'ouvrage a été publié.

Art. VI. Les traductions licites sont protégées comme des ouvrages originaux. Elles jouissent, en conséquence, de la protection stipulée aux Articles II et III en ce qui concerne leur reproduction non autorisée dans les pays de l'Union.

Il est entendu que, s'il s'agit d'une œuvre pour laquelle le droit de traduction est dans le domaine public, le traducteur ne peut pas s'opposer à ce que la même œuvre s'est traduite par d'autres écrivains.

Art. VII. Les articles de journaux ou de recueils périodiques publiés dans l'un des pays de l'Union peuvent être reproduits, en original ou en traduction, dans les autres pays de l'Union, à moins que les auteurs ou éditeurs ne l'aient expressément interdit. Pour les recueils, il peut suffire que l'interdiction soit faite d'une manière générale en tête de chaque numéro du recueil.

En aucun cas, cette interdiction ne peut s'appliquer aux articles de discussion politique ou à la reproduction des nouvelles du jour et des *faits divers*.

Art. VIII. En ce qui concerne la faculté de faire licitement des emprunts à des œuvres littéraires ou artistiques pour des publications destinées à l'enseignement ou ayant un caractère scientifique, ou pour des chrestomathies, est réservé l'effet de la législation des pays de l'Union et des arrangements particuliers existants ou à conclure entre eux.

Art. IX. Les stipulations de l'Article II s'appliquent à la représentation publique des œuvres dramatiques ou dramatico-musicales, que ces œuvres soient publiées ou non.

Les auteurs d'œuvres dramatiques ou dramatico-musicales, ou leurs ayants-cause, sont, pendant la durée de leur droit exclusif de traduction, réciproquement protégés contre la représentation publique non autorisée de la traduction de leurs ouvrages.

Les stipulations de l'Article II s'appliquent également à l'exécution publique des œuvres musicales non publiées ou de celles qui ont été publiées, mais dont l'auteur a expressément déclaré sur le titre ou en tête de l'ouvrage qu'il en interdit l'exécution publique.

Art. X. Sont spécialement comprises parmi les reproductions illicites auxquelles s'applique la présente Convention, les appropriations indirectes non autorisées d'un ouvrage littéraire ou artistique, désignées sous des noms divers, tels que: *adaptations*, *arrangements de musique*, &c., lorsqu'elles ne sont que la reproduction d'un tel ouvrage, dans la même forme ou sous une autre forme, avec des changements, additions, ou retranchements, non essentiels, sans présenter d'ailleurs le caractère d'une nouvelle œuvre originale.

Il est entendu que, dans l'application du présent Article, les Tribunaux des divers pays de l'Union tiendront compte, s'il y a lieu, des réserves de leurs lois respectives.

Art. XI. Pour que les auteurs des ouvrages protégés par la présente Convention soient, jusqu'à preuve contraire, considérés comme tels et admis, en conséquence, devant les Tribunaux des divers pays de l'Union à exercer des poursuites contre les contrefaçons, il suffit que leur nom soit indiqué sur l'ouvrage en la manière usitée.

Pour les œuvres anonymes ou pseudonymes, l'éditeur dont le nom est indiqué sur l'ouvrage est fondé à sauvegarder les droits appartenant à l'auteur. Il est, sans autres preuves, réputé ayant-cause de l'auteur anonyme ou pseudonyme.

Il est entendu, toutefois, que les Tribunaux peuvent exiger, le cas échéant, la production d'un certificat délivré par l'autorité compétente, constatant que les formalités prescrites, dans le sens de l'Article II, par la législation du pays d'origine, ont été remplies.

Art. XII. Toute œuvre contrefaite peut être saisie à l'importation dans ceux des pays de l'Union où l'œuvre originale a droit à la protection légale.

La saisie a lieu conformément à la législation intérieure de chaque pays.

Art. XIII. Il est entendu que les dispositions de la présente Convention ne peuvent porter préjudice, en quoi que ce soit, au droit qui appartient au Gouvernement de chacun des pays de l'Union de permettre, de surveiller, d'interdire, par des mesures de législation ou de police intérieure, la circulation, la représentation, l'exposition de tout ouvrage ou production à l'égard desquels l'autorité compétente aurait à exercer ce droit.

Art. XIV. La présente Convention, sous les réserves et conditions à déterminer d'un commun accord, s'applique à toutes les œuvres qui, au moment de son entrée en vigueur, ne sont pas encore tombées dans le domaine public dans leurs pays d'origine.

Art. XV. Il est entendu que les Gouvernements des pays de l'Union se réservent respectivement le droit de prendre séparément, entre eux, des arrangements particuliers, en tant que ces arrangements conféreraient aux auteurs ou à leurs ayants-cause des droits plus étendus que ceux accordés par l'Union, ou qu'ils renfermeraient d'autres stipulations non contraires à la présente Convention.

Art. XVI. Un office international est institué sous le nom de *Bureau de l'Union Internationale pour la Protection des Œuvres Littéraires et Artistiques.*

Ce Bureau, dont les frais sont supportés par les Administrations de tous les pays de l'Union, est placé sous la haute autorité de l'Administration Supérieure de la Confédération Suisse, et fonctionne sous sa surveillance. Les attributions en sont déterminées d'un commun accord entre les pays de l'Union.

Art. XVII. La présente Convention peut être soumise à des révisions en vue d'y introduire les améliorations de nature à perfectionner le système de l'Union.

Les questions de cette nature, ainsi que celles qui intéressent à d'autres points de vue le développement de l'Union, seront traitées dans des Conférences qui auront lieu successivement dans les pays de l'Union entre les Délégués desdits pays.

Il est entendu qu'aucun changement à la présente Convention ne sera valable pour l'Union que moyennant l'assentiment unanime des pays qui la composent.

Art. XVIII. Les pays qui n'ont point pris part à la présente Convention et qui assurent chez eux la protection légale des droits faisant l'objet de cette Convention, seront admis à y accéder sur leur demande.

Cette accession sera notifiée par écrit au Gouvernment de la Confédération Suisse, et par celui-ci à tous les autres.

Elle emportera, de plein droit, adhésion à toutes les clauses et admission à tous les avantages stipulés dans la présente Convention.

Art. XIX. Les pays accédant à la présente Convention ont aussi le droit d'y accéder en tout temps pour leurs Colonies ou possessions étrangères.

Ils peuvent, à cet effet, soit faire une Déclaration générale par laquelle toutes leurs Colonies ou possessions sont comprises dans l'accession, soit nommer expressément celles qui y sont comprises, soit se borner à indiquer celles qui en sont exclues.

Art. XX. La présente Convention sera mise à exécution trois mois après l'échange des ratifications, et demeurera en vigueur pendant un temps indéterminé, jusqu'à l'expiration d'une année à partir du jour où la dénonciation en aura été faite.

Cette dénonciation sera adressée au Gouvernement chargé de recevoir les accessions. Elle ne produira son effet qu'à l'égard du pays qui l'aura faite, la Convention restant exécutoire pour les autres pays de l'Union.

Art. XXI. La présente Convention sera ratifiée, et les ratifications en seront échangées à Berne, dans le délai d'un an au plus tard.

En foi de quoi, les Plénipotentiaires respectifs l'ont signé et y ont apposé le cachet de leurs armes.

Fait à Berne, le neuvième jour du mois de Septembre de l'an 1886.

(Suivent les signatures.)

Article Additionnel.

Les Plénipotentiaires réunis pour signer la Convention concernant la création d'une Union Internationale pour la protection des œuvres littéraires et artistiques, sont convenus de l'Article Additionnel suivant, qui sera ratifié en même temps que l'acte auquel il se rapporte:

La Convention conclue à la date de ce jour n'affecte en rien le maintien des Conventions actuellement existantes entre les pays contractants, en tant que ces Conventions confèrent aux auteurs ou à leurs ayants-cause des droits plus étendus que ceux accordés par l'Union, ou qu'elles renferment d'autres stipulations qui ne sont pas contraires à cette Convention.

En foi de quoi, les Plénipotentiaires respectifs ont signé le présent Article Additionnel.

Fait à Berne, le neuvième jour du mois de Septembre de l'an 1886.

Protocole de Clôture.

Au moment de procéder à la signature de la Convention conclue à la date de ce jour, les Plénipotentiaires soussignés ont déclaré et stipulé ce qui suit: —

1. Au sujet de l'Article IV, il est convenu que ceux des pays de l'Union où le caractère d'œuvres artistiques n'est pas refusé aux œuvres photographiques s'engagent à les admettre, à

partir de la mise en vigueur de la Convention conclue en date de ce jour, au bénéfice de ses dispositions. Il ne sont, d'ailleurs, tenus de protéger les auteurs desdites œuvres, sauf les arrangements internationaux existants ou à conclure, que dans la mesure où leur législation permet de le faire.

Il est entendu que la photographie autorisée d'une œuvre d'art protégée jouit, dans tous les pays de l'Union, de la protection légale, au sens de ladite Convention, aussi longtemps que dure le droit principal de reproduction de cette œuvre même, et dans les limites des Conventions privées entre les ayants-droit.

2. Au sujet de l'Article IX, il est convenu que ceux des pays de l'Union dont la législation comprend implicitement, parmi les œuvres dramatico-musicales, les œuvres chorégraphiques, admettent expressément lesdites œuvres au bénéfice des dispositions de la Convention conclue en date de ce jour.

Il est, d'ailleurs, entendu que les contestations qui s'élèveraient sur l'application de cette clause demeurent réservées à l'appréciation des Tribunaux respectifs.

3. Il est entendu que la fabrication et la vente des instruments servant à reproduire mécaniquement des airs de musique empruntés au domaine privé ne sont pas considérées comme constituant le fait de contrefaçon musicale.

4. L'accord commun prévu à l'Article XIV de la Convention est déterminé ainsi qu'il suit: —

L'application de la Convention aux œuvres non tombées dans le domaine public au moment de sa mise en vigueur aura lieu suivant les stipulations y relatives contenues dans les Conventions spéciales existantes ou à conclure à cet effet.

A défaut de semblables stipulations entre pays de l'Union, les pays respectifs régleront, chacun pour ce qui le concerne, par la législation intérieure, les modalités relatives à l'application du principe contenu à l'Article XIV.

[5. Les paragraphes suivants sont relatifs à l'organisation de l'office International fixé à Berne. Les dépenses en sont partagées, dans la proportion donnée, par les parties formant l'Union. La part de chaque État est fixée par la division faite des États en classes, chacun d'eux payant selon la classe dans laquelle il déclare vouloir être placé lors de son accession.]

6. La prochaine Conférence aura lieu à Paris, dans le délai de quatre à six ans à partir d'entrée en vigueur de la Convention.

Le Gouvernement Français en fixera la date dans ces limites, après avoir pris l'avis du Bureau International.

7. Il est convenu que, pour l'échange des ratifications prévu à l'Article XXI, chaque Partie Contractante remettra un seul instrument, qui sera déposé, avec ceux des autres pays, aux archives du Gouvernement de la Confédération Suisse. Chaque partie recevra en retour un exemplaire du procès-verbal d'échange des ratifications, signé par les Plénipotentiaires qui y auront pris part.

Le présent Protocole de Clôture, qui sera ratifié en même temps que la Convention conclue à la date de ce jour, sera considéré comme faisant partie intégrante de cette Convention, et aura même force, valeur, et durée.

En foi de quoi, les Plénipotentiaires respectifs l'ont revêtu de leur signature.

Fait à Berne, le neuvième jour du mois de Septembre de l'an 1886.

Procès-verbal de Signature.

Les Plénipotentiaires soussignés, réunis ce jour à l'effet de procéder à la signature de la Convention concernant la création d'une Union Internationale pour la protection des œuvres littéraires et artistiques, ont échangé les déclarations suivantes : —

1. En ce qui concerne l'accession des Colonies ou possessions étrangères prévue à l'Article XIX de la Convention.

Les Plénipotentiaires de Sa Majesté Catholique le Roi d'Espagne réservent pour leur Gouvernement la faculté de faire connaître sa détermination au moment de l'échange des ratifications.

Le Plénipotentiaire de la République Française déclare que l'accession de son pays emporte celle de toutes les Colonies de la France.

Les Plénipotentiaires de Sa Majesté Britannique déclarent que l'accession de la Grande-Bretagne à la Convention pour la protection des œuvres littéraires et artistiques comprend le Royaume-Uni de la Grande-Bretagne et d'Irlande et toutes les Colonies et possessions étrangères de Sa Majesté Britannique.

Ils réservent toutefois au Gouvernement de Sa Majesté Britannique la faculté d'en annoncer en tout temps la dénonciation séparément pour une ou plusieurs des Colonies ou possessions suivantes, en la manière prévue par l'Article XX de la Convention savoir: —

Le Indes, le Dominion du Canada, Terre-Neuve, le Cap, Natal, La Nouvelle-Galles du Sud, Victoria, Queensland, la Tasmanie, l'Australie Méridionale, l'Australie Occidentale, et la Nouvelle-Zélande.

2. [Ce paragraphe détermine les classes dans lesquelles sont rangés les différents pays en ce qui concerne leur part contributive aux frais de l'agence Internationale.]

En foi de quoi les Plénipotentiaires respectifs ont signé le présent procès-verbal.

Fait à Berne, le neuvième jour du mois de Septembre de l'an 1886.

TROISIÈME PARTIE.

CHAPITRE I.

DE QUELQUES ACTIONS ET DROITS SPÉCIAUX

§ I. — ARRÊT DES MARCHANDISES AVANT LIVRAISON
«STOPPAGE IN TRANSITU«.

C'est le droit qu'a tout expéditeur d'objets à lui appartenant, d'en empêcher la livraison, lorsque le destinataire tombe en faillite ou devient insolvable.

Il ne peut être exercé que dans ces deux cas, et, s'il l'est à temps, ces objets ne font pas partie de l'actif de la faillite, et, par suite, l'expéditeur n'a pas à produire. Son importance ne saurait donc échapper à personne.

Peu importe, en cas de vente, que les objets aient été vendus à crédit, pour le tout ou pour partie.

Mais l'exercice de ce droit n'a pas pour effet d'annuler le contrat de vente; il place le vendeur dans la position où il serait s'il ne s'était pas dessaisi, et ne l'autorise qu'à garder les objets jusqu'au paiement.

Cette question vivement controversée autrefois, a été résolue dans ce dernier sens en 1866, par Lord Cairns, ex-Lord chancelier.

Ce droit n'appartient pas à celui qui s'est porté caution du paiement du prix d'une marchandise, ni à celui qui a un »*lien*« (voir § suivant) sur des objets pour ses dépenses et pour son travail.

Il existe surtout entre les personnes qui sont l'une vis-à-vis de l'autre, acheteur et vendeur.

Ainsi :

La personne qui, sur l'ordre d'un négociant, a acheté, sous sa propre responsabilité, ou celui qui envoie en consignation des marchandises pour être vendues à compte à demi avec le consignataire, peut, dans les deux cas ci-dessus, user de ce droit.

Il peut encore être exercé par celui qui expédie de l'argent à quelqu'un pour un compte particulier et un objet déterminé, mais non par un débiteur qui envoie à son créancier une somme pour solde ou à valoir.

En règle générale, les effets de commerce envoyés par la poste pour solder un compte, sont la propriété de celui à qui ils sont adressés dès le moment où la lettre a été jetée à la poste; mais, comme la loi française autorise la remise à l'expéditeur de la lettre par lui adressée, avant la délivrance au destinataire, il a été jugé que, dans ce cas, lorsqu'une lettre contenant des effets de commerce avait été expédiée de France et réclamée à temps, la propriété de ces effets ne passait pas au destinataire.

Le vendeur qui a accepté des billets de son acheteur peut exercer son droit d'arrêt avant la déclaration de faillite, qu'il les ait escomptés ou non.

Le droit d'arrêt dure tant que les objets sont en la possession du voiturier chargé d'en opérer le transport et jusqu'à ce qu'ils aient été remis au destinataire.

Peu importe que ce transport se fasse aux risques et aux frais de ce dernier.

Si l'acheteur prend possession des objets confiés à un voiturier, avec ou sans le consentement de celui-ci, et avant leur arrivée à destination, le transport est réputé effectué.

Lorsqu'une personne se sert des magasins d'une autre pour y déposer ses marchandises, et que ces marchandises sont arrivées à ce magasin, le transport est effectué, dès que la livraison a eu lieu, et le voiturier ne peut retenir les objets en alléguant le droit du vendeur ou expéditeur de les arrêter encore.

Mais si les objets sont livrés à bord d'un vaisseau appartenant à l'acheteur ou frêté exclusivement par lui pour un temps déterminé, la remise des objets éteint le droit d'arrêt, alors même que le navire n'aurait pas été frêté spécialement pour recevoir lesdites marchandises.

Néanmoins la livraison à bord de ce même navire n'anéantirait pas le droit d'arrêt du vendeur, si celui-ci avait fait faire le connaissement à son ordre et qu'il l'eut conservé ou passé à l'ordre de son propre agent.

S'il y a eu un contrat pour la vente des marchandises et que l'acheteur ait pris possession d'une partie, cette livraison partielle, si elle est effectuée en cours d'expédition, est considérée comme opérant la livraison du tout et éteint le droit d'arrêt du vendeur.

Il a été jugé cependant, récemment, qu'en règle générale, en l'absence d'une preuve contraire, la livraison partielle d'une cargaison est réputée n'opérer la remise que de cette part, mais que si la cargaison consiste en différentes parties d'une machine, la livraison d'une partie essentielle équivaut à celle de la machine entière.

La loi de 1855 sur les connaissements en a fait des titres négociables, transférant la propriété des objets y mentionnés à la personne à l'ordre de laquelle ils sont passés, sous réserve du droit du vendeur, s'il n'est pas payé, d'arrêter à temps la livraison de ces objets.

Ce droit n'existe plus pour le vendeur qui a reçu en paiement des traites qn'il savait devoir être protestées à échéance, si, dans l'intervalle, son acheteur a endossé le connaissement à un tiers de bonne foi, pour un prix réel.

La loi du 10 Août 1877 (40 et 41, Vic. c. 39 s. (5) déclare que:

Si un acte relatif à des marchandises a été légalement passé à l'ordre d'un tiers ou cédé à autrui d'une façon quelconque, à titre d'acheteur ou propriétaire de ces marchandises, et que ce tiers le cède lui-même à une autre personne de bonne foi et pour un prix sérieux, cette dernière cession a le même effet qu'un connaissement.

D'après l'usage du commerce de fer, les *warrants* (ordres de livrer) passés à l'ordre des tiers, sont transmis francs et quittes du droit de rétention du vendeur (voir § suivant).

Le vendeur qui veut exercer son droit d'arrêt, n'a pas besoin de saisir ces marchandises pendant le trajet, il lui suffit d'en donner ou faire donner avis au voiturier par son agent autorisé.

Le voiturier ne peut alors délivrer les objets, sans le faire à ses risques et périls et s'exposer à un procès de la part du vendeur.

§ II. — DU DROIT DE RÉTENTION.

Ce droit (*Lien*) est celui que confère la loi à tout créancier de retenir et conserver, par devers lui, la possession de ce qui appartient à son débiteur jusqu'à ce qu'il ait obtenu satisfaction.

Il est:

Spécial, quand il ne s'applique qu'à l'objet qui a donné naissance à la dette. Un tailleur, par exemple, ou tout autre commerçant peut refuser de restituer l'objet qui lui a été confié pour être réparé, jusqu'à ce qu'il ait reçu le prix de son travail;

Et général, quand il s'exerce sur des biens jusqu'au paiement non seulement du prix de certains objets, mais aussi du solde d'un compte général ayant rapport au même commerce.

Les commerçants, comme tailleurs, bottiers, fourreurs, meuniers, voituriers, teinturiers, etc., ont le droit de retenir en paiement de ce qui leur est dû, les choses qui leur sont apportées pour être faites ou réparées.

Les hôteliers ont un droit de rétention sur tous les effets et objets de leurs voyageurs, même sur ceux qu'ils ont reçus en dépôt.

La loi du 8 Août 1878 donne le droit à un hôtelier de faire vendre publiquement, pour ce qui lui est dû à raison seulement des dépenses de nourriture et logement, ce qui appartient à un voyageur, à la condition que la dette remonte à six semaines au moins et qu'il donne avis, un mois à l'avance, dans un journal de Londres et de la localité, du jour de la vente, de la désignation des objets et qu'il indique le nom de leur propriétaire.

S'il s'agit de réparations ou de tout autre ouvrage pour lequel l'usage accorde un délai pour le paiement, l'ouvrier n'a pas le droit de retenir l'objet à lui remis.

On peut exercer ce droit alors même que la dette remonterait à plus de six ans, quoique le paiement n'en puisse être demandé en justice; car, si l'action civile est prescrite, la dette n'en subsiste pas moins.

Celui qui sauve des objets que leur propriétaire ou ceux qui en avaient la charge ont été forcés d'abandonner pour une cause quelconque, peut en conserver la possession jusqu'à ce qu'il ait été rémunéré de ses peines. Ce droit est consacré par la coutume dans l'intérêt public: toutefois, en ce qui concerne le sauvetage des objets exposés à périr en mer, la loi statutaire a réglé les conditions dans lesquelles peut s'exercer le »Lien.«

Le propriétaire du navire peut retenir la cargaison pour le frêt qui lui est dû.

Un banquier a un droit général de rétention sur toutes les valeurs chez lui déposées, en garantie de ses avances, à moins que le dépôt n'ait été fait pour une opération déterminée ou sous des conditions spéciales.

Sauf stipulation contraire et expresse, ce droit appartient:

Au commissionnaire ou agent sur toutes marchandises à lui consignées, pour balance de son compte;

A l'agent d'assurances, pour les mêmes causes, et pour ses primes et commissions, sur les sommes par lui encaissées et les polices ou pour la balance générale de son compte d'assurance. Si l'assureur est choisi par l'assuré lui-même, son droit sur la police existe pour la balance générale de son compte d'assurance; s'il a été choisi par un agent intermédiaire et qu'il connaisse la qualité de celui-ci, il n'a de droit que pour les primes et commissions de chaque transaction en particulier;

Au solicitor pour ses frais et honoraires, sur toutes sommes qu'il a recouvrées pour son client ou que celui-ci lui a déposées, et sur les titres et pièces appartenant à ce dernier.

La possession actuelle de l'objet est de l'essence de ce droit; par conséquent, si la personne qui avait en mains l'objet, s'en dessaisit ou le met en gage, elle perd son droit de rétention.

Il en est de même, si l'on accepte une garantie autre que celle déjà donnée, ou si l'on convient d'un mode de libération autre que celui précédemment convenu.

Celui qui prétend exercer son droit de rétention, ne peut se faire payer les frais d'emmagasinage de l'objet qu'il a retenu, alors même qu'il aurait averti son débiteur de son intention à cet égard.

Enfin le droit de rétention résultant d'un usage du commerce doit être appliqué très strictement; c'est à celui qui l'invoque à prouver qu'il existe; mais il peut être concédé par contrat spécial ou s'induire des rapports habituels des parties.

§ III. — DES SAISIES-ARRÊTS OU OPPOSITIONS (ATTACHMENT OF DEBTS).

Le créancier peut, en vertu d'un jugement, saisir-arrêter les sommes dues à son débiteur.

Il doit, à cet effet, demander à l'une des divisions de la Haute cour, ou, et c'est là la pratique, à un juge en référé, l'autorisation de faire interroger par l'un des »officiers« de la cour ou par toute autre personne commise, le débiteur, sous serment, sur ce qui peut être dû à celui-ci, et faire ordonner la communication de tous titres et pièces.

S'il est prouvé qu'il est dû quelque chose au débiteur, le créancier dépose un affidavit constatant que le jugement n'a pas été exécuté faute de paiement et que le débiteur a des sommes à recouvrer sur des personnes soumises à la juridiction de la cour.

Il est alors délivré une ordonnance autorisant le créancier à former, entre les mains du tiers débiteur, opposition à la délivrance de toutes sommes ou objets appartenant au débiteur principal.

Le tiers saisi (»*garnishee*«) est cité à comparaître, et s'il ne paie pas entre les mains de la cour ou fait défaut, le jugement primitif est rendu exécutoire contre lui; s'il conteste la dette à lui réclamée et que sa contestation paraisse fondée, la cour renvoie les parties à se pourvoir.

L'ordonnance autorisant l'opposition peut être formée avant même que la créance du débiteur principal ne soit exigible.

Ne peuvent être saisis:

Les gages et salaires des marins, serviteurs ou ouvriers, les émoluments ou les biens d'un ambassadeur étranger, les biens d'un souverain étranger, les dividendes d'une faillite, les créances contestées d'un débiteur, ou les sommes que le gouvernement ou ses agents ont entre les mains.

§ IV. — SAISIES SUR ACTIONS APRÈS JUGEMENT (CHARGING OF STOCK OR SHARES).

Le créancier qui a obtenu un jugement et n'a pas été payé, peut, si le montant des condamnations est liquide, demander à l'une des divisions de la Haute Cour de justice une ordonnance l'autorisant à toucher, à due concurrence et aux lieu et place de son débiteur, tous arrérages, dividendes ou intérêts qui peuvent être dus à ce dernier par l'État ou par toutes compagnies.

Cette ordonnance est signifiée à l'État ou aux compagnies, mais le créancier ne peut rien recevoir qu'après les six mois du jour où elle a été rendue.

Dans cet intervalle le débiteur a le droit de la faire rapporter.

§ V. — SAISIE SUR FONDS PUBLICS OU AUTRES.

Toute personne qui prétend avoir droit à une somme déposée dans une banque, ou à une action d'une compagnie, ou rente sur l'État anglais, ou à ses dividendes, arrérages ou intérêts, peut former opposition entre les mains de qui de droit, à la remise desdites sommes, actions, arrérages, etc.

Pour cela, elle dépose au »central office« des cours (voir page 20) un affidavit déclarant qu'elle a droit à ces sommes ou actions, et y joint un état décrivant le montant des sommes ou la nature de l'action, rente, etc.

Copie de cet affidavit et de cet état est déposée à la Banque ou compagnie avec mention que ce dépôt est effectué pour empêcher toute remise de fonds, tout transfert, et non le paiement des dividendes etc., ou l'est pour ces deux objets.

Si la personne qui a déposé les fonds ou qui est titulaire de l'action ou rente, donne l'ordre de remettre à une autre ces fonds ou de faire un transfert au nom d'un tiers, la banque ou la compagnie doit exécuter cet ordre dans les huit jours, mais en même temps elle avertit l'opposant, qui s'adresse à la cour pour prendre telles mesures que de droit.

Enfin l'opposition doit être renouvelée avant l'expiration des cinq ans, sinon après ce temps elle est sans effet.

Elle peut être ainsi renouvelée indéfiniment.

§ VI. — DE L'ARRESTATION DES PERSONNES (ATTACHMENT OF THE PERSON AND ARREST).

La personne qui n'obéit pas à un ordre ou à une injonction de la cour, se rend coupable du délit de mépris de cette cour (»contempt of court«).

Elle est alors sommée de comparaître devant la cour et, si elle ne se soumet pas à ce nouvel ordre, le »shériff« est chargé de procéder à son arrestation.

Le »Debtors act« de 1869 a aboli, en principe du moins, l'emprisonnement pour dettes. Il a été maintenu dans certains cas, notamment en ce qui concerne:

Les amendes prononcées par nos tribunaux;

Les sommes dues par des syndics, fidéi-commissaires, etc., en leurs qualités et dont le paiement a été ordonné par justice;

Celles que les faillis ont été condamnés à payer à leurs créanciers sur leurs salaires ou revenus.

Mais il ne peut, dans ces diverses hypothèses, excéder une année.

Nos cours peuvent, en outre, condamner à six semaines de prison au plus ou jusqu'au paiement seulement s'il a lieu avant, tout débiteur qui ne paie pas les sommes qu'il a été condamné à payer par fractions, s'il est prouvé, par l'affidavit du créancier ou par témoins, qu'il a eu les moyens de s'acquitter.

L'emprisonnement ne libère pas le débiteur et le créancier conserve tous ses droits d'action contre lui.

Lorsqu'une personne est créancière d'une somme de cinquante livres sterling et craint que son débiteur ne quitte l'Angleterre, elle peut, en prouvant que la présence de ce débiteur aux débats est indispensable, obtenir l'ordre d'arrestation de celui-ci et le

faire mettre en prison pour six mois au plus, à moins que le débiteur ne fournisse caution qu'il ne quittera pas l'Angleterre sans
la permission de la cour.

Le demandeur, dans ce cas, doit commencer son action par
un »writ of summons« et produire à un juge siégeant en référé un
affidavit des faits.

Le juge fixe le montant de la caution que le débiteur peut
déposer entre les mains de la cour, ou lui ordonne de trouver
deux ou plusieurs personnes qui se portent garantes de sa comparution ou telle autre garantie acceptée par le demandeur.

CHAPITRE II.

DES TÉMOIGNAGES.

Avant le »Judicature Act« (1873), les témoins étaient examinés, dans les cours de Common Law, en personne et en audience publique; dans la cour de Chancery, la preuve testimoniale était faite au moyen d'affidavits que produisaient les parties lorsque la cause était en état.

Aujourd'hui, s'il n'y a eu convention écrite entre les parties que la preuve sera faite par affidavit, la règle veut que les témoins viennent déposer à l'audience, sauf à la cour ou au juge à autoriser la preuve par affidavit de certains faits, ou à dispenser un témoin de comparaître, et à faire prendre sa déposition par la personne commise à cet effet et qui est appelée »Commissionner« ou »Examiner«. Mais la cour ne peut autoriser la preuve par affidavit si le témoin à entendre peut comparaître, et s'il y a un intérêt réel pour la cause à ce qu'il fasse sa déposition à l'audience et réponde aux diverses questions qui, à ce moment, peuvent lui être posées.

Malgré cette règle, la pratique a maintenu l'usage des affidavits, spécialement dans les causes portées devant la division de Chancery de la Haute Cour de justice.

§ I. — DE L'AFFIDAVIT.

Qu'est-ce donc qu'un affidavit?

C'est une déclaration écrite, faite sous serment devant la personne ayant pouvoir de la recevoir. Ces personnes, outre les agents diplomatiques à l'étranger, sont, en Angleterre et dans l'Empire Britannique, des solicitors nommés et choisis par le lord chancelier, et divers attachés aux cours de justice.

L'affidavit comprend quatre parties:

1° La désignation de la cour devant laquelle l'instance est pendante,

2° Les noms, prénoms, profession et domicile du déclarant (*deponent*),

3° Les faits sur lesquels porte la déclaration,

4° Le serment (*jurat*) que ces faits sont réels.

L'affidavit ou tout document de cette nature doit être rédigé à la première personne (»je«); il est divisé en paragraphes portant un numéro distinct et relatifs chacun à un fait spécial, et ne peut porter que sur des faits bien connus de celui qui le signe.

Voici un modèle de l'entête et du commencement d'un affidavit dans la Haute cour de justice (s'appliquant à tous les affidavits) avec la traduction.

In the High Court of Justice Division.	Dans la Haute Cour de justice. Division de . . . .
Between A. B. Plaintiff and C. D. defendant.	Entre A. B. demandeur et C. D. défendeur.
I, John Boulanger, of ( ) Paris in the Republic of France, wine merchant, make oath and say as follows.	Je, Jean, Boulanger, demeurant (telle rue) Paris dans la République de France, négociant en vins, déclare, sous la foi du serment, ce qui suit:
1. *That, etc.*	1. Que, etc. . . . .

Lorsque le déclarant est sans profession ou vit de ses revenus, sa qualité est exprimée dans l'affidavit par le mot »gentleman« (sans profession).

L'attestation du serment consiste à noter le lieu, la date où il est fait et la personne qui le reçoit.

Supposons que ce soit à Paris, elle sera ainsi rédigée:

Sworn at the British Consu- Affirmé au Consulat anglais
late at Paris on the 1st *day of* à Paris, le 1er janvier 1880, de-
January 1880, *before me N. C.* vant moi, N. C. Consul anglais
British Consul at Paris. à Paris.

Celui qui reçoit le serment doit signer au bas de cette formule et y ajouter son titre officiel.

Lorsque plusieurs personnes prêtent serment en même temps
sur le même affidavit, l'attestation est donnée ainsi:

Sworn by A. B. and C. D. Affirmé par A. B. et C.
at..... D. à, etc.

Si tous ceux qui ont comparu à l'affidavit ne l'affirment pas
en même temps, il faut une attestation pour chaque prestation de
serment.

Ladite attestation est ordinairement placée à la fin de l'affidavit et à gauche de la page; elle peut être écrite de l'autre côté
et même en marge, pourvu qu'une partie des faits affirmés se
trouve sur la même page.

Le serment se prête de la manière suivante:

L'officier chargé de ce soin, montre au déclarant sa signature et lui dit:

»*Is this your name and handwriting*«?
Ceci est-il votre nom et votre signature?

Et sur réponse affirmative, il ajoute:

»*You swear that the contents* »Vous jurez que ce que
of this your Affidavit are true contient votre déclaration est
— *So help you God*«. vrai. — Que Dieu vous vienne
en aide«.

Lorsqu'une pièce est présentée ou doit être annexée à l'affidavit, l'officier dit:

»*And is this the exhibit* Et cette pièce que vous
»*marked A referred to in your* présentez marquée A, est-elle
»*Affidavit?* celle à laquelle se réfère votre
affidavit?

Ou :

»*And is this the document* »*marked A expressed to be* »*annexed to your Affidavit*«.

Ou

Cette pièce marquée A, est-elle celle que vous avez dit devoir être annexée à votre affidavit?

Chaque document ainsi produit doit porter la mention. »Dans la Haute Cour de Justice«, etc.

In the High Court of Justice, etc.

(en tête de l'affidavit).

This is the paper writing (or book etc.) marked B referred to in the Affidavit of C. D. sworn in this Action before me this..... day..... of..... 18.....

Ceci est l'écrit (ou le livre, etc.) marqué B, relaté dans l'affidavit de A. affirmé dans *tel* procès devant moi ce.....

N. C.

British Consul at Paris.

N. C.

Consul anglais à Paris.

Le serment se prête:

Par les Chrétiens sur le nouveau testament ou les Évangiles;

Par les Israélites, sur l'ancien testament ou les cinq livres de Moïse;

Et par les Mahométans sur le Coran.

Celui qui le prête doit tenir le livre de la main droite dégantée, la tête découverte, et embrasser le livre après la prestation du serment.

Dans le cas où, par des motifs de conscience, le déclarant ne veut faire un serment, il y est substitué la formule suivante qui est lue et répétée par ledit déclarant:

I..., do solemnly, sincerely and truly affirm and declare that the taking of any oath is, according to my religious belief, unlawful; and I do also solemnly, sincerely and truly affirm and declare that the contents of this my affirmation are true.

Je ....., affirme et déclare solennellement, sincèrement et en toute vérité que faire un serment est contraire à mes convictions religieuses; et je déclare solennellement, sincèrement et en toute vérité que le contenu de ma déclaration ici consigné est vrai.

La forme de l'attestation, dans ce cas, est la suivante:

Affirmed by A. B. at the British Consulate at Paris, this day of 1880, pursuant to the Act 17 and 18 Vic. c. 125, before me, I having been first satisfied of the sincerety of the objection taken by the above named A. B. to be sworn from conscientious motives.

N. C.

British Consul at Paris.

Affirmé par A. B. au Consulat anglais à Paris, ce... 1880, en conformité de l'acte 17 et 18 Victoria chapitre 125 devant moi qui me suis au préalable assuré de la sincérité de l'impossibilité où se trouve le sus-nommé, A. B. de prêter serment, par suite de scrupules de conscience.

N. C.

Consul anglais à Paris.

Lorsque l'affidavit est rédigé en anglais et doit être signé à l'étranger par une personne ne comprenant pas la langue anglaise, on se sert d'un interprète, assermenté dans la forme suivante:

»You swear that you well understand the English language and that you have truly, distinctly, and audibly interpreted the contents of this Affidavit to the Deponent A. B., and that you will truly interpret the oath to be taken by him. So help you God«.

»Vous jurez que vous comprenez bien la langue anglaise, et que vous avez traduit en toute vérité, distinctement et d'une façon intelligible le contenu de cet affidavit au déclarant A. B. et que vous traduirez en toute vérité le serment qu'il doit prêter. Que Dieu vous vienne en aide«.

La traduction faite et les formalités accomplies, il en est fait mention au bas de l'affidavit de la manière qui suit:

This Affidavit was read over and explained in the French language to the Deponent A. B. by C. D. of... who was duly sworn before me that he would truly and faithfully interpret and had so truly and faithfully interpreted the same and would also

Cet affidavit a été lu et expliqué en langue française au déclarant A. B. par C. D. (domicile, etc...) qui a dûment prêté serment devant moi de l'interpréter en toute vérité et fidèlement et l'a réellement interprété véritablement et fidèlement,

truly and faithfully interpret the	et d'interprêter aussi véritable-
oath to be administered to the	ment et fidèlement le serment
said deponent thereon, and such	que devra prêter ledit A. B.
deponent was afterwards by the	et celui-ci a, par suite de la tra-
interpretation of the said C. D.	duction à lui faite par ledit C. D.,
sworn to the truth thereof at the	affirmé la vérité au consulat an-
British Consulate at this	glais à . . . . le 1880.
day of 1880.	
N. C.	N. C.
British Consul at .	Consul anglais à .

S'il s'agit d'une simple déclaration, les formalités à remplir sont les mêmes, les mots »sworn« »affirmé« sont changés en »declared« »déclaré«.

Les ratures ou renvois que contient un affidavit doivent être paraphés en marge par celui qui reçoit le serment.

Toutefois nos cours peuvent refuser d'accepter un affidavit contenant un grattage fait au canif ou une tache d'encre qui couvre un mot, ou tout acte de cette nature mal écrit ou illisible.

A l'étranger, les affidavits ou tout acte de cette nature sont reçus par tout agent diplomatique anglais, et, à défaut, par une personne publique ayant pouvoir à cet effet par la loi du pays. Dans ce dernier cas, la signature de cette personne doit être dûment légalisée par notre représentant.

L'ambassadeur de la Grande-Bretagne en Allemagne a, paraît-il, donné des instructions aux consuls anglais en ce pays de ne recevoir le serment que des sujets anglais. En recevant le serment d'un sujet allemand le consul commet un délit qui le met sous le coup de l'art 132 du code pénal allemand. L'affidavit d'un sujet allemand résidant en Allemagne doit être affirmé devant un juge du pays.

Tout ce que nos cours désirent, c'est d'être certaines que le serment reçu à l'étranger l'a été par un officier compétent.

Toutefois, la signature d'un officier public recevant un affidavit à produire devant la cour des faillites, n'a pas besoin d'être légalisée, pourvu que la pièce produite porte le sceau officiel dudit officier.

§ II. — DES INTERROGATOIRES.

Lorsque l'une des parties estime qu'il lui est nécessaire de constater des faits qui sont l'un des éléments du procès et qui sont à la connaissance de son adversaire, il signifie à ce dernier ce que nous appelons »*interrogatories*« (interrogations) c'est-à-dire des questions écrites divisées en paragraphes comme dans un affidavit.

Dans les dix jours, sauf délai plus long accordé par la cour, la partie adverse doit répondre par affidavit ou demander à la cour l'annulation de tout ou partie de ces questions en prouvant qu'elles sont d'une nature scandaleuse, ou sans intérêt pour la cause.

Dans toute action en dommages-intérêts ou pour autre cause basée sur une fraude ou sur un abus de confiance, le demandeur après avoir déposé ses conclusions, et le défendeur également après avoir présenté ses moyens de défense, peuvent toujours, sans ordonnance de la cour à cet effet, et quelle que soit la cause du procès, avec l'autorisation de la cour, signifier des interrogations à son adversaire.

En outre, mais lorsque les conclusions de la demande et celles de la défense ont été formulées, l'une des parties peut faire ordonner la communication sous serment, par l'adversaire, de tous les documents qu'il a ou a eus en sa possession (dans les affaires d'assurances maritimes la communication doit se faire de suite).

L'adversaire peut se refuser à communiquer les lettres échangées entre son solicitor et lui et les pièces qu'il a obtenues depuis le commencement du procès.

Celui qui a obtenu l'ordonnance doit avertir son adversaire du jour où il a l'intention de prendre communication.

Chaque partie peut en outre demander la production de toute pièce mentionnée dans les conclusions ou plaidoiries, et en cas de refus de l'adversaire celui-ci ne peut se servir de cette pièce comme preuve, à moins qu'il ne prouve qu'il a de justes motifs de ne pas la produire.

Ajoutons que la partie qui refuse de se soumettre aux ordres de la cour est passible d'emprisonnement. Si c'est le demandeur, il peut être débouté, et si c'est le défendeur, condamné faute de conclure.

§ III. — DES COMMISSIONS ROGATOIRES.

Lorsqu'un témoin ne peut se présenter, la cour peut faire recevoir sa déposition par la personne qu'elle désigne.

Si ce témoin habite dans l'étendue des possessions britanniques, à Bombay, par exemple, on doit demander à l'une des divisions de la Haute cour de justice l'autorisation de faire examiner ce témoin par le tribunal de ce pays.

Ladite division délivre alors un »writ of mandamus,« en vertu duquel la déposition est reçue et envoyée en Angleterre.

Si le témoin réside à l'étranger la cour commet une ou plusieurs personnes à l'effet de recevoir sa déposition. (Voir page 268).

Cette commission répond à ce qui est appelé, sur le continent, commission rogatoire.

Les lois de 1831 et de 1859 ont donné à nos cours le droit de déléguer le pouvoir dont s'agit dans les cas nécessaires.

Lorsqu'il s'agit d'avoir le témoignage d'une personne résidant à l'étranger, on doit, par affidavit, déclarer à la cour que, pour le procès, il est indispensable d'avoir le témoignage de cette personne. Les noms du témoin sont consignés dans l'affidavit s'il est possible. C'est à la cour à apprécier et elle rejetera la demande si elle lui paraît faite uniquement pour obtenir un délai et non dans l'intérêt de la vérité.

Cette commission indique:

Le nom de la partie à la requête de laquelle elle est donnée;

La ville dans laquelle elle doit s'exécuter;

Les noms des personnes qui en sont chargées et qui sont appelées »commissionners« (commissaires, nom que nous leur conserverons). (Voir page 268).

Elle indique si les témoins doivent être interrogés pour les deux parties ou pour l'une d'elles seulement, comment ils doivent l'être, et le nombre des commissaires.

Si les témoins doivent être interrogés sur faits et articles, l'ordre énonce que dans tel délai, le solicitor du demandeur ou du défendeur devra remettre au solicitor de la partie adverse les questions qu'il entend faire poser, et dans les dix jours qui suivent cette remise, l'adversaire doit également indiquer les faits sur lesquels il veut faire interroger les témoins.

C'est sur ces diverses pièces que le commissaire reçoit les dépositions.

Enfin la commission énumère le mode de procéder pour l'emploi des interprètes et des clercs, des serments à déférer et l'époque de renvoi du dossier.

Des solicitors ou avocats anglais sont délégués quelquefois pour recevoir les dépositions, mais ce n'est que dans le cas d'une importance capitale.

Le plus souvent on nomme commissaires des avocats ou avoués de la ville où résident les témoins, mais on peut aussi en confier les fonctions à des négociants ou à un juge du tribunal dans le ressort duquel habite le témoin.

Pour la raison que nous avons déjà donnée (page 265) les dépositions sous serment des sujets allemands ne peuvent être prises en Allemagne par commissions rogatoires de la manière ordinaire. La partie qui veut faire interroger des témoins en ce pays doit s'adresser au ministère des affaires étrangères de la Grande-Bretagne qui par courtoisie, obtient du gouvernement allemand l'audition de ces témoins.

Voici la façon d'agir en pareil cas.

La cour anglaise rend une ordonnance d'envoi de la commission rogatoire au tribunal de la ville (l'Amtsgericht) où demeurent les témoins. Sur cette ordonnance, la commission avec les »interrogatories« et autres documents est adressée par le »Foreign Office« au ministre de la Justice à Berlin qui fait parvenir le tout au Tribunal allemand en lui demandant d'accepter la commission rogatoire et de désigner un juge pour recevoir les dépositions. Ce juge se met alors en rapport avec le Solicitor de la partie demanderesse et adresse aux témoins une traduction officielle des questions auxquelles ils ont à répondre. Il fixe le jour de l'audition des témoins qu'il cite à cet effet et en donne avis aux parties intéressées. Les dépositions sont recueillies en allemand et conformément à la loi allemande et transmises, par voie diplomatique, à notre »Foreign Office« qui les remet scellées à la cour compétente. La cour fait faire du tout une traduction officielle à la requête des parties et l'impression en est faite pour les débats.

Si un juge d'un pays étranger est désigné pour agir comme juge commissaire, les dépositions peuvent être prises d'après la loi du pays.

D'après un réglement tout nouveau, lorsque d'après les lois du pays étranger où doivent être entendus les témoins pour une affaire pendante devant notre cour et que les témoignages ne peuvent être recueillis par commission rogatoire ordinaire, comme en Allemagne par exemple, ou si les parties désirent que le Tribunal du lieu de la résidence des témoins recueille les dépositions, on doit obtenir de notre cour, au lieu de la commission rogatoire ordinaire une lettre de demande (*Letter of request*) qui est adressée par le Président de la cour qui connaît de l'affaire au Tribunal étranger.

Nons donnons ici la formule de cette lettre de demande.

A MM. les Président et juge du Tribunal de première instance de . . . . . . France.

Dans la Haute cour de Justice

(. . . . .) Division

Entre A B   Demandeur

— C D   Défendeur.

Attendu qu'une action est actuellement pendante dans la . . . . Division de la Haute cour de Justice d'Angleterre, A B demandeur, C D défendeur.

Que cette action a pour cause un compte de marchandises vendues et livrées dont suit le détail.

. . . .

Attendu qu'il a été demontré à la cour qu'il est nécessaire dans l'interét de la justice et pour la décision de la cause de recevoir la déposition sous serment sur cette affaire de . . . .

M . . . M . . .

Que cesdits témoins résident dans le ressort de votre cour.

Nous, Président de ladite . . . . Division de la Haute cour de justice avons l'honneur de vous prier, comme de-fait nous vous prions, pour les raisons sus-énoncées, et venir en aide à la Haute cour de justice, vous Président et juges composant le Tribunal de . . . . ou l'un ou plusieurs d'entre vous, et d'assigner lesdits témoins ou tous autres que les parties vous demanderont humblement d'assigner à comparaître aux lieu et heure qu'il vous plaira d'indiquer devant vous ou telles autres personnes que la procédure de votre pays désigne comme compétentes pour recevoir les dépositions des témoins ou de ceux que vous jugerez devoir entendre comme témoins sur les questions accompagnant la présente lettre sur les matières en question en présence des représentants des parties, ou de l'une d'elles selon l'avis qui leur sera donné d'y assister.

Et nous avons en outre l'honneur de vous demander de vouloir bien faire rédiger par écrit les réponses des témoins, de parapher tous livres, lettres, papiers et documents soumis lors des dépositions et de vouloir bien donner l'authenticité aux dépositions en y apposant le sceau de votre tribunal ou de toute autre manière conformément aux lois de votre procédure, et de retourner le tout, avec la demande, par écrit, s'il y en a une, d'interrogation d'autres témoins, au ministre des affaires étrangères de sa majesté Britannique qui le fera parvenir à ladite Haute Cour de justice d'Angleterre.

Nous, croyons aussi utile de donner ici, malgré son étendue, la copie et la traduction d'une commission rogatoire.

Nos lecteurs y puiseront des renseignements qui peuvent être utiles à plusieurs d'entre eux, à l'occasion, et qui leur permettront de se rendre bien compte des formalités, peut-être minutieuses, auxquelles sont assujetties les dépositions des témoins reçues à l'étranger, mais à l'observation desquelles la loi anglaise attache la plus stricte importance.

Commission to examine witnesses.	Commission rogatoire.
In the High court of Justice Division	Dans la Haute Cour de justice. Division de

Between N. M. Plaintiff and O. P. Defendant.

Victoria, etc.

To A... of....

and B... of....

Commissioners named by and on behalf of N. M. Plaintiff.

and to C.. of....

and to D.. of....

Commissioners named by and on behalf of O. P. Defendant, Greeting.

Know ye that we in confidence of your prudence and fidelity have appointed you and by these presents give you power and authority to examine on interrogatories and vivâ voce *as hereinafter mentioned witnesses on behalf of the said N. M. and O. P. respectively at........ before you or any two of you, so that one Commissioner only on each side be present and act at the examination.*

And we command you as follows:

1. Both the said N. M. and the said O. P. shall be at liberty to examine on interrogatories and vivâ voce *on the subject matter thereof or arising out of the answers thereto such witnesses as shall be produced on their behalf with liberty to the other party to cross-examine the said wit-*

Entre N. M. demandeur et O. P. défendeur.

Victoria, etc...

à A... d...

et B... d...

Commissaires nommés pour N. M. demandeur.

et à C... de...

et D... d...

Commissaires nommés pour O. P. défendeur,

Salut.

Sachez que nous, ayant foi en votre prudence et fidélité, vous avons nommé et par ces présentes vous donnons pouvoir et autorisation d'interroger sur questions définies ou de vive voix, comme il sera dit ci-après, des témoins en faveur desd. N. M. et O. P. respectivement à... soit tous deux ensemble, soit l'un de vous séparément, mais de manière qu'il y ait un commissaire présent de chaque côté à chaque interrogatoire.

Et nous vous ordonnons ce qui suit.

1. Chacun desd. N. M. demandeur et O. P. défendeur aura la liberté d'interroger sur les questions transmises et même de vive voix, relativement au procès en question ou d'après les réponses faites, tout témoin qu'il produira avec faculté pour chacun d'eux de contre interroger

nesses on cross-interrogatories and vivâ voce the party producing any witness for examination being at liberty to re-examine him vivâ voce, and all such additional vivâ voce questions whether on examination cross-examination or re-examination shall be reduced into writing and with the answers thereto shall be returned with the said Commission.

2. Not less than four days before the examination of any witness on behalf of either of the said parties, notice in writing, signed by any of you, the Commissioners of the party on whose behalf the witness is to be examined, and stating the time and place of the intented examination and the names of the witnesses to be examined, shall be given to the Commissioners of the other party by delivering notice to them, or by leaving it at their usual place of abode or business, and if the Commissioners or Commissioner of that party neglect to attend pursuant to the notice, then one of you, the Commissioners of the party on whose behalf the notice is given, shall be at liberty to proceed with and take the examination of the witness or witnesses ex parte and adjourn any meeting or meetings

lesdits témoins, même de vive voix, la partie produisant ces témoins ayant aussi la faculté de les interroger à nouveau de vive voix, et ces questions additionnelles posées de vive voix, soit sur le premier interrogatoire, soit sur le contre-interrogatoire ou le dernier, seront rédigées par écrit et renvoyées avec les réponses y faites en même temps que la présente commission.

2. Quatre jours au moins avant l'interrogatoire des témoins de chacune desdites parties, avis écrit, signé par les commissaires de la partie qui produit les témoins, indiquant le jour et le lieu où se fera l'interrogatoire et les noms desdits témoins, sera donné aux commissaires de l'autre partie, soit en personne, soit à leur habitation ou à leur maison de commerce, et si les commissaires ou le commissaire de cette partie ne se présentent pas sur cet avis, l'un des commissaires de la partie qui a fait donner ledit avis pourra procéder et prendre les dépositions des témoins même en partie ou en ajourner l'audition ou la continuer de jour en jour jusqu'à ce que tous les témoins aient été interrogés, et ce, sans avoir à donner autre avis d'une réunion ultérieure.

or continue the same from day to day until all the witnesses intended to be examined by virtue of the notice have been examined, without giving any further or other notice of the subsequent meeting or meetings.

3. In the event of any witness on his examination, cross-examination, or re-examination producing any book, document, letter, paper, or writing, and refusing for good cause to be stated in his deposition to part with the original thereof, then a copy thereof, or extract therefrom certified by the Commissioners or Commissioner present and acting to be a true and correct copy or extract, shall be annexed to the witness' deposition.

4. Each witness to be examined under this Commission shall be examined on oath, affirmation, or otherwise in accordance with his religion by or before the Commissioners or Commissioner present at the examination.

5. If any one or more of the witnesses do not understand the English language (the interrogatories, cross-interrogatories, and vivâ voce *questions, if any, being previously translated into the language with which he or they is or are conversant), then the examination shall be taken*

3. Dans le cas où dans le cours des interrogatoires différents, un témoin produirait quelque livre, document, lettre, papier ou écrit et refuserait, pour un motif sérieux que le procès-verbal doit mentionner, de se dessaisir de l'original, une copie ou extrait dûment certifié sincère et véritable par les commissaires ou commissaire présents et en fonctions sera annexé à la déposition du témoin.

4. Chaque témoin devra déposer sous son serment, affirmation ou autrement, selon sa religion, devant les commissaires ou le commissaire présents à l'interrogatoire.

5. Si quelque témoin ne comprend pas la langue anglaise (après traduction préalable en son langage de toutes questions) l'interrogatoire se fera en anglais par l'intermédiaire d'un ou plusieurs interprètes nommés par les commissaires alors présents et après serment prêté ès-mains

in English through the medium
of an interpreter or interpreters
to be nominated by the Commis-
sioners or Commissioner present
at the examination, and to be
previously sworn according to his
or their several religions by or
before the said Commissioners
or Commissioner truly to inter-
pret the questions to be put to
the witness and his answers thereto.

    6. *The depositions to be taken*
under this Commission shall be
subscribed by the witness or wit-
nesses and by the Commissioners
or Commissioner who shall have
taken the depositions.

    7. *The interrogatories, cross-*
interrogatories, and depositions,
together with any document re-
ferred to therein, or certified
copies thereof or extracts there-
from shall be sent to the »Senior
master of the Supreme Court of
Judicature« on or before the
day of   inclosd in a cover under
the seals or seal of the Commis-
sioners or Commissioner.

    8. *Before you or any of you,*
in any manner act in the exe-
cution hereof you shall severally
take the oath hereon indorsed on
the Holy Evangelists or other-
wise in such other manner as is
sanctioned by the form of your
several religions and is conside-
red by you respectively to be

du commissaire présent, de bien
traduire toutes demandes et réponses.

    6. Les dépositions seront
signées tant par le témoin que
par les commissaires.

    7. Les interrogatoires, etc.
et tous documents y relatés, ainsi
que toutes copies ou extraits
seront envoyés au »Senior Master
of the supreme court of judicature« sous enveloppe munie du
sceau des commissaires, au plus
tard le . . . .

    8. Avant que vous ou l'un
de vous n'agissiez en vertu de
la présente commission, vous
prêterez serment sur les saints
évangiles ou de toute autre manière que vous indique votre
religion comme devant vous obliger en conscience.

*binding on your respective con-
sciences.*

9. *And we give you or any
of you authority to administer
such oath to the other or others
of you.*

*In the absence of any other
Commissioner a Commissioner
may himself take the oath.*

9. Nous donnons à chacun
de vous le pouvoir de recevoir
le serment l'un de l'autre.

En l'absence de l'un des
commissaires, un commissaire
peut s'administrer le serment.

Formules du serment que doivent prêter les témoins, commissaires, interprête, et clercs dont parle la commission.

1 *Witnesses' Oath.*

*You are true answer to make
to all such questions as shall be
asked you without favour or affection to either party and therein
you shall speak the truth, the
whole truth and nothing but the
truth. So help you God.*

1° Serment du témoin : Vous
promettez de faire une réponse
vraie à toutes questions qui vous
seront posées, sans vouloir favo-
riser aucune des parties ou vous
laisser guider par votre affection
pour l'une d'elles, et de dire la
vérité, toute la vérité et rien que
la vérité. Que Dieu vous vienne
en aide.

2 *Commissioners' Oath :*

*You [or I] shall, according
to the best of your [or my] skill
and knowledge truly and faithfully, without partiality to any
or either of the parties in this
cause, take the examinations and
depositions of all and every witness and witnesses produced and
examined by virtue of the Commission within written. So help
you [or me] God.*

2° Serment du commissaire :
Vous promettez d'interroger
chaque témoin que vous avez à
entendre en vertu de la présente
commission et de recevoir les
dépositions, selon votre conscience, la vérité et fidèlement,
et sans vous montrer partial
envers aucune des parties. Que
Dieu vous vienne en aide !

3 *Interpreter's Oath.*

*You shall truly and faith-
fully and without partiality to*

3° Serment de l'interprête :
Vous promettez d'interpréter
et de traduire, réellement, fidèle-

any or either of the parties in this cause, and to the best of your ability interpret and translate the oath or oaths, affirmation or affirmations which he shall administer to, and all every the questions which shall be exhibited or put to, all and every witness and witnesses produced before and examined by the Commissioners named in the Commission within written, as far forth as you are directed and employed by the said Commissioners to interpret and translate the same out of the English into the language of such witness or witnesses and also in like manner to interpret and translate the respective depositions taken and made to such questions out of the language of such witness or witnesses into the English language. So help you God.

4 *Clerks' Oath.*

You shall truly, faithfully, and without partiality to any or either of the parties in the cause, take, write down, transcribe and engross all and every the questions which shall be exhibited or put to all and every witness and witnesses, and also the depositions of all and every such witnesses produced before and examined by the said Commissioners named in the Commission

ment et sans partialité pour aucune des parties et au mieux de votre pouvoir, les serments et affirmations, et toutes les questions qui seront posées aux témoins comparants et interrogés par les commissaires nommés dans la commission ci-jointe, et ce, pendant tout le temps que vous serez chargé par lesdits commissaires d'interpréter et de traduire lesdits serments, affirmations et questions de l'anglais dans le langage de chacun desdits témoins et aussi d'interpréter et traduire de même les dépositions respectives et les réponses faites, de la langue dudit témoin en anglais. — Que Dieu vous aide !

4° Serment du clerc :

Vous promettez d'écrire et transcrire, réellement, fidèlement et sans partialité pour aucune des parties en cause, toutes les questions qui seront posées à chacun des témoins et aussi toutes les dépositions de chacun des témoins interrogés par lesdits commissaires nommés dans la commission ci-jointe, et ce, pendant tout le temps que vous serez chargé par lesdits commis-

within written as far forth as
you are directed and employed
by the Commissioners to take,
write down, transcribe or engross
the said questions and depositions.
  So help you God!

saires d'écrire et transcrire lesdites questions et dépositions.
  Que Dieu vous aide !

Bien entendu si l'un des témoins, etc., ne voulait pas, par des motifs de conscience, prêter serment, on emploierait la formule déjà donnée page 263.

La commission rogatoire explique la manière de procéder et il est nécessaire que le commissaire s'y conforme en tous points à moins que, ainsi que nous l'avons vu (page 269) la commission rogatoire n'ait été adressée à la cour d'un pays étranger et qu'un juge de cette cour ne reçoive les dépositions.

On y voit que les témoins doivent être interrogés (*examined*) par le demandeur, réinterrogés (*cross-examined*) par le défendeur et, s'il y a lieu, interrogés en dernier lieu (*re-examined*) par le demandeur.

Les questions, ainsi que nous l'avons dit, sont envoyées avec la commission dans la forme suivante :

»*Interrogatories (or Cross-*
interrogatories) to be administered
to witnesses to be produced sworn
and examined at (Paris) in the
Republic of France on behalf of
N. M. the Plaintiff in an action
pending in the (Chancery) Divi-
son of her Britannic Majesty's
High Court of Justice against
O. P. the defendant before A.
. . . . Commissioner named by
and on behalf of N. M. the said
Plaintiff and B . . . Commis-
sioner named by and on behalf
of O. P. the said defendant or
before one of them.

Questions ou contre-ques-
tions, à poser aux témoins sous
serment à (Paris) dans la République de France en faveur
de N M. . . . . demandeur dans
une instance pendante dans la
division de (Chancery) de la
Haute Cour de justice de S. M.
Britannique contre O. P. défendeur devant A..... commissaire
nommé pour N. M. ledit demandeur et B... commissaire nommé
pour O. P. ledit défendeur ou
l'un d'eux.

Suivent alors les questions.

Ordinairement il est nommé deux commissaires pour chacune des parties; un seul peut l'être, et s'ils sont plus d'un, il suffit qu'il y en ait un qui procède de chaque côté.

C'est au commissaire du demandeur à fixer le jour et le lieu de l'audition des témoins et à communiquer, quatre jours francs avant, à l'adversaire la liste des témoins qu'il cite. De son côté, le commissaire du défendeur doit, dans le même délai, indiquer les témoins qu'il se propose de faire entendre.

Les commissaires, après avoir reçu réciproquement le serment l'un de l'autre, se réunissent au jour fixé, et assermentent le clerc chargé de rédiger les dépositions.

Les témoins sont interrogés par le commissaire du demandeur, en présence ou en l'absence de la partie adverse, après serment.

S'il est nécessaire, un interprète est chargé de traduire les demandes et les réponses, toujours sous serment (voir les différentes formules de serment données ci-dessus).

Il a été jugé que la traduction n'a pas besoin d'être faite immédiatement sur le procès-verbal, et une déposition traduite en anglais six semaines après qu'elle avait été faite, a été déclarée pouvoir être admise par nos cours (voir page 269).

Pour aider, le cas échéant, ceux de nos lecteurs qui seraient chargés d'une commission rogatoire, nous donnons ici le modèle du procès-verbal tel qu'il doit être rédigé:

In the High Court of Justice (Chancery) Division.

Smith against Jones.

Questions put to and depositions of witnesses produced, sworn, and examined at the residence of   situate at (Paris) rue   in the Republic of France on the   day of   1880 in a certain cause now depending in the (Chancery) Division of Her

Dans la Haute Cour de justice, division de (Chancery).

Smith contre Jones.

Questions posées aux témoins produits, sous serment et interrogés et réponses faites par eux à la résidence de   située à (Paris) rue   dans la République de France, le   1880 dans un procès actuellement pendant dans la

Britannic Majesty's High Court of Justice wherein M. N. is plaintiff and O. P. is defendant on the part of the Plaintiff (Defendant) by virtue of a writ of Commission hereunto annexed issued out of the said Division on the   day of 1880 and which questions and depositions were as follows.

The examination of M^r of

Examined by M^r
1^t *Question* . . . .
Answer . . . . .
Cross-examined by M^r
1^t *Question* . . . .
Answer . . . . .
Re-examined by M^r
1^t *Question* . . . .
Answer . . . . .

division (de Chancery) de la Haute cour de justice de S. M. Britannique, dans lequel M. N. est demandeur et O. P. défendeur, en vertu d'une commission ci-annexée donnée par ladite division le...., lesquelles questions et dépositions suivent :

Interrogatoire de M. (noms, prénoms, qualités, domicile).
Par M.
1re Question (la copier).
Réponse. . . . .
Contre interrogatoire par M.
1re Question . . . .
Réponse. . . . .
Nouvel interrogatoire par M.
1re Question . . . .
Réponse. . . . .

Les questions posées doivent être celles qui ont été adressées par les solicitors des parties, les commissaires peuvent néanmoins faire toutes celles qui leur paraissent propres à la manifestation de la vérité, en ayant soin de ne pas influencer les témoins.

Dans le cas où des documents doivent être joints aux dépositions, il doit en être fait mention ainsi qu'il suit:

Mettre l'entête ci-dessus sur le document.

The paper writing (or book) marked with the letter (A) was produced and shown to... and was by him deposed to on his examination in answer to the questions put to him this day of   1880 pursuant to the Commission herein dated.

Le papier (ou livre) marqué de la lettre (A) a été produit et montré à (le ou les témoins) et par lui déposé sur son interrogatoire en réponse aux questions à lui posées ce   1880 en exécution de la commission sus-visée.

A. B. Plaintiff's Commis-
sioner.

A. B. commissaire du de-
mandeur.

C. D. Defendant's Commis-
sioner.

C. D. commissaire du dé-
fendeur.

Mais s'il n'est possible que d'envoyer la copie de ces documents, la formule est ainsi rédigée :

In the High Court, etc.

(Copier l'entête).

I (or we) hereby certify that
this paper writing marked (A)
(describe the document) is a true
and correct copy of the original
which was produced and shown
to... and was by him deposed to
in answer to the questions put to
him this   day of
1880 pursuant to the Commission
herein dated.

Je (ou nous) certifie par ces
présentes que cet écrit marqué
(B) (décrire le document) est la
copie vraie et fidèle de l'original
qui a été produite et montrée à
(le ou les témoins) et par lui
déposée en réponse aux questions
à lui adressées ce 1880
en exécution de la commission
susdatée.

(Signature).

(Signature des commissaires).

Ajoutons encore, pour nous compléter, que les dépositions
des témoins de chaque partie doivent être suivies de l'attestation
suivante :

We the undersigned A. B.
and C. D. hereby certify, that
under and by virtue of the Com-
mission hereunto annexed issued
in the above mentioned cause, on
the   day of   1880,
we did examine Mr... at (Paris)
in the Republic of France, and
that all the provisions and direc-
tions in the said Commission con-
tained were and have been duly
observed and performed.

Nous soussignés A. B. et
C. D. certifions par ces présentes qu'en vertu de la commission ci-annexée donnée dans
la cause susmentionnée le......
1880, nous avons interrogé
M...... à (Paris) dans la République Française et que toutes
les stipulations contenues dans
ladite commission ont été bien
et dûment observées et les ordres exécutés.

And we further certify that
the documents and paper writings

Et nous certifions de plus
que les documents et pièces

in the said examination referred to have been marked and signed by us, as in the said examinations appears, for the purpose of identification; and we further certify that the examination of the witnesses examined by us as aforesaid are contained in the sheets of paper numbered (1 to...) both inclusive, hereto annexed and signed by us.

Dated this day of 1880.
(Signature).

écrits dont il est fait mention dans ledit interrogatoire ont été côtés et signés par nous, pour qu'ils puissent être bien identifiés et reconnus, et que l'interrogatoire des témoins qui ont comparu devant nous est contenu dans les feuilles numérotées (1 à....) ci-incluses, après avoir été annexé et signé par nous.

A ce 1880.

(Signature).

Enfin lorsque tous les témoignages ont été recueillis et le procès-verbal rédigé, le dossier complet est adressé en Angleterre à la cour qui a donné la commission rogatoire.

Nous devons ajouter que dans le cas où, en Angleterre, un témoin ne peut comparaître, son témoignage est pris de la manière qui vient d'être indiquée.

§ IV. — LOIS DE 1856 ET DE 1861.

Une loi rendue en 1856 a autorisé nos cours et tribunaux à recevoir des cours et tribunaux étrangers des commissions rogatoires.

D'après cette loi le Lord Chancelier assisté de deux des juges de la cour de Common Law devait établir telles règles et rendre telles ordonnances nécessaires pour l'application de ladite loi et la procédure à suivre. Mais ces règles n'ont jamais été passées, en sorte que les dispositions de la loi sont restées lettre morte.

Enfin, la loi de 1861 autorise nos cours, dans les cas où il s'agit d'interpréter une loi d'un pays étranger, à demander l'avis d'une cour de ce pays, s'il y a convention diplomatique à cet égard. Nous ne pensons pas qu'aucune convention pareille existe entre l'Angleterre et les pays étrangers; par conséquent cette loi aussi est lettre morte.

Nos cours n'ont pas à se préoccuper des lois et coutumes des pays étrangers.

Pour elles ce ne sont là que des questions de fait qui doivent être résolues d'après l'espèce particulière de chaque cas.

Mais lorsqu'elles le désirent, elles peuvent prendre l'avis d'un jurisconsulte étranger qui leur expliquera les lois de son pays.

CHAPITRE III.

DES DÉBATS ET DU JURY.

§ I. — DES DÉBATS EN GÉNÉRAL.

Ainsi que nous l'avons déjà observé (page 12), la procédure devant les anciennes cours de Common Law reposait sur la décision d'un jury (*Trial by jury*); la cour de Chancery avait bien reçu le pouvoir de juger les questions de fait avec l'assistance d'un jury; mais juges, avocats et parties étant également opposés à ce mode de procédure, les cours d'Équité y avaient rarement recours.

Aujourd'hui même, la division de Chancery juge sans jury, et s'il se présente des questions de fait, elle les renvoie, selon les cas, à un jury devant l'une des autres divisions de la Haute cour ou aux assises jugeant au civil.

Depuis le »Judicature Act« les débats d'une affaire ont lieu devant un juge seul, ou devant un juge assisté d'experts, ou devant un »Referee« ou enfin, devant un juge et un jury.

Dans les actions en diffamation par écrit ou autrement ou pour détention illégale, poursuites faites en vue de nuire, séduction ou rupture d'engagement de mariage, les parties ont le droit, sans qu'il soit besoin d'une ordonnance de justice, de faire juger les questions de fait par un juge et un jury.

Les »Referees« sont:

ou officiels, c'est-à-dire, attachés à la Haute cour.

ou spéciaux, c'est-à-dire, choisis par les parties.

Toute affaire peut être renvoyée devant un Referee officiel ou spécial, du consentement des parties, si elles sont capables, et même malgré elles, si le juge estime que les pièces produites ou les comptes ne pourraient être examinés convenablement par lui ou par le jury.

Dans toute action, les faits ou les questions demandant un examen approfondi de documents ou de comptes ou des recherches scientifiques ou locales peuvent être jugés par un juge seul si la cour ou le juge estime que ces faits et questions ne seraient pas bien jugés par un jury.

En outre, lorsque l'assignation a été lancée, les parties, en démontrant au juge que l'objet du litige est un compte dont la discussion ne peut avoir lieu, sans inconvénient dans la forme ordinaire, peuvent obtenir une ordonnance les autorisant à se soumettre à l'arbitrage d'un tiers qu'elles désignent ou de l'un des officiers de la cour, ordinairement l'un des »masters«.

Dans toute autre action ou matière, chaque partie peut obtenir une ordonnance de renvoi devant le jury. Ce droit pour elle est absolu, mais le juge a la faculté de renvoyer ou non devant un jury, lorsqu'il s'agit d'une action qui, avant le »judicature act«, était de la compétence exclusive de la cour de Chancery.

Si aucune des parties n'a demandé le jugement par jury des questions de fait, le juge peut ordonner que les débats auront lieu d'une manière différente que celle indiquée dans l'avis donné par qui de droit.

De même, le juge peut ordonner que certains points de fait seront portés devant différentes juridictions et indiquer l'ordre et l'endroit dans lesquels cela aura lieu.

Une grande partie des procès commerciaux ou civils sont jugés par un jury, dont l'origine nous vient probablement des Normands, mais dont on trouverait sans doute la trace à une époque plus reculée.

Le jury est ordinaire »common« ou spécial.

Nous donnerons dans le § suivant la formation et la composition du jury.

Le jury, quel qu'il soit, ne décide jamais que des questions de fait, les débats ont lieu sous la direction d'un juge qui, après leur clôture, fait son résumé (*summing up*) et pose les questions à résoudre.

La partie qui ne veut pas être jugée par un jury ordinaire, peut demander un jury spécial.

C'est à la partie qui a obtenu son renvoi devant un jury spécial, à supporter le supplément de frais qu'occasionne ce renvoi, alors même qu'elle aurait gagné son procès. Toutefois ces frais ne restent pas à sa charge, si, après le verdict, le juge certifie au dos de la minute du verdict, que la cause était de celles qui devaient être portées devant ce jury.

Si le demandeur ne donne pas avis de procéder aux débats, dans les six semaines qui suivent la signification des conclusions et plaidoiries écrites (*pleadings*) le défendeur peut donner lui-même l'avis du mode de débats qu'il a choisi, ou demander à être renvoyé des fins de la plainte pour défaut de poursuite (*want of prosecution*).

Enfin, de nouveaux débats peuvent être accordés, si le juge n'a pas bien expliqué la loi au jury; si en admettant ou rejettant des témoignages, celui-ci a causé un tort appréciable ou s'est trompé grossièrement; s'il y a eu erreur dans le verdict; si le jury a été constitué illégalement, ou si les dommages-intérêts alloués sont excessifs ou dérisoires.

§ II. — DU JURY.

Font partie du jury ordinaire,

En province:

1º Tout homme, de vingt-un à soixante ans, résidant en Angleterre, ayant personnellement un revenu net annuel de dix livres st. provenant de ses biens immeubles, alors même qu'il n'en serait qu'usufruitier;

2º Celui qui a un revenu net annuel de vingt livres st. lui provenant de terres par lui prises à bail pour vingt-un ans et plus, ou durant la vie d'un autre;

3º Les locataires de maisons, évaluées pour les impôts des pauvres ou l'impôt sur les maisons habitées à un revenu annuel de 20 L. st. et dans le comté de Middlesex, de 30. L. st.;

4º Et celui qui occupe une maison ayant quinze fenêtres d'ouverture.

A Londres et Westminster:

Tout locataire de magasin, boutique, bureau, étude, ayant des immeubles, ou toute personne ayant des biens personnels, le tout d'un revenu imposé et taxé à 100 L. st.

Le jury spécial est composé dans toute l'Angleterre, le pays de Galles et dans Londres, de:

Toute personne ayant le droit, par la loi, d'être appelée »Esquire« (ce sont: les plus jeunes fils et l'aîné des petits fils d'un pair, l'aîné des fils et l'aîné des petits fils d'un chevalier; les chefs des anciennes familles, par droit de prescription; les hérauts et sergents d'armes; les juges et autres officiers de l'État; les juges de paix; les officiers supérieurs de l'armée de terre et de mer; les docteurs des diverses Facultés; les avocats et les chevaliers de l'ordre du Bain);

Toute personne ayant un titre plus élevé;

Tout banquier, négociant;

Celui qui occupe une maison particulière d'une valeur imposable de 100 L. st. dans les villes de vingt mille âmes, et 50 L st. dans les autres villes;

Le locataire d'un local quelconque imposé d'après un revenu de 100 L. st.;

Tout fermier payant un fermage de 300 L. st. au moins.

Les étrangers domiciliés en Angleterre ou dans le pays de Galles depuis dix ans, peuvent faire partie d'un jury, s'ils réunissent l'une des conditions ci-dessus indiquées.

En sont dispensés:

Les membres de la chambre des Lords et de la chambre des communes, les ministres des cultes, les Barristers, Solicitors, Médecins, etc.

Ne peuvent être jurés:

Les condamnés à une peine afflictive et infamante et les proscrits.

Chaque année, avant le 1er septembre, les marguiliers (*Churchwardens*) et les administrateurs des pauvres (*overseers*) sur les renseignements que leur fournissent les habitants, dressent une liste, par ordre alphabétique, de tous les individus mâles résidant dans leurs paroisses respectives, pouvant faire partie du jury, avec leurs noms, prénoms, qualités, professions et domiciles.

Copie en est affichée, pendant les trois premiers dimanches de septembre, à la porte principale de chacun des édifices religieux des paroisses, avec avis que toutes réclamations devront être portées aux lieu et jour indiqués, à la »petty sessions,« qui se tient dans la dernière semaine du même mois.

Cette liste ainsi préparée est copiée par le clerc de la paix (*clerk of the peace*) sur le registre des jurés qu'il remet au shériff, et qui sert pendant un an à partir du 1ᵉʳ Janvier de chaque année.

Le shériff choisit, d'après ce livre, les jurés ordinaires et spéciaux.

La liste imprimée des personnes appelées à faire partie d'un jury, est tenue à la disposition des parties ou de leurs conseils, dans les bureaux du shériff, sept jours avant l'ouverture de chaque session judiciaire ou des assises et copie en est délivrée sur demande.

Le tirage au sort des jurés se fait au commencement des débats.

Douze jurés sont nécessaires pour former un jury dans les divisions de la Haute cour, et dans la cour du Lord maire de Londres, et cinq dans les »county courts.«

Si les jurés ne répondent pas à l'appel de leurs noms ou sont récusés, le tirage au sort continue jusqu'à ce que le jury puisse être complété.

Chacun des jurés prête serment de bien remplir ses fonctions.

Les parties ont le droit de les récuser (*To challenge*):

Entièrement, pour cause de partialité dans la formation de la liste par le shériff. C'est le »challenge to the array »(récusation générale);

Ou pour les motifs suivants, ce que notre loi appelle »challenge to the poll« (récusation spéciale) savoir:

Par respect pour la personne, si c'est un Pair, etc.;

Pour incapacité légale;

S'il existe des liens d'affection entre les jurés et l'une des parties;

Si l'on suspecte leur impartialité;

Enfin si par suite d'un délit ou de quelque autre acte le juré a cessé d'être aux yeux de la loi, un homme probe et d'honneur.

Les jurés reçoivent une indemnité pour leur dérangement.

Enfin tout juré qui ne répond pas à l'appel de son nom est condamné à une amende.

———————

CHAPITRE IV.

DES JUGEMENTS.

Les jugements sont: ou préparatoires ou définitifs.

Le jugement préparatoire est celui qui est rendu dans le cours du procès sans mettre fin à ce procès. Par exemple, si le défendeur est condamné par défaut et que l'action ait été intentée en paiement de dommages-intérêts dont le quantum n'est pas fixé, comme dans une instance pour rupture de promesse de mariage »Breach of promise to marry«, le jugement sera préparatoire, car la cour ne peut fixer elle-même les dommages-intérêts qui doivent être déterminés plus tard.

Il est, au contraire, définitif, alors même qu'il est par défaut, si le montant de la condamnation est fixé par ledit jugement.

Dans le premier cas (jugement préparatoire), la partie gagnante, obtient un »writ of enquiry« ou ordre enjoignant au shériff (magistrat dont les fonctions consistent notamment à exécuter les jugements et arrêts des cours), de réunir un jury et de faire fixer le montant des dommages-intérêts. Ce montant une fois fixé, la cour rend son jugement définitif.

C'est au jury à déterminer lui-même le quantum, mais lorsqu'il s'agit de comptes à faire, le juge renvoie les parties devant l'un des officiers de la cour (*master*).

Le jugement une fois obtenu peut s'exécuter de suite, sauf à la partie qui a succombé, à demander de nouveaux débats, dans certains cas, par exemple, si les dommages-intérêts alloués par le jury paraissent excessifs, ou si le verdict est rendu contrairement à l'évidence, etc.

CHAPITRE V.

DES JUGEMENTS RENDUS A L'ÉTRANGER ET DE LEUR EXÉCUTION EN ANGLETERRE.

Nos cours considèrent le jugement d'un tribunal étranger compétent comme concluant et non soumis à l'examen d'une autre juridiction, à moins qu'il ne porte en lui-même la preuve d'une erreur manifeste, s'il a été obtenu, par exemple, par fraude, ou s'il est contraire à la justice naturelle.

Aussi le demandeur qui a obtenu ce jugement peut-il intenter ici une action pour le faire exécuter, et le défendeur à l'étranger qui a gagné son procès peut-il résister, en ce pays-ci, à une action intentée contre lui pour les mêmes causes, en opposant le rejet à l'étranger de la précédente demande.

»Si le jugement a été rendu par le tribunal compétent, dit »Story, Traité des conflits des lois »la partie qui a succombé »n'a pas le droit d'intenter une action ailleurs et de remettre »en question la chose déjà jugée, et l'autre partie ne peut être »exposée à perdre la protection que lui donne le jugement »étranger. Car il y a chose jugée qui doit être reçue comme »preuve concluante du droit«.

Nos cours cependant ne reconnaissent pas comme *res judicata* le jugement rendu à l'étranger, qui déboute un demandeur dont la réclamation est fondée en justice stricte, mais non admissible en droit, par suite d'une exception soulevée par le défendeur, si cette exception n'est pas admise par la loi anglaise. Par conséquent, le défendeur, s'il a des biens en Angleterre, peut y être poursuivi et ne peut opposer au demandeur le jugement de débouté.

Citons, par exemple, le cas où un négociant poursuivi à l'étranger en paiement d'un billet qu'il doit réellement, invoque la prescription acquise et fait rejeter la demande. S'il est poursuivi en Angleterre et que d'après notre loi la prescription ne soit pas encore acquise, il ne pourra, pour se soustraire à l'action, opposer le jugement rendu à l'étranger en sa faveur.

Le jugement doit être définitif; par conséquent s'il y avait appel et que l'appel, dans le pays étranger, fut suspensif, le jugement ne pourrait être exécuté qu'après l'appel.

D'après la loi anglaise, un tribunal étranger n'a pas de droit de juridiction sur un individu qui n'est pas dudit pays étranger, ou n'y a pas son domicile ou sa résidence temporaire, à moins qu'il n'y possède des propriétés ou n'ait encouru une responsabilité pécuniaire quelconque dans ledit pays.

L'article 661 du code de procédure allemande donne aux tribunaux allemands le droit d'accorder *l'exequatur* aux jugements rendus à l'étranger, lors qu'il y a réciprocité pour ce, entre ce pays et l'Allemagne. La cour de cassation allemande (Reichsgericht) a jugé en 1882 que la loi anglaise ne garantissait sur ce point la réciprocité requise par la loi allemande et que, par suite, un jugement anglais ne pouvait être rendu exécutoire en Allemagne.

En France les tribunaux paraissent indécis sur ce qu'ils doivent faire en ce qui concerne *l'exequatur* à donner à des jugements rendus à l'étranger, quand il n'y a pas de traité à cet égard. Ils distinguent en général entre un jugement à exécuter contre un Français et un jugement rendu au profit d'un étranger contre un étranger. Si le défendeur est français, le tribunal peut ordonner que l'affaire sera à nouveau plaidée devant lui, modifier et même annuler le jugement rendu à l'étranger. Si les deux parties ne sont pas citoyens français, il est admis que le tribunal n'a pas le droit d'évoquer l'affaire, mais n'a qu'à examiner si le jugement est rendu conformément à la loi.

La loi française (art. 14 du code civil), ainsi que le savent nos lecteurs, autorise un Français à poursuivre devant les tribunaux français un étranger, quoique non résidant en France, non seulement pour des obligations par lui contractées en France envers un Français, mais aussi pour celles contractées à l'étranger envers un Français.

Dans les États-Unis, la loi sur ce sujet est la même que la nôtre.

En 1870 deux cas très importants sur cette matière ont donné lieu à des décisions qui forment aujourd'hui des précédents.

Dans une affaire Godard contre Gray, la cour du banc de la Reine (court of Queen's Bench, voir première partie) a décidé qu'un jugement rendu à l'étranger, alors même qu'il était basé sur une interprétation erronée, d'après la loi anglaise, d'une clause pénale d'un contrat, devait être exécuté; »car le tribunal étranger »devait être informé de la loi étrangère, et le défendeur au »procès, ayant négligé de faire connaître ladite loi à ce tribunal, »ne peut s'opposer à l'exécution du jugement obtenu contre »lui, sous prétexte qu'il y a eu erreur dans l'interprétation de »cette loi.«

Dans l'espèce, il s'agissait de dommages-intérêts fixés par une charte-partie signée à Sunderland (Angleterre) entre Français et Anglais.

Les demandeurs s'étaient réservés le droit de faire deux autres voyages avec le navire des défendeurs aux mêmes conditions que le premier et la clause pénale suivante avait été insérée:

»La pénalité pour non exécution du présent acte sera l'estimation du frêt.«

Le tribunal Civil de première instance de Savenay (France) condamna les défendeurs à payer le frêt des deux voyages, considérant la clause ci-dessus comme fixant le quantum des dommages-intérêts.

Sur l'appel, la cour de Rennes, considérant que la charte-partie fixait l'indemnité à laquelle chacune des parties aurait droit pour inexécution de la convention par la faute de l'autre; que, moyennant paiment de cette indemnité, chacune des parties avait le droit de rompre la convention, réduisit la condamnation au montant du frêt d'un seul voyage, estimant que par là le demandeur récupérait suffisamment la perte qui lui avait été occasionnée.

Lorsque le paiement fut, en vertu de cet arrêt, demandé au

défendeur, en Angleterre, celui-ci opposa que l'arrêt ayant fait une mauvaise interprétation de la clause pénale ci-dessus relatée, ne pouvait être exécuté; mais la cour rendit la décision que nous venons de faire connaître.

Dans l'affaire Schibsby contre Westenholz, la cour a jugé qu'un jugement par défaut faute de comparaître, rendu par un tribunal étranger, ne peut être exécuté en Angleterre lorsqu'à l'époque où l'action a commencé, le défendeur n'était pas sujet du pays dans lequel le jugement a été rendu et n'y résidait pas.

Dans l'espèce, le demandeur, sujet danois, résidait en France, le défendeur était aussi sujet danois, mais résidant à Londres et y faisant le commerce.

Ce dernier condamné par défaut à payer, refusa de laisser exécuter en Angleterre le jugement obtenu contre lui et la cour se prononça en sa faveur.

»Si, »dit l'arrêt« le défendeur avait été, au moment du juge-
»ment, sujet du pays où ce jugement a été rendu, nous pen-
»sons que les lois de ce pays l'obligeraient; même si ledit
»défendeur, lorsque l'action a été commencée, résidait dans ledit
»pays et avait droit à la protection de ses lois, ou lui devait,
»comme on l'a dit quelquefois, obéissance, nous pensons que
»ces lois l'obligent. Si au moment où la dette a été contractée
»le défendeur habitait ce pays étranger, mais l'a quitté avant
»les poursuites, nous inclinerions à croire que les lois de ce
»pays lui sont appliquables: mais tel n'est pas le cas ici.«

Le fait de devenir actionnaire d'une compagnie formée à l'étranger dont les statuts portent que tel tribunal spécialement désigné sera seul compétent pour toutes disputes entre action-naires et la Société, rend ledit actionnaire, quel que soit son pays d'origine, justiciable de ce tribunal.

Ainsi jugé en 1875, dans l'affaire du syndic de la faillite de la Société de commerce de France contre Adamson.

Le 7 février 1867, jugement du tribunal de commerce de la Seine condamnant par défaut Adamson à payer au syndic 157 L. st. 15 s., montant de ce qu'il redevait sur les actions par lui souscrites.

Refus par Adamson de laisser exécuter ce jugement en An-gleterre, attendu qu'au moment où il avait été obtenu, le défendeur n'était ni sujet français, ni résidant ou domicilié en France, par conséquent non soumis à la juridiction dudit tribunal ni aux lois de la France, attendu en outre, que n'ayant pas reçu avis du procès, il n'avait pu se défendre.

A quoi le demandeur ès noms objectait que la société avait son siége à Paris, que les statuts soumettaient tout actionnaire à la juridiction des tribunaux français, que tout actionnaire devait élire domicile à Paris et qu'à défaut, ce domicile était de plein droit élu au parquet du procureur impérial du tribunal de la Seine, que la société étant tombée en faillite, le défendeur avait été assigné en paiement de ce qu'il lui devait, et qu'à défaut par lui d'avoir élu domicile, il avait été assigné au parquet conformément, tant à la loi française qu'aux statuts de la société.

La cour de l'Échiquier donna gain de cause au syndic et son arrêt fut confirmé par la »Divisional court« (9 nov. 1875).

La question de savoir si, dans le cas où les statuts d'une société étrangère ne l'ont pas déclaré, le tribunal du lieu où siége cette société serait compétent pour toutes actions, n'a pas encore été jugée.

La présomption est que le jugement d'un tribunal étranger est rendu conformément à la loi du pays; mais il a été jugé que, lorsque les deux parties reconnaissent que ce jugement n'est pas conforme à cette loi, il ne peut être exécuté en Angleterre.

Le jugement déclaratif de faillite rendu à l'étranger, peut être exécuté sur la propriété personnelle qui appartenait, en ce pays, au failli, avant ledit jugement, alors même que cette propriété aurait été vendue ou saisie depuis la faillite dans l'ignorance du jugement.

Quant à la propriété réelle, elle est réglée par la loi de la situation des biens et non par celle du domicile du propriétaire; par suite elle ne passe pas entre les mains du syndic par le fait d'une faillite.

Si, alors qu'un procès relatif à des biens personnels est pendant devant un tribunal anglais, le possesseur de ces biens est déclaré en faillite par un tribunal étranger, nos cours, si on le leur demande, ordonneront la remise de ces biens au syndic, et ce, lors même que, ne connaissant pas le jugement déclaratif de faillite, elles auraient déjà ordonné la saisie desdits biens par le créancier.

Le concordat obtenu à l'étranger est reconnu par nos lois, en ce sens qu'il empêche en Angleterre la demande de paiement en justice d'une dette résultant d'un contrat passé dans ledit pays étranger et devant y recevoir son exécution, si l'effet de ce concordat est d'éteindre la dette.

Au contraire, le concordat n'a pour nos cours aucune valeur, s'il s'applique à une dette non contractée dans ledit pays, et par suite le paiement de cette dette peut être demandé en justice devant nos tribunaux.

Pour qu'un jugement puisse être exécuté en Angleterre, il faut en prouver l'authenticité à la cour à laquelle on demande l'exécution.

La loi de 1851 (14 et 15 Vic. cap. 99) contient à ce sujet les dispositions suivantes:

»Il sera fait la preuve de toutes proclamations, tous traités »et autres actes d'État d'une Puissance étrangère, et de tous »jugements, ordonnances et autres actes judiciaires de toute cour »de justice d'un État étranger, tous témoignages, conclusions, »et autres documents légaux déposés dans ladite cour, devant »une cour de justice ou toute autre personne ayant, par la loi »ou par le consentement des parties, le pouvoir d'entendre ou »recevoir les témoignages, par copies collationnées et certifiées »conformes à l'original, c'est-à-dire:

»S'il s'agit d'une proclamation, d'un traité ou d'un acte »d'État, cette copie pour être admise comme preuve, devra être »revêtue du sceau de l'État duquel elle émane.

»S'il s'agit d'un jugement, ordonnance, ou autres actes judi-»ciaires d'une cour étrangère ou de témoignages, conclusions »ou autres documents légaux déposés dans cette cour, ladite »copie devra être scellée du sceau de cette cour, et, si la cour »n'a pas de sceau, être signée par l'un des juges de la cour, »qui devra y joindre une attestation écrite, que la cour n'a pas »de sceau, et cette copie délivrée de cette façon, fera foi par »elle-même sans autre formalité«.

Des assignations aux personnes résidant à l'étranger.

D'après le Judicature act, lorsqu'il y a lieu d'assigner devant l'une de nos cours un étranger ou sujet anglais, résidant à l'étranger, la cour, quelle que soit la matière du procès et pourvu qu'elle soit compétente, peut permettre d'assigner devant elle. .

Dans ce cas, l'autorisation qu'il est loisible à la cour d'accorder ou de refuser, ne se donne que sur l'affidavit du demandeur constatant que la personne à assigner réside dans tel pays et déduisant les motifs de l'assignation.

L'ordonnance de la cour fixe le temps dans lequel doit avoir lieu la comparution, eu égard aux délais de distance.

Si la personne assignée est anglaise, copie de l'assignation doit lui être remise; si elle est étrangère, il suffira de remettre un avis de l'assignation qui a été lancée.

———————

CHAPITRE VI.

DE LA PÉREMPTION DE QUELQUES ACTIONS.

Toute action doit être intentée dans les délais ci-après, à peine de péremption. Mais cette prescription ne court pas contre les femmes mariées, les mineurs, ou les personnes frappées d'aliénation mentale, tant que l'état d'incapacité légale dure; ni si le débiteur a quitté l'Angleterre avant l'échéance de sa dette, car, dans ce dernier cas, les délais ne partent que du jour de son retour en ce pays.

Dettes résultant d'un contrat sous sceau, (*deed*) non garanties par hypothèque sur terres ou cessions de loyer	20 ans
Revendication de propriété foncière ou Loyer	12 ans
(Mais, après trente ans aucune action ne peut être intentée même par personnes ayant été incapables de le faire avant).	
Dettes garanties par hypothèque sur terres ou cessions de loyer	12 ans
Droit de demander paiement d'un legs	12 ans
Dettes résultant d'un contrat simple quelconque,	6 ans
Détention illégale de marchandises ou objets,	6 ans
Contre celui qui a obtenu ou est supposé avoir obtenu par des moyens légaux des objets appartenant à un tiers, et se les est appropriés.	6 ans

Diffamation par écrit,	6 ans
Emprisonnement fait à tort,	4 ans
Coups et blessures,	4 ans
Contrefaçon des marques de fabrique,	3 ans après le délit ou 1 an après qu'il a été connu pour la 1re fois.
Contrefaçon de droits d'auteur,	12 mois
Diffamation verbale,	2 ans

Accidents ayant causé ou non la mort, par suite de négligence, etc.,   12 mois

Tout paiement d'intérêts ou de partie du principal ou toute nouvelle reconnaissance de dette faite dans l'intervalle est une cause d'interruption de la péremption.

Dans le cas où un débiteur est sans domicile ni résidence connus au moment où la prescription va être acquise, le créancier qui veut conserver ses droits, doit l'assigner et remettre à l'une des divisions de la Haute cour une copie de son assignation, qui est revêtue du sceau de cette division. Cette assignation doit être renouvelée dans l'année et ensuite, de six en six mois, de la même manière.

FIN.

TABLE.

Première partie.

Deuxième partie.

TABLE 301

TABLE 303

TABLE 305

TABLE 307

Imprimerie de Breitkopf & Härtel à Leipzig.

Son livre, ayant pour titre: *Aperçu de la loi anglaise* au point de vue pratique et commercial, est un guide indispensable à tous les étrangers qui veulent plaider à Londres ou qui y entretiennent des relations commerciales: c'est également un tableau comparatif de la légalisation nécessaire aux Jurisconsultes internationaux et nous ne saurions mieux faire que de le recommander chaleureusement à nos lecteurs.   La Meuse (Liége 14 Mars 1881).

Nous recevons de l'autre rive de la Manche un livre dont l'utilité ne saurait guère être contestée.

En trois cents et quelques pages, qui pourraient porter le titre de manuel, un juriste d'outre-mer nous apprend les termes, les usages, les actions, les juridictions qui, sur le sol Brittannique, ressortissent au droit commercial, et nous informe de quelques solutions qui ont prévalu sur des points controversés.

L'auteur s'est proposé d'être utile aux étrangers dans les affaires qui les peuvent mettre en rapport avec son pays; et Paris, Bruxelles, Leipsick et Milan qui en même temps que Londres voient l'apparition de cette publication, l'accueilleront favorablement . . .
                    Gazette des Tribunaux 27 Avril 1881.

De rijkdom van onderwerpen, in dit werk van den heer *Adolphus Selim* behandeld, en de naauwkeurigheid waarmede de schrijver zich van zijne taak heeft gekweten, zoodat hij bij gewigtige punten zelfs de regterlijke uitspraken van den laatsten tijd mededeelt, maken ook voor den Neederlandschen regtsgeleerde, wiens praklijk hem van tijd tot tijd met Engelsche toerstanden in aanaking brengt, deze handleiding zeer bruikbaar.
                    Weekblad van het Regt (La Haye 30 Juin 1881.

La méthode qui, après avoir contribué au progrès des autres sciences, paraît aujourd'hui le plus en faveur dans l'étude des diverses législations, est la méthode du droit comparé. Malheureusement ce sont les éléments qui font le plus souvent défaut, les auteurs écrivant dans leur langue et ne se faisant pas traduire à l'étranger. Aussi les livres qui peuvent servir à une pareille étude méritent-ils l'accueil le plus sympathique. en ce sens nous signalons à nos lecteurs un ouvrage qui vient de paraître chez les éditeurs parisiens Marchal, Billard & Cie place Dauphine 27. Cet ouvrage intitulé: *Aperçu de la Loi Anglaise au point de vue pratique et commercial*, par Adolphus Selim, Solicitor près la Cour Suprème d'Angleterre, tient la promesse contenue dans son titre. Sous une forme nette et précise, il nous permet d'apprécier les différences qui séparent notre code de la loi commerciale anglaise. Rien ne manque à cette revue: on y trouve même des modèles d'actes qui la rendent plus claire et plus intéressante. C'est un livre, en un mot, qui doit faire partie de la bibliothèque de tout jurisconsulte.
                    Messager du Midi (Montpellier 5 Mai 1881.

. . . Nous terminerons cette rapide analyse en disant que le livre de M. Selim nous paraît éminemment utile.

S'il n'est pas permis en effet à l'homme du monde aujourd'hui d'ignorer les langues modernes les plus usitées, il ne sera bientôt plus permis non plus au Jurisconsulte qui veut mériter ce nom, de ne pas connaître au moins les règles générales des législations étrangères. A ce point de vue *l'aperçu* de M. Selim rendra des services incontestables.
                    La Belgique Judiciaire (17 Nov. 1881.

————►✕◄————

IMPRIMERIE DE BREITKOPF & HARTEL A LEIPZIG.

www.ingramcontent.com/pod-product-compliance
Lightning Source LLC
Chambersburg PA
CBHW050504270326
41927CB00009B/1887